NOUVEAU CODE

DE

L'INSTRUCTION PRIMAIRE

RECUEILLI ET MIS EN ORDRE

PAR A. PICHARD

Ancien Chef de Bureau au Ministère de l'Instruction publique,
Inspecteur de l'enseignement primaire du département de la Seine,
Officier d'Académie, Chevalier de la Légion d'honneur.

TROISIÈME ÉDITION

Revue, augmentée et donnant l'état de la législation au 1er août 1870

PARIS

LIBRAIRIE HACHETTE ET Cie

BOULEVARD SAINT-GERMAIN, 79

NOUVEAU CODE

DE

L'INSTRUCTION PRIMAIRE

11648. — IMPRIMERIE GÉNÉRALE. — LAHURE
Rue de Fleurus, 9, à Paris

NOUVEAU CODE

DE

L'INSTRUCTION PRIMAIRE

RECUEILLI ET MIS EN ORDRE

PAR A. PICHARD

Ancien Chef de Bureau au Ministère de l'Instruction publique,
Inspecteur de l'Enseignement primaire du département de la Seine,
Officier d'Académie, Chevalier de la Légion d'honneur.

TROISIÈME ÉDITION

Revue, augmentée et donnant l'état de la législation au 1er août 1870

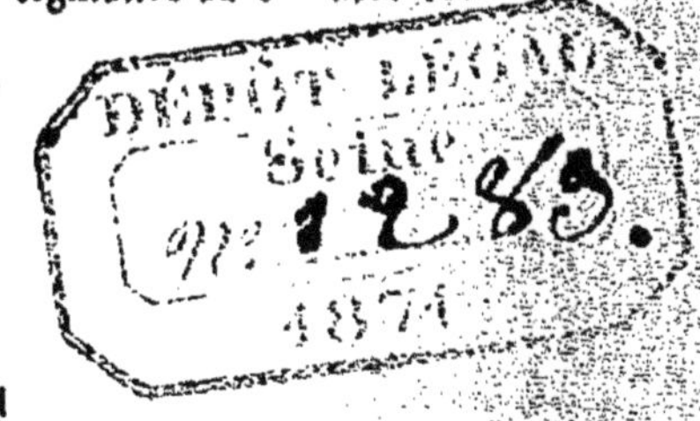

PARIS

LIBRAIRIE HACHETTE ET Cie

BOULEVARD SAINT-GERMAIN, 79

1870

AVERTISSEMENT.

Ce Recueil, particulièrement destiné aux Inspecteurs d'Académie, aux Inspecteurs primaires, aux Délégués cantonaux, aux Instituteurs, Institutrices et Directrices de salles d'asile, contient toutes les dispositions législatives qui ont été rendues, en matière d'enseignement, à dater du 15 Mars 1850, savoir :

La loi du 15 Mars 1850, sur l'enseignement ;

Le décret-loi du 9 Mars 1852 ;

La loi du 14 Juin 1854, sur l'administration de l'instruction publique ;

La loi du 14 Juin 1859, relative à la perception de la rétribution scolaire dans les écoles communales de filles ;

La loi du 21 Juin 1865, sur l'enseignement secondaire spécial ;

La loi du 10 Avril 1867, sur l'enseignement primaire.

Nous donnons ensuite, dans des parties séparées, ce qui concerne :

L'administration générale de l'instruction publique ;

L'inspection de l'enseignement primaire;

Les écoles normales primaires;

Le brevet de capacité;

Les écoles primaires, publiques et libres, de garçons et de filles : en raison de leur importance et des questions d'actualité qu'elles sont appelées à résoudre, nous donnons *in extenso* les instructions qui ont été adressées aux Recteurs et aux Préfets pour l'exécution de la loi du 10 avril 1867, sur l'instruction primaire;

Les pensionnats primaires;

Les salles d'asile, publiques et libres.

Nous donnons enfin, en appendice : la loi et le décret sur les pensions civiles; les règlements et instructions relatifs aux sociétés de secours mutuels entre les instituteurs et les institutrices, à l'enseignement agricole et aux bibliothèques scolaires.

Les articles et les fragments d'articles des lois, décrets et arrêtés qui, après avoir été en vigueur, ont été abrogés par des dispositions subséquentes, sont imprimés en caractères italiques.

Des notes indiquent, pour les articles et fragments d'articles abrogés, à quels articles des actes ultérieurs il faut se reporter pour trouver les dispositions qui les ont remplacés.

Les mots ou les passages qui, par suite de

dispositions subséquentes, ont été changés dans les articles ou fragments d'articles non abrogés, sont imprimés en caractères italiques et placés entre parenthèses.

Paris, le 1er Août 1870.

NOUVEAU CODE

DE

L'INSTRUCTION PRIMAIRE.

LOI SUR L'ENSEIGNEMENT.

(15 Mars 1850.)

M. DE FALLOUX ET M. DE PARIEU,
MINISTRES DE L'INSTRUCTION PUBLIQUE.

TITRE PREMIER.

Des autorités préposées à l'enseignement.

CHAPITRE Iᵉʳ.

DU CONSEIL IMPÉRIAL (SUPÉRIEUR) DE L'INSTRUCTION PUBLIQUE.

Art. 1ᵉʳ. — *Le Conseil supérieur de l'instruction publique est composé comme il suit :*
Le Ministre, président ;
Quatre Archevêques ou Évêques, élus par leurs collègues ;

Un ministre de l'Église réformée, élu par les consistoires;

Un ministre de l'Église de la confession d'Augsbourg, élu par les consistoires;

Un membre du consistoire central israélite, élu par ses collègues;

Trois conseillers d'État, élus par leurs collègues;

Trois membres de la Cour de cassation, élus par leurs collègues;

Trois membres de l'Institut, élus en assemblée générale de l'Institut.

Huit membres nommés par le Président de la République, en conseil des Ministres, et choisis parmi les anciens membres du conseil de l'Université, les inspecteurs généraux ou supérieurs, les Recteurs ou les professeurs des Facultés : ces huit membres forment une section permanente;

Trois membres de l'enseignement libre nommés par le Président de la République, sur la proposition du Ministre de l'instruction publique.

Cet article a été modifié et remplacé par les articles 1, 5 et 6 du décret-loi du 9 mars 1852, page 46.

Art. 2. — *Les membres de la section permanente sont nommés à vie.*

Ils ne peuvent être révoqués que par le Président de la République, en conseil des Ministres, sur la proposition du Ministre de l'instruction publique.

Ils reçoivent seuls un traitement.

Le décret du 9 mars 1852 n'a pas maintenu la section permanente.

Art. 3. — *Les autres membres du Conseil sont nommés pour six ans.*

Ils sont indéfiniment rééligibles.

Cet article a été modifié et remplacé par l'article 5, § 2, du décret du 9 mars 1852, page 49.

Art. 4. — *Le Conseil supérieur tient au moins quatre sessions par an.*

Le Ministre peut le convoquer en session extraordinaire toutes les fois qu'il le juge convenable.

Cet article a été modifié et remplacé par l'article 5, § 3, du décret du 9 mars 1852, page 49.

Art. 5. — Le Conseil impérial (*supérieur*) peut être appelé à donner son avis sur les projets de loi, de règlements et de décrets relatifs à l'enseignement, et en général sur toutes les questions qui lui seront soumises par le Ministre.

Il est nécessairement appelé à donner son avis :

Sur les règlements relatifs aux examens, aux concours et aux programmes d'études dans les écoles publiques, à la surveillance des écoles libres, et, en général, sur tous les arrêtés portant règlement pour les établissements d'instruction publique ;

Sur la création des Facultés, lycées et colléges ;

Sur les secours et encouragements à accorder aux établissements libres d'instruction secondaire ;

Sur les livres qui peuvent être introduits dans les écoles publiques, et sur ceux qui doivent être défendus dans les écoles libres, comme contraires à la morale, à la Constitution et aux lois.

Il prononce en dernier ressort sur les jugements rendus par les Conseils départementaux (*académiques*) dans les cas déterminés par l'article 14.

Le Conseil présente, chaque année, au Ministre, un rapport sur l'état général de l'enseignement, sur les abus qui pourraient s'introduire dans les établissements d'instruction, et sur les moyens d'y remédier.

Cet article a été modifié par l'article 5 de la loi du 21 juin 1865, page 60, et par l'article 19 de la loi du 10 avril 1867, page 68.

Art. 6. — *La section permanente est chargée de l'examen préparatoire des questions qui se rapportent à la police, à la comptabilité et à l'administration des écoles publiques.*

Elle donne son avis toutes les fois qu'il lui est demandé par le Ministre, sur les questions relatives aux droits et à l'avancement des membres du corps enseignant.

Elle présente annuellement au Conseil un rapport sur l'état de l'enseignement dans les écoles publiques.

Cet article a été abrogé par le décret du 9 mars 1852 qui n'a pas maintenu la section permanente.

CHAPITRE II.

DES CONSEILS DÉPARTEMENTAUX (ACADÉMIQUES)[1].

Art. 7. — *Il sera établi une Académie dans chaque département.*

---

1. La loi du 14 juin 1854 (art. 3, 4 et 11) a établi, au chef-lieu de chaque Académie, de nouveaux Conseils académiques

Art. 8. — *Chaque Académie est administrée par un Recteur, assisté, si le Ministre le juge nécessaire, d'un ou de plusieurs inspecteurs, et par un Conseil académique.*

Cet article a été modifié et remplacé par les articles 2 et 3 de la loi du 14 juin 1854, page 52.

Art. 9. — *Les Recteurs ne sont pas choisis exclusivement parmi les membres de l'enseignement public.*

Ils doivent avoir le grade de licencié, ou dix ans d'exercice comme inspecteurs d'Académie, proviseurs, censeurs, chefs ou professeurs des classes supérieures dans un établissement public ou libre.

Cet article a été modifié et remplacé par l'article 1er du décret du 9 mars 1852, page 46, et par l'article 16 du décret du 22 août 1854, page 94.

Art. 10. — **Le Conseil départemental** (*académique*) **est composé ainsi qu'il suit :**

Le Recteur, président ;

Un inspecteur d'Académie, un fonctionnaire

et a fixé leurs attributions. La loi du 21 juin 1865 (art. 2) les a appelés à donner leur avis sur les demandes des communes qui se proposent d'organiser leurs colléges en vue de l'enseignement secondaire spécial.

Les articles 10, 11, 12, 13, 14, 15 et 16 de la loi du 15 mars 1850 ne s'appliquent maintenant qu'aux Conseils départementaux.

La formation de ces Conseils, le mode de nomination des membres qui les composent, et leurs attributions ont été modifiés par le décret-loi du 9 mars 1852 (art. 3), page 47; par la loi du 14 juin 1854 (art. 5, 6, 7, 10 (§ 2 et 3) et 11, page 52; et par la loi du 10 avril 1867 (art. 1, 2, 6, 8, 9, 10, 12, 13, 18, 19, 20 et 21), page 62.

de l'enseignement ou un inspecteur des écoles primaires désigné par le Ministre;

Le préfet ou son délégué;

L'Évêque ou son délégué ;

Un ecclésiastique désigné par l'Évêque ;

Un ministre de l'une des deux Églises protestantes, désigné par le Ministre, dans les départements où il existe une Église légalement établie;

Un membre désigné par le Ministre (*délégué*) du consistoire israélite dans chacun des départements où il existe un consistoire légalement établi ;

Le Procureur général près la Cour impériale (*d'appel*), dans les villes où siége une Cour impériale (*d'appel*), et dans les autres, le Procureur impérial (*de la République*) près le tribunal de première instance.

Un membre de la Cour impériale (*d'appel*), désigné par le Ministre (*élu par elle*), ou, à défaut de Cour impériale (*d'appel*), un membre du tribunal de première instance, désigné par le Ministre (*élu par le tribunal*) ;

Quatre membres du Conseil général, désignés par le Ministre (*élus par le Conseil général*), dont deux au moins pris dans son sein.

Les doyens des Facultés seront, en outre, appelés dans le Conseil académique, avec voix délibérative, pour les affaires intéressant leurs Facultés respectives.

La présence de la moitié plus un des membres est nécessaire pour la validité des délibérations du Conseil départemental (*académique*).

Cet article a été modifié par l'article 3 du décret-loi

du 9 mars 1852, page 47, et par l'article 5 de la loi du 14 juin 1854, page 53.

Art. 11. — Pour le département de la Seine, le Conseil départemental (*académique*) est composé comme il suit :

Le Recteur, Président;

Le Préfet;

L'Archevêque de Paris ou son délégué ;

Trois ecclésiastiques désignés par l'Archevêque ;

Un ministre de l'Église réformée, désigné par le Ministre (*élu par le consistoire*);

Trois inspecteurs d'académie, désignés par le Ministre;

Un inspecteur des écoles primaires, désigné par le Ministre ;

Le Procureur général près la Cour impériale (*d'appel*), ou un membre du parquet désigné par lui ;

Un membre de la Cour impériale (*d'appel*), désigné par le Ministre (*élu par la Cour*) ;

Un membre du tribunal de première instance, désigné par le Ministre (*élu par le tribunal*).

Quatre membres du Conseil municipal de Paris, et deux membres du Conseil général de la Seine, pris parmi ceux des arrondissements de Sceaux et de Saint-Denis, désignés par le Ministre (*tous élus par le Conseil général*).

Le Secrétaire général de la préfecture du département de la Seine.

Les doyens des Facultés seront, en outre, appe-

lés dans le Conseil académique, avec voix délibé rative, pour les affaires intéressant leurs Facultés respectives.

Cet article a été modifié par l'article 3 du décret-loi du 9 mars 1852, page 47, et par l'article 6 de la loi du 14 juin 1854, page 54.

Art. 12. — Les membres des Conseils départementaux (*académiques*) dont la nomination est faite par le Ministre (*par élection*) sont nommés (*élus*) pour trois ans et indéfiniment rééligibles.

Cet article a été modifié par l'article 3 du décret-loi du 9 mars 1852, page 47, et par l'article 26 du décret du 22 août 1854, page 98.

Art. 13. — Les départements fourniront un local pour le service de l'inspection (*l'administration*) académique.

Cet article a été remplacé par les paragraphes 2 et 3 de l'article 10 de la loi du 14 juin 1854, page 55.

Art. 14. — Le Conseil départemental (*académique*) donne son avis :
Sur l'état des différentes écoles établies dans le département ;
Sur les réformes à introduire dans l'enseignement, la discipline et l'administration des écoles publiques ;
Sur les budgets et les comptes administratifs des *lycées, colléges et* écoles normales primaires ;
Sur les secours et encouragements à accorder aux écoles primaires.

Il instruit les affaires disciplinaires, relatives aux membres de l'enseignement public secondaire ou supérieur, qui lui sont renvoyées par le Ministre ou le Recteur.

Il prononce, sauf recours au Conseil impérial (*supérieur*): sur les affaires contentieuses relatives *à l'obtention des grades, aux concours devant les Facultés,* à l'ouverture des écoles libres, aux droits des maîtres particuliers et à l'exercice du droit d'enseigner; *sur les poursuites dirigées contre les membres de l'instruction secondaire publique et tendant à la révocation, avec interdiction d'exercer la profession d'instituteur libre, de chef ou professeur d'établissement libre,* et, dans les cas déterminés par la présente loi, sur les affaires disciplinaires relatives aux instituteurs primaires, publics ou libres.

Cet article a été modifié par l'article 3 du décret du 9 mars 1852, page 47, par l'article 7 de la loi du 14 juin 1854, page 54, et par la loi du 10 avril 1867, page 62.

Art. 15. — Le Conseil départemental (*académique*) est nécessairement consulté sur les règlements relatifs au régime intérieur des *lycées, colléges et* écoles normales primaires, et sur les règlements relatifs aux écoles publiques primaires.

Il fixe le taux de la rétribution scolaire, sur l'avis des conseils municipaux et des délégués cantonaux.

Il détermine les cas où les communes peuvent, à raison des circonstances, et provisoirement, établir ou conserver des écoles primaires dans lesquelles seront admis des enfants de l'un et de l'autre sexe, ou des enfants appartenant aux différents cultes reconnus.

Il donne son avis au Préfet (*Recteur*) sur les récompenses à accorder aux instituteurs primaires.

Le Préfet (*Recteur*) fait les propositions au Ministre, et distribue les récompenses accordées.

Art. 16. — Le Conseil départemental (*académique*) présente, chaque année, au Ministre et au Conseil général, un exposé de la situation de l'enseignement dans le département.

Les rapports du Conseil départemental (*académique*) sont envoyés par le Préfet (*Recteur*) au Ministre, qui les communique au Conseil impérial (*supérieur*).

CHAPITRE III.

DES ÉCOLES ET DE L'INSPECTION.

Section 1re. — *Des Écoles.*

Art. 17. — La loi reconnaît deux espèces d'écoles primaires ou secondaires :

1° Les écoles fondées ou entretenues par les communes, les départements ou l'État, et qui prennent le nom d'*ÉCOLES PUBLIQUES*;

2° Les écoles fondées ou entretenues par des particuliers ou des associations, et qui prennent le nom d'*ÉCOLES LIBRES*.

Section 2°. — *De l'Inspection.*

Art. 18. — L'inspection des établissements d'instruction publique ou libre est exercée :

1° Par les inspecteurs généraux *et supérieurs* [1].

2° Par les Recteurs et les inspecteurs d'Académie;

3° Par les inspecteurs de l'enseignement primaire;

4° Par les délégués cantonaux, le maire et le curé, le pasteur ou le délégué du consistoire israélite, en ce qui concerne l'enseignement primaire.

Les ministres des différents cultes n'inspecteront que les écoles spéciales à leur culte, ou les écoles mixtes pour leurs coreligionnaires seulement.

Le Recteur pourra, en cas d'empêchement, déléguer temporairement l'inspection à un membre du Conseil académique [2].

Art. 19. — *Les inspecteurs d'Académie sont choisis, par le Ministre, parmi les anciens inspecteurs, les professeurs des Facultés, les proviseurs et censeurs des lycées, les principaux des collèges, les chefs d'établissements secondaires libres, les professeurs des classes supérieures dans ces diverses catégories d'établissements, les agré-*

1. L'article 6 du décret du 9 mars 1852 a remplacé le titre d'inspecteurs supérieurs de l'enseignement primaire par le titre d'inspecteurs généraux.

2. Le dernier paragraphe de l'article 18 a été abrogé par l'article 2 de la loi du 14 juin 1854, qui a créé un inspecteur d'Académie par département.

gés des *Facultés et des lycées, et les inspecteurs des écoles primaires, sous la condition commune à tous du grade de licencié, ou de dix ans d'exercice.*

Les inspecteurs généraux et supérieurs sont choisis par le Ministre, soit dans les catégories ci-dessus indiquées, soit parmi les anciens inspecteurs généraux ou inspecteurs supérieurs de l'instruction primaire, les Recteurs et inspecteurs d'Académie, ou parmi les membres de l'Institut.

Le Ministre ne fait aucune nomination d'inspecteur général sans avoir pris l'avis du Conseil supérieur.

Cet article a été abrogé et remplacé par les articles 1 et 3 du décret du 9 mars 1852, page 46.

Art. 20. — L'inspection de l'enseignement primaire est spécialement confiée à quatre (*deux*) inspecteurs généraux (*supérieurs*)[1].

Il y a, en outre, dans chaque arrondissement, un inspecteur de l'enseignement primaire, nommé (*choisi*) par le Ministre *après avis du Conseil académique.*

Néanmoins, sur l'avis du Conseil départemental (*académique*), deux arrondissements pourront être réunis pour l'inspection.

Un règlement déterminera le classement, les frais de tournée, l'avancement et les attributions des inspecteurs de l'enseignement primaire[2].

1. Le nombre des inspecteurs généraux de l'enseignement primaire a été porté à quatre par décrets du 15 février 1854 et du 22 août 1854.

2. Voir le décret du 29 juillet 1850, page 69.

Art. 21. — L'inspection des écoles publiques s'exerce conformément aux règlements délibérés par le Conseil impérial (*supérieur*).

Celle des écoles libres porte sur la moralité, l'hygiène et la salubrité.

Elle ne peut porter sur l'enseignement que pour vérifier s'il n'est pas contraire à la morale, à la Constitution et aux lois.

Le 2e et le 3e paragraphe de l'article 21 ont été modifiés, en ce qui concerne les écoles libres qui tiennent lieu d'écoles publiques, par l'article 17 de la loi du 10 avril 1867, page 67.

Art. 22. — Tout chef d'établissement primaire ou secondaire qui refusera de se soumettre à la surveillance de l'État, telle qu'elle est prescrite par l'article précédent, sera traduit devant le tribunal correctionnel de l'arrondissement, et condamné à une amende de 100 fr. à 1000 fr.

En cas de récidive, l'amende sera de 500 fr. à 3000 fr. Si le refus de se soumettre à la surveillance de l'État a donné lieu à deux condamnations dans l'année, la fermeture de l'établissement pourra être ordonnée par le jugement qui prononcera la seconde condamnation[1].

Le procès-verbal des inspecteurs constatant le refus du chef d'établissement fera foi jusqu'à inscription de faux.

1. L'article 80, page 43, permet d'admettre des circonstances atténuantes.

TITRE II.

De l'enseignement primaire.

CHAPITRE Ier.

DISPOSITIONS GÉNÉRALES.

Art. 23. — L'enseignement primaire comprend :

L'instruction morale et religieuse,
La lecture,
L'écriture,
Les éléments de la langue française,
Le calcul et le système légal des poids et mesures.

Il peut comprendre en outre :

L'arithmétique appliquée aux opérations pratiques ;

Les éléments de l'histoire et de la géographie ;

Des notions des sciences physiques et de l'histoire naturelle, applicables aux usages de la vie ;

Des instructions élémentaires sur l'agriculture, l'industrie et l'hygiène ;

L'arpentage, le nivellement, le dessin linéaire ;
Le chant et la gymnastique.

Cet article a été modifié par l'article 16 de la loi du 10 avril 1867 et par l'article 9 de la loi du 21 juin 1865.
« Les éléments de l'histoire et de la géographie de la

« France sont ajoutés aux matières obligatoires de l'en-
« seignement primaire (*Loi du 10 avril 1867, art. 16*).

« A dater de la promulgation de la présente loi, l'en-
« seignement primaire peut comprendre, outre les ma-
« tières déterminées par le paragraphe 2 de l'article 23
« de la loi du 15 mars 1850, le dessin d'ornement, le
« dessin d'imitation, les langues vivantes étrangères, la
« tenue des livres et des éléments de géométrie (*Loi du
« 21 juin 1865, art. 9*). »

Art. 24. — L'enseignement primaire est donné gratuitement à tous les enfants dont les familles sont hors d'état de le payer.

Voir l'article 45 de la loi du 16 mars 1850, page 27, et le décret du 28 mars 1866, page 162.

CHAPITRE II.

DES INSTITUTEURS.

Section Ire. — *Des conditions d'exercice de la profession d'instituteur primaire public ou libre.*

Art. 25. — Tout Français, âgé de vingt et un ans accomplis, peut exercer dans toute la France la profession d'instituteur primaire, public ou libre, s'il est muni d'un brevet de capacité.

Le brevet de capacité peut être suppléé par le certificat de stage dont il est parlé à l'article 47, par le diplôme de bachelier, par un certificat constatant qu'on a été admis dans une des écoles spéciales de l'État[1], ou par le titre de ministre, non interdit ni révoqué, de l'un des cultes reconnus par l'État.

1. Ces écoles sont : l'École normale supérieure, l'École polytechnique, l'École militaire de Saint-Cyr, l'École forestière, l'École de la marine, l'École des mineurs de Saint-Étienne et d'Alais, l'École des Chartes (*Décret du 31 mars 1851*).

Art. 26. — Sont incapables de tenir une école publique ou libre, ou d'y être employés, les individus qui ont subi une condamnation pour crime ou pour un délit contraire à la probité ou aux mœurs, les individus privés par jugement de tout ou partie des droits mentionnés en l'article 42 du Code pénal[1], et ceux qui ont été interdits en vertu des articles 30 et 33 de la présente loi.

Section 2e. — *Des conditions spéciales aux instituteurs libres.*

Art. 27. — Tout instituteur qui veut ouvrir une école libre doit préalablement déclarer son intention au maire de la commune où il veut s'établir, lui désigner le local et lui donner l'indication des lieux où il a résidé et des professions qu'il a exercées pendant les dix années précédentes.

Cette déclaration doit être, en outre, adressée par le postulant au Préfet (*Recteur de l'Académie*), au Procureur impérial (*de la République*) et au Sous-Préfet.

Elle demeurera affichée, par les soins du

---

1. Les tribunaux jugeant correctionnellement pourront, dans certains cas, interdire, en tout ou en partie, l'exercice des droits civiques, civils et de famille suivant : 1° de vote et d'élection; 2° d'éligibilité ; 3° d'être appelé ou nommé aux fonctions de juré ou autres fonctions publiques, ou aux emplois de l'administration, ou d'exercer ces fonctions ou emplois; 4° du port d'armes ; 5° de vote et de suffrage dans les délibérations de famille; 6° d'être tuteur, curateur, si ce n'est de ses enfants et sur l'avis seulement de la famille; 7° d'être expert ou employé comme témoin dans les actes; 8° de témoignage en justice, autrement que pour y faire de simples déclarations. (*Code pénal, art.* 42.)

maire, à la porte de la mairie, pendant un mois.

Art. 28. — Le Préfet (*Recteur*), soit d'office, soit sur la plainte du Procureur impérial (*de la République*) ou du Sous-Préfet, peut former opposition à l'ouverture de l'école, dans l'intérêt des mœurs publiques, dans le mois qui suit la déclaration à lui faite.

Cette opposition est jugée dans un bref délai, contradictoirement *et sans recours*, par le Conseil départemental (*académique*).

Si le maire refuse d'approuver le local, il est statué à cet égard par ce Conseil.

A défaut d'opposition, l'école peut être ouverte à l'expiration du mois, sans autre formalité.

Le deuxième paragraphe de cet article a été modifié par l'article 19 de la loi du 10 avril 1867, page 68.

Art. 29. — Quiconque aura ouvert ou dirigé une école en contravention aux articles 25, 26 et 27, ou avant l'expiration du délai fixé par le dernier paragraphe de l'article 28, sera poursuivi devant le tribunal correctionnel du lieu du délit, et condamné à une amende de 50 à 500 fr.

L'école sera fermée.

En cas de récidive, le délinquant sera condamné à un emprisonnement de six jours à un mois et à une amende de 100 à 1000 fr.

La même peine de six jours à un mois d'emprisonnement et de 100 fr. à 1000 fr. d'amende sera prononcée contre celui qui, dans le cas d'opposition formée à l'ouverture de son école, l'aura néanmoins ouverte avant qu'il ait été statué sur cette opposition, ou bien au mépris de la décision du Conseil départemental (*académique*) qui aurait accueilli l'opposition.

Ne seront pas considérées comme tenant école les personnes qui, dans un but purement charitable, et sans exercer la profession d'instituteur, enseigneront à lire et à écrire aux enfants, avec l'autorisation du délégué cantonal.

Néanmoins cette autorisation pourra être retirée par le Conseil départemental (*académique*).

Art. 30. — Tout instituteur libre, sur la plainte du Préfet (*Recteur*) ou du Procureur impérial (*de la République*), pourra être traduit, pour cause de faute grave dans l'exercice de ses fonctions, d'inconduite ou d'immoralité, devant le Conseil départemental (*académique du département*), et être censuré, suspendu pour un temps qui ne pourra excéder six mois, où interdit de l'exercice de sa profession dans la commune où il exerce.

Le Conseil départemental (*académique*) peut même le frapper d'une interdiction absolue. Il y aura lieu à appel devant le Conseil impérial (*supérieur*) de l'instruction publique.

Cet appel devra être interjeté dans le délai de dix jours, à compter de la notification de la décision, et ne sera pas suspensif.

Section 3°. — *Des instituteurs communaux.*

Art. 31. — Les instituteurs communaux sont nommés par le Préfet du département (*par le conseil municipal de la commune*) et choisis, soit sur une liste d'admissibilité *et d'avancement* dressée par le Conseil départemental (*académique du département*), soit sur la présentation qui est faite par les supérieurs pour les membres des associations religieuses vouées à l'enseignement et autorisées par la loi ou reconnues comme établissements d'utilité publique.

Les consistoires jouissent du droit de présentation pour les instituteurs appartenant aux cultes non catholiques.

Si le conseil municipal avait fait un choix non conforme à la loi, ou n'en avait fait aucun, il sera pourvu à la nomination par le Conseil académique, un mois après la mise en demeure adressée au maire par le Recteur.

L'institution est donnée par le Ministre de l'instruction publique.

Cet article a été modifié de la manière suivante par l'article 4 du décret du 9 mars 1852, et par l'article 8 de la loi du 14 juin 1854.

« Les *Recteurs*, par délégation du Ministre, nomment « les instituteurs communaux, les conseils municipaux « entendus, d'après le mode prescrit par les deux premiers « paragraphes de l'article 31 de la loi du 15 mars 1850 « (*Décret du 9 mars 1852, art. 4*).

« Le Préfet exerce, sous l'autorité du Ministre de l'Instruction publique, et sur le rapport de l'inspecteur d'Académie, les attributions déférées au Recteur par la loi « du 15 mars 1850 et par le décret organique du 9 mars « 1852, en ce qui concerne l'instruction primaire publique « ou libre (*Loi du 14 juin 1854, art. 8*). »

Art. 32. — Il est interdit aux instituteurs communaux d'exercer aucune fonction administrative sans l'autorisation du Conseil départemental (*académique*).

Toute profession commerciale ou industrielle leur est absolument interdite.

Art. 33. — Le Préfet (*Recteur*) peut, suivant les cas, réprimander, suspendre, avec ou sans privation totale ou partielle de traitement, pour un temps qui n'excédera pas six mois, ou révoquer l'instituteur communal.

L'instituteur révoqué est incapable d'exercer la profession d'instituteur, soit public, soit libre, dans la même commune.

Le Conseil départemental (*académique*) peut, après l'avoir entendu ou dûment appelé, frapper l'instituteur communal d'une interdiction absolue, sauf appel devant le Conseil impérial (*supérieur*) de l'instruction publique dans le délai de dix jours, à partir de la notification de la décision. Cet appel n'est pas suspensif.

En cas d'urgence, le maire peut suspendre provisoirement l'instituteur communal, à charge de rendre compte, dans les deux jours, au Préfet (*Recteur*).

Art. 34. — Le Conseil départemental (*académique*) détermine les écoles publiques auxquelles, d'après le nombre des élèves, il doit être attaché un instituteur adjoint.

Les instituteurs adjoints peuvent n'être âgés que de dix-huit ans, et ne sont pas assujettis aux conditions de l'article 25.

Ils sont nommés et révocables par l'instituteur, avec l'agrément du Préfet (*Recteur de l'Académie*). Les instituteurs adjoints appartenant aux asso ciations religieuses dont il est parlé dans l'article 31 sont nommés et peuvent être révoqués par les supérieurs de ces associations.

Le conseil municipal fixe le traitement des instituteurs adjoints. Ce traitement est à la charge exclusive de la commune.

Cet article a été modifié par les articles 3, 6 et 14 de la loi du 10 avril 1867, page 62.

Art. 35. — Tout département est tenu de pourvoir au recrutement des instituteurs communaux, en entretenant des élèves-maîtres, soit dans les établissements d'instruction primaire désignés par le Conseil départemental (*académique*), soit aussi dans l'École normale établie à cet effet par le département.

Les Écoles normales peuvent être supprimées par le Conseil général du département; elles peuvent l'être également par le Ministre, en Conseil impérial (*supérieur*), sur le rapport du Conseil départemental (*académique*), sauf, dans les deux cas, le droit acquis aux boursiers en jouissance de leur bourse.

Le programme de l'enseignement, les conditions d'entrée et de sortie, celles qui sont relatives à la nomination du personnel, et tout ce qui concerne les Écoles normales sera déterminé par un règlement délibéré en Conseil impérial (*supérieur*) [1].

1. Voir ce règlement, page 113.

CHAPITRE III.

DES ÉCOLES COMMUNALES.

Art. 36. — Toute commune doit entretenir une ou plusieurs écoles primaires.

Le Conseil départemental (*académique du département*) peut autoriser une commune à se réunir à une ou plusieurs communes voisines pour l'entretien d'une école.

Toute commune a la faculté d'entretenir une ou plusieurs écoles entièrement gratuites, *à la condition d'y subvenir sur ses propres ressources.*

Le Conseil départemental (*académique*) peut dispenser une commune d'entretenir une école publique, à condition qu'elle pourvoira à l'enseignement primaire gratuit, dans une école libre, de tous les enfants dont les familles sont hors d'état d'y subvenir. Cette dispense peut toujours être retirée.

Dans les communes où les différents cultes reconnus sont professés publiquement, des écoles séparées seront établies pour les enfants appartenant à chacun de ces cultes; sauf ce qui est dit à l'article 15.

La commune peut, avec l'autorisation du Conseil départemental (*académique*) exiger que l'instituteur communal donne, en tout ou en partie, à son enseignement les développements dont il est parlé à l'article 23.

Le paragraphe 3 de cet article a été modifié par l'article 8 de la loi du 10 avril 1867, page 64.

Art. 37. — Toute commune doit fournir à l'instituteur un local convenable, tant pour son habitation que pour la tenue de l'école, le mobilier de classe et un traitement.

Cet article a été modifié par l'article 3 de la loi du 10 avril 1867, page 63.

Art. 38. — *A dater du 1er janvier 1851, le traitement des instituteurs communaux se composera :*

1° D'un traitement fixe qui ne peut être inférieur à 200 francs.

2° Du produit de la rétribution scolaire ;

3° D'un supplément accordé à tous ceux dont le traitement, joint au produit de la rétribution scolaire, n'atteint pas 600 francs.

Le supplément sera calculé d'après le total de la rétribution scolaire pendant l'année précédente.

Cet article a été remplacé par l'article 5 du décret du 31 décembre 1853, page 155, par les articles 9, 10 et 11 de la loi du 10 avril 1867, page 65, et par les articles 2, 3 et 6 du décret du 26 juillet 1870, page 165.

Art. 39. — *Une caisse de retraite sera substituée par un règlement d'administration publique aux caisses d'épargne des instituteurs.*

Cet article a été abrogé par la loi du 9 juin 1853. Voir, page 259, la loi sur les Pensions civiles.

Art. 40. — *A défaut de fondations, dons ou*

legs, le conseil municipal délibère sur les moyens de pourvoir aux dépenses de l'enseignement primaire dans la commune.

En cas d'insuffisance des revenus ordinaires, il est pourvu à ces dépenses au moyen d'une imposition spéciale votée par le conseil municipal, ou, à défaut du vote de ce conseil, établie par un décret du Pouvoir exécutif. Cette imposition, qui devra être autorisée chaque année par la loi de finances, ne pourra excéder trois centimes additionnels[1] au principal des quatre contributions directes.

Lorsque des communes, soit par elles-mêmes, soit en se réunissant à d'autres communes, n'auront pu subvenir, de la manière qui vient d'être indiquée, aux dépenses de l'école communale, il y sera pourvu sur les ressources ordinaires du département, ou, en cas d'insuffisance, au moyen d'une imposition spéciale votée par le Conseil général, ou, à défaut du vote de ce Conseil, établie par un décret. Cette imposition, autorisée chaque année par la loi des finances, ne pourra excéder trois centimes additionnels (*Loi du 10 avril 1867, art.* 14) (*deux*) au principal des quatre contributions directes.

Si les ressources communales et départementales ne suffisent pas, le Ministre de l'instruction publique accordera une subvention sur le crédit

---

1. Les communes qui veulent entretenir une ou plusieurs écoles entièrement gratuites peuvent voter, outre l'imposition spéciale de trois centimes, une imposition extraordinaire de quatre centimes additionnels au principal des quatre contributions directes (*Loi du 10 avril 1867, art.* 8).

qui sera porté annuellement pour l'enseignement primaire au budget de l'État.

Chaque année, un rapport, annexé au projet de budget, fera connaître l'emploi des fonds alloués pour l'année précédente.

Art. 41. — La rétribution scolaire est perçue dans la même forme que les contributions publiques directes; elle est exempte des droits de timbre, et donne droit aux mêmes remises que les autres recouvrements.

Néanmoins, sur l'avis conforme du Conseil géné*al, l'instituteur communal pourra être autorisé par le Conseil départemental (*académique*) à percevoir lui-même la rétribution scolaire.

CHAPITRE IV.

DES DÉLÉGUÉS CANTONAUX, ET DES AUTRES AUTORITÉS
PRÉPOSÉES A L'ENSEIGNEMENT PRIMAIRE.

Art. 42. — Le Conseil départemental (*académique du département*) désigne un ou plusieurs délégués résidant dans chaque canton, et détermine les écoles particulièrement soumises à la surveillance de chacun.

Les délégués sont nommés pour trois ans; ils sont rééligibles et révocables. Chaque délégué correspond, tant avec le Conseil académique, auquel il doit adresser ses rapports, qu'avec les autorités locales pour tout ce qui regarde l'état et les besoins de l'enseignement primaire dans sa circonscription.

Il peut, lorsqu'il n'est pas membre du Conseil départemental (*académique*), assister à ses séances avec voix consultative pour les affaires intéressant les écoles de sa circonscription.

Les délégués se réunissent au moins une fois tous les trois mois au chef-lieu de canton, sous la présidence de celui d'entre eux qu'ils désignent, pour convenir des avis à transmettre au Conseil départemental (*académique*).

Voir, pour l'inspection, l'article 20 de la loi du 15 mars, page 12, modifié par l'article 17 de la loi du 10 avril 1867, page 67.

Art. 43. — A Paris, les délégués nommés pour chaque arrondissement par le Conseil départemental (*académique*) se réunissent au moins une fois tous les mois, avec le maire, un adjoint, le juge de paix, un curé de l'arrondissement et un ecclésiastique, ces deux derniers désignés par l'Archevêque, pour s'entendre au sujet de la surveillance locale et pour convenir des avis à transmettre au Conseil départemental (*académique*). Les ministres des cultes non catholiques reconnus, s'il y a dans l'arrondissement des écoles suivies par des enfants appartenant à ces cultes, assistent à ces réunions avec voix délibérative.

La réunion est présidée par le maire.

Art. 44. — Les autorités locales préposées à la surveillance et à la direction morale de l'enseignement primaire sont, pour chaque école, le maire, le curé, le pasteur ou le délégué du culte israélite, et dans les communes de deux mille âmes et au-dessus, un ou plusieurs habitants de la commune délégués par le Conseil départemental (*académique*).

Les ministres des différents cultes sont spécialement chargés de surveiller l'enseignement religieux de l'école.

L'entrée de l'école leur est toujours ouverte.

Dans les communes où il existe des écoles mixtes, un ministre de chaque culte aura toujours l'entrée de l'école pour veiller à l'éducation religieuse des enfants de son culte.

Lorsqu'il y a pour chaque culte des écoles séparées, les enfants d'un culte ne doivent être admis dans l'école d'un autre culte que sur la volonté formellement exprimée par les parents.

Art. 45. — Le maire dresse chaque année, de concert avec les ministres des différents cultes, la liste des enfants qui doivent être admis gratuitement dans les écoles publiques. Cette liste est approuvée par le conseil municipal, et définitivement arrêtée par le Préfet.

Voir, pour la formation des listes de gratuité, le décret du 28 mars 1866, page 162.

Art. 46. — Chaque année, le Conseil départemental (*académique*) nomme une commission d'examen chargée de juger publiquement, et à des époques déterminées par le Préfet (*Recteur*), l'aptitude des aspirants au brevet de capacité, quel que soit le lieu de leur domicile.

Cette commission se compose de sept membres, et choisit son président.

Un inspecteur d'arrondissement pour l'instruction primaire, un ministre du culte professé par le candidat, et deux membres de l'enseignement public ou libre, en font nécessairement partie.

L'examen ne portera que sur les matières comprises dans la première partie de l'article 23.

Les candidats qui voudront être examinés sur tout ou partie des autres matières spécifiées dans le même article en feront la demande à la commission. Les brevets délivrés feront mention des matières spéciales sur lesquelles les candidats auront répondu d'une manière satisfaisante.

Les paragraphes 4 et 5 ont été modifiés par l'article 16 de la loi du 10 avril 1867, page 67, et par l'article 9 de la loi du 21 juin 1865, page 61.

Art. 47. — Le Conseil départemental (*académique*) délivre, s'il y a lieu, des certificats de stage aux personnes qui justifient avoir enseigné pendant trois ans au moins les matières comprises dans la première partie de l'article 23, et dans l'article 16 de la loi du 10 avril 1867 (*de l'article* 23), dans les écoles publiques ou libres autorisées à recevoir des stagiaires.

Les élèves-maîtres sont, pendant la durée de leur stage, spécialement surveillés par les inspecteurs de l'enseignement primaire.

CHAPITRE V.

DES ÉCOLES DE FILLES.

Voir, pour la législation des écoles de filles, la loi du 14 juin 1859, page 58 et la loi du 10 avril 1867, page 62.

Art. 48. — L'enseignement primaire dans les écoles de filles comprend, outre les matières de l'enseignement primaire énoncées dans l'article 23, les travaux à l'aiguille.

Art. 49. — Les lettres d'obédience tiendront lieu de brevet de capacité aux institutrices appartenant à des congrégations religieuses vouées à l'enseignement et reconnues par l'État.

L'examen des institutrices n'aura pas lieu publiquement.

Art. 50. — Tout ce qui se rapporte à l'examen des institutrices, à la surveillance et à l'inspection des écoles de filles, sera l'objet d'un règlement délibéré en Conseil impérial (*supérieur*). Les autres dispositions de la présente loi relatives aux écoles et aux instituteurs sont applicables aux écoles de filles et aux institutrices, à l'exception des articles 38, 39, 40 et 41.

Voir, pour l'examen des institutrices, le décret du 29 juillet 1850 (art. 50), page 84, le décret du 31 décembre 1853 (art. 6-12), page 155, l'arrêté du 3 juillet 1866, page 131 et le décret du 2 mai 1870, p. 141.

Art. 51. — *Toute commune de huit cents âmes de population et au-dessus est tenue, si ses propres ressources lui en fournissent les moyens, d'avoir au moins une école de filles, sauf ce qui est dit à l'article 15.*

Le Conseil départemental (*académique*) peut, en outre, obliger les communes d'une population inférieure à entretenir, si leurs ressources ordinaires le leur permettent, une école de filles, et, en cas de réunion de plusieurs communes pour l'enseignement primaire, il pourra, selon les circonstances, décider que l'école de garçons et l'école de filles seront dans deux communes différentes. Il prend l'avis du conseil municipal.

Le premier paragraphe de cet article a été remplacé par le premier paragraphe de l'article 1er et par les paragraphes 1 et 2 de l'article 2 de la loi du 10 avril 1867.

« Toute commune de 500 habitants et au-dessus est te-
« nue d'avoir au moins une école publique de filles, si
« elle n'en est pas dispensée par le Conseil départemen-
« tal, en vertu de l'article 15 de la loi du 15 mars 1850
« (art. 1er, § 1er).

« Le nombre des écoles publiques..... de filles à éta-
« blir dans chaque commune est fixé par le Conseil
« départemental, sur l'avis du conseil municipal (art. 2,
« § 1er).

« Le Conseil départemental détermine les écoles publi-
« ques de filles auxquelles, d'après le nombre des élè-
« ves, il doit être attaché une institutrice adjointe (art. 2,
« §2). »

Art. 52. — Aucune école primaire, publique ou libre, ne peut, sans l'autorisation du Conseil départemental (*académique*), recevoir d'enfants des deux sexes, s'il existe dans la commune une école publique ou libre de filles.

Voir, pour la sanction légale, en ce qui concerne l'enseignement libre, l'article 20 de la loi du 10 avril 1867, page 68.

CHAPITRE VI.

INSTITUTIONS COMPLÉMENTAIRES.

Section 1re. — *Des pensionnats primaires.*

Art. 53. — Tout Français, âgé de vingt-cinq ans, ayant au moins cinq années d'exercice comme instituteur ou comme maître dans un pensionnat primaire, et remplissant les conditions énumérées en l'article 25, peut ouvrir un pensionnat primaire, après avoir déclaré son intention au Préfet du département (*Recteur de l'Académie*) et au maire de la commune. Toutefois, les instituteurs communaux ne pourront ouvrir de pensionnat qu'avec l'autorisation du Conseil départemental (*académique*), sur l'avis du conseil municipal.

Le programme de l'enseignement et le plan du local doivent être adressés au maire et au Préfet (*Recteur*).

Le Conseil départemental (*académique*) prescrira, dans l'intérêt de la moralité et de la santé des élèves, toutes les mesures qui seront indiquées dans un règlement délibéré par le Conseil impérial (*supérieur*)[1].

Les pensionnats primaires sont soumis aux prescriptions des articles 26, 27, 28, 29 et 30 de la présente loi, et à la surveillance des autorités qu'elle institue.

Ces dispositions sont applicables aux pensionnats de filles, en tout ce qui n'est pas contraire aux conditions prescrites par le chapitre 5 de la présente loi.

Section 2e. — *Des écoles d'adultes et d'apprentis.*

Voir, pour les écoles d'adultes, les articles 7 et 14 de la loi du 10 avril 1867, page 62.

Art. 54. — Il peut être créé des écoles pri-

[1]. Voir le décret du 30 décembre 1850 sur les pensionnats primaires, page 245.

maires communales pour les adultes au-dessus de dix-huit ans, pour les apprentis au-dessus de douze ans.

Le Conseil départemental (*académique*) désigne les instituteurs chargés de diriger les écoles communales d'adultes et d'apprentis.

Il ne peut être reçu dans ces écoles d'élèves des deux sexes.

Art. 55. — Les articles 27, 28, 29 et 30 sont applicables aux instituteurs libres qui veulent ouvrir des écoles d'adultes ou d'apprentis.

Art. 56. — Il sera ouvert chaque année, au budget du Ministre de l'instruction publique, un crédit pour encourager les auteurs de livres ou de méthodes utiles à l'instruction primaire et à la fondation d'institutions telles que :

Les écoles du dimanche,

Les écoles dans les ateliers et les manufactures,

Les classes dans les hôpitaux,

Les cours publics ouverts conformément à l'article 77,

Les bibliothèques de livres utiles,

Et autres institutions dont les statuts auront été soumis à l'examen de l'autorité compétente.

Section 3e. — *Des salles d'asile.*

Art. 57. — Les salles d'asile sont publiques ou libres.

Un décret de l'Empereur (*du Président de la République*), rendu sur l'avis du Conseil impérial (*supérieur*), déterminera tout ce qui se rapporte à la surveillance et à l'inspection de ces établissements, ainsi qu'aux conditions d'âge, d'aptitude, de moralité, des personnes qui seront chargées de la direction et du service dans les salles d'asile publiques.

Les infractions à ce décret seront punies des peines établies par les articles 29, 30 et 33 de la présente loi.

Ce décret déterminera également le programme de l'enseignement et des exercices dans les salles d'asile publiques, et tout ce qui se rapporte au traitement des personnes qui y seront chargées de la direction ou du service.

Voir le décret du 21 mars 1855, page 251.

Art. 58. — Les personnes chargées de la direction des salles d'asile publiques seront nommées par le Préfet (*par le conseil municipal, sauf l'approbation du Conseil académique*).

L'article 23 du décret du 21 mars 1855 a donné au Préfet la nomination des directrices des salles d'asile.

Art. 59. — Les salles d'asile libres peuvent recevoir des secours sur les budgets des communes, des départements et de l'État.

TITRE III.

De l'instruction secondaire.

CHAPITRE Ier.

DES ÉTABLISSEMENTS PARTICULIERS D'INSTRUCTION SECONDAIRE.

Art. 60. — Tout Français âgé de vingt-cinq ans au moins, et n'ayant encouru aucune des incapacités comprises dans l'article 26 de la présente loi, peut former un établissement d'instruction secondaire, sous la condition de faire à l'inspecteur d'académie (*au Recteur de l'académie*) où il se propose de s'établir les déclarations prescrites par l'article 27, et, en outre, de déposer entre ses mains les pièces suivantes, dont il lui sera donné récépissé :

1° Un certificat de stage constatant qu'il a rempli, pendant cinq ans au moins, les fonctions de professeur ou de surveillant dans un établissement d'instruction secondaire public ou libre;

2° Soit le diplôme de bachelier, soit un brevet de capacité délivré par un jury d'examen dans la forme déterminée par l'article 62;

3° Le plan du local, et l'indication de l'objet de l'enseignement.

L'inspecteur d'académie (*le Recteur*) à qui le dépôt des pièces aura été fait en donnera avis au Préfet du département et au Procureur impérial (*de la République*) de l'arrondissement dans lequel l'établissement devra être fondé.

Le Ministre, sur la proposition des Conseils départementaux (*académiques*) et l'avis conforme du Conseil impérial (*supérieur*), peut accorder des dispenses de stage.

Cet article a été modifié par l'article 9, § 2, de la loi du 14 juin 1854, page 55.

Art. 61. — Les certificats de stage sont délivrés par le Conseil départemental (*académique*), sur l'attestation des chefs des établissements où le stage aura été accompli.

Toute attestation fausse sera punie des peines portées en l'article 160 du Code pénal.

Art. 62. — Tous les ans, le Ministre nomme, sur la présentation du Conseil départemental (*académique*), un jury chargé d'examiner les aspirants au brevet de capacité. Ce jury est composé de sept membres, y compris l'inspecteur d'académie (*le Recteur*), qui le préside.

Un ministre du culte professé par le candidat et pris dans le Conseil départemental (*académique*), s'il n'y en a déjà un dans le jury, sera appelé avec voix délibérative.

Le Ministre, sur l'avis du Conseil supérieur de l'instruction publique, instituera des jurys spéciaux pour l'enseignement professionnel.

Les programmes d'examen seront arrêtés par le Conseil impérial (*supérieur*).

Nul ne pourra être admis à subir l'examen de capacité avant l'âge de vingt-cinq ans.

Le paragraphe 3 de l'article 62 a été abrogé par l'article 6 de la loi du 21 juin 1865, sur l'enseignement secondaire spécial.

Art. 63. — Aucun certificat d'études ne sera exigé des aspirants au diplôme de bachelier ou au brevet de capacité.

Le candidat peut choisir la Faculté ou le jury départemental (*académique*) devant lequel il subira son examen.

Un candidat refusé ne peut se présenter avant trois mois à un nouvel examen, sous peine de nullité du diplôme ou brevet indûment obtenu.

Art. 64. — Pendant le mois qui suit le dépôt des pièces requises par l'article 60, l'inspecteur d'académie (*le Recteur*), le Préfet et le Procureur impérial (*de la République*) peuvent se pourvoir devant le Conseil départemental (*académique*) et s'opposer à l'ouverture de l'établissement, dans l'intérêt des mœurs publiques ou de la santé des élèves.

Après ce délai, s'il n'est intervenu aucune opposition, l'établissement peut être immédiatement ouvert.

En cas d'opposition, le Conseil départemental (*académique*) prononce, la partie entendue ou dûment appelée, sauf appel devant le Conseil impérial (*supérieur*) de l'instruction publique.

Art. 65. — Est incapable de tenir un établissement public ou libre d'instruction secondaire, ou d'y être employé, quiconque est atteint de l'une des incapacités déterminées par l'article 26 de la présente loi, ou qui, ayant appartenu à l'enseignement public, a été révoqué avec interdiction, conformément à l'article 14.

Art. 66. — Quiconque, sans avoir satisfait aux conditions prescrites par la présente loi, aura ouvert un établissement d'instruction secondaire, sera poursuivi devant le tribunal correctionnel du lieu du délit, et condamné à une amende de 100 fr. à 1000 fr. L'établissement sera fermé.

En cas de récidive, ou si l'établissement a été ouvert avant qu'il ait été statué sur l'opposition, ou contrairement à la décision du Conseil départemental (*académique*) qui l'aurait accueillie, le délinquant sera condamné à un emprisonnement de quinze jours à un mois et à une amende de 1000 fr. à 3000 fr.

Les ministres des différents cultes reconnus peuvent donner l'instruction secondaire à quatre jeunes gens au plus, destinés aux écoles ecclésiastiques, sans être soumis aux prescriptions de la présente loi, à la condition d'en faire la déclaration à l'inspecteur d'académie (*au Recteur*). Le Conseil départemental (*académique*) veille à ce que ce nombre ne soit pas dépassé.

Art. 67. — En cas de désordre grave dans le régime intérieur d'un établissement libre d'instruction secondaire, le chef de cet établissement peut être appelé devant le Conseil départemental (*académique*), et soumis à la réprimande avec ou sans publicité.

La réprimande ne donne lieu à aucun recours.

Art. 68. — Tout chef d'établissement libre d'instruction secondaire, toute personne attachée à l'enseignement ou à la surveillance d'une maison d'éducation, peut, sur la plainte du ministère public ou de l'inspecteur d'académie (*du Recteur*), être traduit, pour cause d'inconduite ou d'immoralité, devant le Conseil départemental (*académique*), et être interdit de sa profession, à temps ou à toujours, sans préjudice des peines encourues pour crimes ou délits prévus par le Code pénal.

Appel de la décision rendue peut toujours avoir lieu, dans les quinze jours de la notification, devant le Conseil impérial (*supérieur*).

L'appel ne sera pas suspensif.

Art. 69. — Les établissements libres peuvent obtenir des communes, des départements ou de l'État un local et une subvention, sans que cette subvention puisse excéder le dixième des dépenses annuelles de l'établissement.

Les Conseils départementaux (*académiques*) sont appelés à donner leur avis préalable sur l'opportunité de ces subventions.

Sur la demande des communes, les bâtiments compris dans l'attribution générale faite à l'Université par le décret du 10 décembre 1808 pourront être affectés à ces établissements par décret du Pouvoir exécutif.

L'article 7 de la loi du 21 juin 1865, page 64, accorde aux établissements libres d'enseignement secondaire spécial la faculté de jouir du bénéfice de l'article 69 de la loi du 15 mars 1850.

Art. 70. — Les écoles secondaires ecclésiastiques actuellement existantes sont maintenues, sous la seule condition de rester soumises à la surveillance de l'État.

Il ne pourra en être établi de nouvelles sans l'autorisation du Gouvernement.

CHAPITRE II.

DES ÉTABLISSEMENTS PUBLICS D'INSTRUCTION SECONDAIRE.

Art. 71. — Les établissements publics d'instruction secondaire sont les lycées et les colléges communaux.

Il peut y être annexé des pensionnats.

Art. 72. — Les lycées sont fondés et entretenus par l'État, avec le concours des départements et des villes.

Les colléges communaux sont fondés et entretenus par les communes.

Ils peuvent être subventionnés par l'État.

Art. 73. — Toute ville dont le collége communal sera, sur la demande du conseil municipal, érigé en lycée, devra faire les dépenses de construction et d'appropriation requises à cet effet, fournir le mobilier et les collections nécessaires à l'enseignement, assurer l'entretien et la réparation des bâtiments.

Les villes qui voudront établir un pensionnat près du lycée devront fournir le local et le mobilier nécessaires, et fonder pour dix ans, avec ou sans le concours du département, un nombre de bourses fixé de gré à gré avec le Ministre. A l'expiration des dix ans, les villes et départements seront libres de supprimer les bourses, sauf le droit acquis aux boursiers en jouissance de leur bourse.

Dans le cas où l'État voudrait conserver le pensionnat, le local et le mobilier resteront à sa disposition, et ne feront retour à la commune que lors de la suppression de cet établissement.

Art. 74. — Pour établir un collège communal, toute ville doit satisfaire aux conditions suivantes : Fournir un local approprié à cet usage et en assurer l'entretien ; placer et entretenir dans ce local le mobilier nécessaire à la tenue des cours, et à celle du pensionnat, si l'établissement doit recevoir des élèves internes ; garantir, pour cinq ans au moins, le traitement fixe du principal et des professeurs, lequel sera considéré comme dépense obligatoire pour la commune, en cas d'insuffisance des revenus propres du collège, de la rétribution collégiale payée par les externes et des produits du pensionnat.

Dans le délai de deux ans, les villes qui ont fondé des colléges communaux en dehors de ces dispositions devront y avoir satisfait.

Art. 75. — L'objet et l'étendue de l'enseignement dans chaque collège communal seront déterminés, eu égard aux besoins de la localité, par le Ministre de l'instruction publique, en Conseil impérial (*supérieur*), sur la proposition du conseil municipal et l'avis du Conseil académique.

Art. 76. — *Le Ministre prononce disciplinairement contre les membres de l'instruction secondaire publique, suivant la gravité des cas :*

1° La réprimande devant le Conseil académique ;

2° La censure devant le Conseil supérieur ;

3° La mutation pour un emploi inférieur ;

4° La suspension des fonctions pour une année au plus, avec ou sans privation totale ou partielle du traitement ;

5° Le retrait d'emploi, après avoir pris l'avis du Conseil supérieur ou de la section permanente.

Le Ministre peut prononcer les mêmes peines, à l'exception de la mutation pour un emploi inférieur, contre les professeurs de l'enseignement supérieur.

Le retrait d'emploi ne peut être prononcé contre eux que sur l'avis conforme du Conseil supérieur.

La révocation aura lieu dans les formes prévues par l'article 14.

Cet article a été abrogé et remplacé par le décret-loi du 9 mars 1852 (art. 1, 3 et 8), page 46, et par le décret ci-après, du 11 juillet 1863.

Art. 1ᵉʳ. « A partir de ce jour, un Comité composé de
« cinq membres, désignés par le Conseil impérial de l'in-
« struction publique et choisis dans son sein, sera appelé
« à donner son avis motivé toutes les fois qu'il pourra y
« avoir lieu à la révocation d'un professeur de l'ensei-
« gnement supérieur ou de l'enseignement secondaire
« qui sera titulaire de son emploi.
« Ce Comité sera nommé pour un an et ses membres
« pourront être réélus.
« Art. 2. Le Secrétaire général du Ministère, deux
« inspecteurs généraux de l'enseignement supérieur ou
« secondaire, selon qu'il s'agira d'un fonctionnaire de
« leur ordre, et le chef de division compétent, feront
« partie du comité et y auront voix délibérative.
« Art. 3. L'inculpé sera admis à présenter sa défense,
« selon qu'il le jugera préférable, de vive voix ou par
« écrit.
« Art. 4. Les séances seront présidées par le Ministre,
« et, en cas d'absence de sa part, par le vice-président
« du Conseil impérial de l'instruction publique ; en cas
« d'absence de celui-ci, par le doyen d'âge des membres
« que le Conseil impérial aura désignés. »

TITRE IV.

Dispositions générales.

Art. 77. — Les dispositions de la présente loi concernant les écoles primaires ou secondaires sont applicables aux cours publics sur les matières de l'enseignement primaire et secondaire.

Les Conseils académiques et départementaux (*académiques*) peuvent, selon les degrés de l'enseignement, dispenser ces cours de l'application des dispositions qui précèdent, et spécialement de l'application du dernier paragraphe de l'article 54.

Art. 78. — Les étrangers peuvent être autorisés à ouvrir ou diriger des établissements d'instruction primaire ou secondaire, aux conditions déterminées par un règlement délibéré en Conseil impérial (*supérieur*).

Art. 79. — Les instituteurs adjoints des écoles publiques, les jeunes gens qui se préparent à l'enseignement primaire public dans les écoles désignées à cet effet, les membres ou novices des associations religieuses vouées à l'enseignement et autorisées par la loi, ou reconnues comme établissements d'utilité publique, les élèves de l'École normale supérieure, les maîtres d'études, *régents* et professeurs des colléges et Lycées sont dispensés du service militaire, s'ils ont, avant l'époque fixée pour le tirage, contracté devant le Recteur l'engagement de se vouer pendant dix ans à l'enseignement public, et s'ils réalisent cet engagement.

Cet article a été modifié par l'article 18 de la loi du 10 avril 1867, page 67.

Art. 80. — L'article 463 du Code pénal[1] pourra être appliqué aux délits prévus par la présente loi.

Art. 81. — Un règlement d'administration publique déterminera les dispositions de la présente loi qui seront applicables à l'Algérie.

Art. 82. — Sont abrogées toutes les dispositions des lois, décrets ou ordonnances contraires à la présente loi.

DISPOSITIONS TRANSITOIRES.

Art. 83. — Les chefs ou directeurs d'établissements d'instruction secondaire ou primaire libres, maintenant en exercice, continueront d'exercer leur profession, sans être soumis aux prescriptions des articles 53 et 60.

Ceux qui en ont interrompu l'exercice pour-

---

1. Dans tous les cas où la peine de l'emprisonnement et celle de l'amende sont prononcées par le Code pénal, si les circonstances paraissent atténuantes, les tribunaux correctionnels sont autorisés, même en cas de récidive, à réduire l'emprisonnement même au-dessous de six jours, et l'amende même au-dessous de 10 fr.; ils pourront aussi prononcer séparément l'une ou l'autre de ces peines, et même substituer l'amende à l'emprisonnement, sans qu'en aucun cas elle puisse être au-dessous des peines de simple police. (*Code pénal*, art. 463, § 8.)

ront le reprendre, sans être soumis à la condition du stage.

Le temps passé par les professeurs et les surveillants dans ces établissements leur sera compté pour l'accomplissement du stage prescrit par ledit article.

Art. 84. — *La présente loi ne sera exécutoire qu'à partir du 1er septembre 1850.*

Les autorités actuelles continueront d'exercer leurs fonctions jusqu'à cette époque.

Néanmoins, le Conseil supérieur pourra être constitué, et il pourra être convoqué par le Ministre avant le 1er septembre 1850, et, dans ce cas, les articles 1, 2, 3, 4, l'article 5, à l'exception de l'avant-dernier paragraphe, les articles 6 et 76 de la présente loi deviendront immédiatement applicables.

La loi du 11 janvier 1850 est prorogée jusqu'au 1er septembre 1850.

Dans le cas où le Conseil supérieur aurait été constitué avant cette époque, l'appel des instituteurs révoqués sera jugé par le Ministre de l'instruction publique, en section permanente du Conseil supérieur.

Art. 85. — Jusqu'à la promulgation de la loi sur l'enseignement supérieur, le Conseil impérial (*supérieur*) de l'instruction publique *et sa section permanente, selon leur compétence respective*, exerceront, à l'égard de cet enseignement, les attributions qui appartenaient au Conseil de l'Université, et les nouveaux conseils académiques[1],

---

1. Les Conseils académiques prononcent disciplinairement contre les étudiants des Facultés la perte de deux à quatre

les attributions qui appartenaient aux anciens.

Inscriptions; l'exclusion de la Faculté et de l'Académie de six mois à deux ans, sauf recours au Conseil de l'Université; ils provoquent contre eux l'exclusion de toutes les Académies, qui est prononcée par le Conseil de l'Université, sauf recours au Conseil d'État.

Ces peines peuvent être infligées aux étudiants, lorsqu'ils se sont rendus coupables d'un manque de respect ou d'un acte d'insubordination envers les professeurs ou le chef de l'établissement; lorsqu'ils ont dans l'école cherché à exciter les autres étudiants au trouble; lorsqu'ils ont, hors de l'école, pris part à des désordres publics; lorsqu'ils ont, par des discours ou par des actes, outragé la religion, les mœurs ou le Gouvernement, ou lorsqu'ils ont tenu une conduite notoirement scandaleuse (*Ordonnance du 5 juillet 1820, du 2 février 1823; Décision royale du 3 février 1826*),

DÉCRET ORGANIQUE

SUR L'INSTRUCTION PUBLIQUE[1].

(9 Mars 1852.)

M. H. FORTOUL,
MINISTRE DE L'INSTRUCTION PUBLIQUE.

CHAPITRE Ier.

DE L'AUTORITÉ SUPÉRIEURE DE L'ENSEIGNEMENT PUBLIC.

Art. 1er. — L'Empereur (*le Président de la République*), sur la proposition du Ministre de l'instruction publique, nomme et révoque les membres du Conseil impérial (*supérieur*), les inspecteurs généraux, les Recteurs, les professeurs des Facultés, du Collége de France, du Muséum d'histoire naturelle, de l'École des langues orientales vivantes, les membres du Bureau des longitudes et de l'Observatoire de Paris et de Marseille, les administrateurs et conservateurs des Bibliothèques publiques.

Art. 2. — Quand il s'agit de pourvoir à la

1. Aux termes de l'article 53 de la Constitution du 14 janvier 1852, ce décret a force de loi et abroge ainsi les dispositions de la loi du 15 mars 1850, qui lui sont contraires.

nomination d'un professeur titulaire dans une Faculté, le Ministre propose à l'Empereur (*au Président de la République*) un candidat choisi, soit parmi les docteurs âgés de trente ans au moins, soit sur une double liste de présentation qui est nécessairement demandée à la Faculté où la vacance se produit, et au Conseil académique.

Le même mode de nomination est suivi dans les Facultés des lettres, des sciences, de droit, de médecine, et dans les Écoles supérieures de pharmacie.

En cas de vacance d'une chaire au Collége de France, au Muséum d'histoire naturelle, à l'École des langues orientales vivantes, ou d'une place au Bureau des longitudes, à l'Observatoire de Paris et de Marseille, les professeurs ou membres de ces établissements présentent deux candidats ; la classe correspondante de l'Institut en présente également deux. Le Ministre, peut, en outre, proposer au choix de l'Empereur (*du Président de la République*) un candidat désigné par ses travaux.

Art. 3. — Le Ministre, par délégation de l'Empereur (*du Président de la République*), nomme et révoque les professeurs de l'École impériale (*nationale*) des chartes, les inspecteurs d'Académie, les membres des Conseils départementaux (*académiques*) qui procédaient précédemment de l'élection, les fonctionnaires et professeurs des Écoles préparatoires de médecine et de pharmacie, les fonctionnaires et professeurs de l'enseignement secondaire public, les inspecteurs primaires, les employés des Bibliothèques publiques, et généralement toutes les personnes attachées à des établissements d'instruction publique appartenant à l'État.

Il prononce directement et sans recours contre les membres de l'enseignement secondaire public :

La réprimande devant le Conseil académique,

La censure devant le Conseil impérial (*supérieur*),

La mutation,

La suspension des fonctions avec ou sans privation totale ou partielle de traitement,

La révocation.

Il peut prononcer les mêmes peines contre les membres de l'enseignement supérieur, à l'exception de la révocation, qui est prononcée, sur sa proposition, par un décret de l'Empereur (*du Président de la République*).

Art. 4. — Les Préfets (*Recteurs*), par délégation du Ministre, nomment les instituteurs communaux, les conseils municipaux entendus, d'après le mode prescrit par les deux premiers paragraphes de l'article 31 de la loi du 15 mars 1850.

CHAPITRE II.

DU CONSEIL IMPÉRIAL (SUPÉRIEUR) DE L'INSTRUCTION PUBLIQUE.

Art. 5. — Le Conseil impérial (*supérieur*) se compose :

De trois membres du Sénat,

De trois membres du Conseil d'État,

De cinq Archevêques ou Évêques,

De trois membres des cultes non catholiques,

De trois membres de la Cour de cassation,

De cinq membres de l'Institut,

De huit inspecteurs généraux,

De deux membres de l'enseignement libre.

Les membres du Conseil impérial (*supérieur*) sont nommés pour un an.

Le Ministre préside le Conseil et détermine l'ouverture des sessions, qui auront lieu au moins deux fois par an.

CHAPITRE III.

DES INSPECTEURS GÉNÉRAUX DE L'INSTRUCTION PUBLIQUE.

Art. 6. — Huit inspecteurs généraux de l'enseignement supérieur,

Trois pour les lettres,

Trois pour les sciences,

Un pour le droit,

Un pour la médecine,

sont chargés, sous l'autorité du Ministre, de l'inspection des Facultés, des Écoles supérieures de pharmacie, des Écoles préparatoires de médecine et de pharmacie, et des établissements scientifiques et littéraires ressortissant au Ministère de l'instruction publique.

Ils peuvent être chargés de missions extraordinaires dans les lycées impériaux (*nationaux*) et dans les établissements d'instruction secondaire libres.

Huit (*Six*)[1] inspecteurs généraux de l'enseignement secondaire,

Quatre (*Trois*) pour les lettres,

Quatre (*Trois*) pour les sciences,
sont chargés, sous l'autorité du Ministre, de l'inspection des lycées impériaux (*nationaux*), des colléges communaux les plus importants, et des établissements d'instruction secondaire libres.

Quatre (*Deux*)[2] inspecteurs généraux de l'enseignement primaire sont chargés des mêmes attributions en ce qui concerne l'instruction de ce degré.

Le Ministre peut appeler au Conseil impérial (*supérieur*), pour des questions spéciales, avec voix consultative, des inspecteurs généraux qui n'auraient pas été désignés pour en faire partie.

CHAPITRE IV.

DISPOSITIONS PARTICULIÈRES.

Art. 7. — Un nouveau plan d'études sera discuté par le Conseil impérial (*supérieur*) dans sa prochaine session.

Art. 8. — En cas d'urgence, les Recteurs peuvent, par mesure administrative, suspendre un professeur de l'enseignement public, secondaire ou supérieur, à la charge d'en rendre compte

---

1. Le nombre des inspecteurs généraux de l'enseignement secondaire a été porté à huit par décret du 12 février 1862.

2. Le nombre des inspecteurs généraux de l'enseignement primaire a été porté à quatre par décrets du 15 février 1854 et du 22 août 1854.

immédiatement au Ministre, qui maintient ou lève la suspension.

Art. 9. — Les professeurs, les gens de lettres, les savants et les artistes dépendant du Ministère de l'instruction publique, ne peuvent cumuler que deux fonctions rétribuées sur les fonds du trésor public.

Le montant des traitements cumulés, tant fixes qu'éventuels, pourra s'élever à 20 000 fr.

Art. 10. — A l'avenir, la liquidation des pensions de retraite des fonctionnaires de l'instruction publique n'aura lieu qu'après avis de la section des finances du Conseil d'État[1].

Art. 11. — Sont maintenues les dispositions de la loi du 15 mars 1850 qui ne sont pas contraires au présent décret.

1. Voir la loi sur les pensions civiles, page 273.

LOI

SUR L'ADMINISTRATION DE L'INSTRUCTION PUBLIQUE.

(14 Juin 1854.)

M. H. FORTOUL,
MINISTRE DE L'INSTRUCTION PUBLIQUE.

TITRE Ier.

De l'Administration de l'instruction publique.

Art. 1er. — La France est divisée en seize circonscriptions académiques dont les chefs-lieux sont : Aix, Besançon, Bordeaux, Caen, Clermont, Dijon, Douai, Grenoble, Lyon, Montpellier, Nancy, Paris, Poitiers, Rennes, Strasbourg, Toulouse [1].

Art. 2. — Chacune des Académies est administrée par un Recteur, assisté d'autant d'inspecteurs d'Académie qu'il y a de départements dans la circonscription.

Un décret déterminera le nombre des inspecteurs d'Académie du département de la Seine.

[1] Une 17e Académie a été créée, à Chambéry, par décret du 13 juin 1860.

Art. 3. — Il y a au chef-lieu de chaque académie un Conseil académique, composé :

1° Du Recteur, président ;

2° Des inspecteurs de la circonscription ;

3° Des doyens des Facultés ;

4° De sept membres, choisis, tous les trois ans, par le Ministre de l'instruction publique,

Un parmi les Archevêques ou Évêques de la circonscription,

Deux parmi les membres du clergé catholique ou parmi les ministres des cultes non catholiques reconnus,

Deux dans la magistrature,

Deux parmi les fonctionnaires publics ou autres personnes notables de la circonscription.

Art. 4. — Le Conseil académique veille au maintien des méthodes d'enseignement prescrites par le Ministre en Conseil impérial de l'instruction publique, et qui doivent être suivies dans les écoles publiques d'instruction primaire, secondaire ou supérieure du ressort.

Il donne son avis sur les questions d'administration, de finances ou de discipline, qui intéressent les colléges communaux, les lycées et les établissements d'enseignement supérieur.

Art. 5. — Il y a au chef-lieu de chaque département un Conseil départemental de l'instruction publique, composé :

1° Du Préfet, président ;

2° De l'inspecteur d'Académie ;

3° D'un inspecteur de l'instruction primaire désigné par le Ministre ;

4° Des membres que les paragraphes 5, 6,

7, 8, 9, 10 et 11 de l'article 10 de la loi du 15 mars 1850 appelaient à siéger dans les anciens Conseils, et dont le mode de désignation demeure réglé conformément à ladite loi et à l'article 3 du décret du 9 mars 1852.

Art. 6. — Pour le département de la Seine, le Conseil départemental de l'instruction publique se compose :

1° Du Préfet, président ;

2° Du Recteur de l'Académie de Paris, vice-président ;

3° De deux des inspecteurs d'Académie attachés au département de la Seine ;

4° De deux inspecteurs de l'instruction primaire dudit département;

5° Des membres que les paragraphes 4, 5, 6, 7, 8, 11, 12, 13, 14 et 15 de l'article 11 de la loi du 15 mars 1850 appelaient à faire partie de l'ancien Conseil académique de la Seine, et dont le mode de désignation demeure réglé conformément à ladite loi et à l'article 3 du décret du 9 mars 1852.

Art. 7. — Le Conseil départemental de l'instruction publique exerce, en ce qui concerne les affaires de l'instruction primaire et les affaires disciplinaires et contentieuses relatives aux établissements particuliers d'instruction secondaire, les attributions déférées au Conseil académique par la loi du 15 mars 1850.

Les appels de ces décisions, dans les matières qui intéressent la liberté d'enseignement, sont portés directement devant le Conseil impérial de l'instruction publique, en conformité des dispositions de ladite loi.

Art. 8. — Le Préfet exerce, sous l'autorité du Ministre de l'instruction publique, et sur le rapport de l'inspecteur d'Académie, les attributions déférées au Recteur par la loi du 15 mars 1850 et par le décret organique du 9 mars 1852, en ce qui concerne l'instruction primaire publique ou libre.

Art. 9. — Sous l'autorité du Préfet, l'inspecteur d'Académie instruit les affaires relatives à l'enseignement primaire du département.

Sous l'autorité du Recteur, il dirige l'administration des colléges et lycées, et exerce, en ce qui concerne l'enseignement secondaire libre, les attributions déférées au Recteur par la loi du 15 mars 1850.

Art. 10. — Le local de l'Académie, le mobilier du Conseil académique et des bureaux du Recteur, sont fournis par la ville chef-lieu.

Le local et le mobilier nécessaires à la réunion du Conseil départemental, et les bureaux de l'inspecteur d'Académie, ainsi que les frais de bureau, sont à la charge du département.

Ces dépenses sont obligatoires.

Art. 11. — Un décret, rendu en la forme des règlements d'administration publique, déterminera les circonscriptions des Académies, ainsi que tout ce qui concerne la réunion et la tenue des Conseils académiques et départementaux.

Art. 12. — Les dispositions du présent titre sont exécutoires à partir du 1er septembre 1854.

TITRE II.

Dispositions spéciales aux établissements d'enseignement supérieur.

Art. 13. — *A partir du 1er janvier 1855, les établissements d'enseignement supérieur, chargés de la collation des grades, formeront un service spécial subventionné par l'État. Le budget de ce service spécial sera annexé à celui du Ministère de l'instruction publique et des cultes; le compte des recettes et des dépenses sera annexé à la loi des comptes, conformément à l'article 17 de la loi du 9 juillet 1836.*

Les fonds destinés à acquitter les dépenses régulièrement effectuées, qui n'auraient pu recevoir leur emploi dans le cours de l'exercice, seront reportés, après clôture, sur l'exercice en cours d'exécution; les fonds restés libres seront cumulés avec les ressources du budget nouveau.

Cet article a été abrogé et remplacé par l'article 26, ci-après, de la loi de finances du 28 juin 1861 :

« A partir du 1er janvier 1862, les établissements d'en-
« seignement supérieur, chargés de la collation des gra-
« des, cesseront de former un service spécial. Leurs
« dépenses seront inscrites au budget des dépenses publi-
« ques; le recouvrement des recettes aura lieu au profit
« de l'État. »

Art. 14. — Un décret, rendu en la forme des règlements d'administration publique, déterminera le tarif des droits d'inscription, d'examen

et de diplôme à percevoir dans les établissements d'enseignement supérieur chargés de la
collation des grades.

Un décret, rendu en la même forme, après
avis du Conseil impérial de l'instruction publique, réglera les conditions d'âge et d'études
pour l'admission aux grades, sans qu'il puisse
être dérogé à l'article 63 de la loi du 15 mars
1850.

Art. 15. — Les dispositions des lois, décrets,
ordonnances et règlements contraires à la présente loi sont et demeurent abrogées.

LOI

RELATIVE A LA PERCEPTION DE LA RÉTRIBUTION SCOLAIRE DANS LES ÉCOLES COMMUNALES DE FILLES.

(14 Juin 1859.)

M. ROULAND,
MINISTRE DE L'INSTRUCTION PUBLIQUE.

Art. unique. — A partir du 1er janvier 1860, la rétribution scolaire dans les écoles communales de filles sera perçue, par le receveur municipal, dans la même forme que les contributions publiques directes. Elle sera exempte des droits de timbre et donnera droit aux mêmes remises que les autres recouvrements.

Sur l'avis conforme du conseil municipal, l'institutrice pourra être autorisée par le Conseil départemental de l'instruction publique à percevoir elle-même la rétribution scolaire.

L'article 50 de la loi du 15 mars 1850 est modifié en ce qu'il a de contraire aux dispositions qui précèdent.

LOI

PORTANT ORGANISATION DE L'ENSEIGNEMENT SECONDAIRE SPÉCIAL.

(21 Juin 1865.)

M. V. DURUY,
MINISTRE DE L'INSTRUCTION PUBLIQUE.

Art. 1er. — L'enseignement secondaire spécial comprend : l'instruction morale et religieuse ; la langue et la littérature françaises ; l'histoire et la géographie ; les mathématiques appliquées ; la physique, la mécanique, la chimie, l'histoire naturelle et leurs applications à l'agriculture et à l'industrie ; le dessin linéaire, la comptabilité et la tenue des livres.

Il peut comprendre en outre : une ou plusieurs langues vivantes étrangères ; des notions usuelles de législation et d'économie industrielle et rurale, et d'hygiène ; le dessin d'ornement et le dessin d'imitation ; la musique vocale et la gymnastique.

Art. 2. — Dans les communes qui en font la demande, les colléges communaux peuvent être organisés en vue de cet enseignement, après avis du Conseil académique.

Art. 3. — Il est institué un Conseil de perfectionnement près de chacun des établissements dépendant du Ministère de l'instruction publique où est donné l'enseignement secondaire spécial.

Art. 4. — A la fin des cours, les élèves sont admis à subir, devant un jury dont les membres sont nommés par le Ministre de l'instruction publique, un examen, à la suite duquel ils obtiennent, s'il y a lieu, un diplôme.

Les élèves de l'enseignement libre peuvent se présenter devant le jury et obtenir le même diplôme.

Art. 5. — La composition du Conseil de perfectionnement, celle des jurys et les conditions d'examen sont réglées par des arrêtés délibérés en Conseil impérial de l'instruction publique.

Art. 6. — Le diplôme de bachelier peut être suppléé, pour l'ouverture d'un établissement libre d'enseignement secondaire spécial, par un brevet de capacité, à la suite d'un examen dont les programmes sont réglés par des arrêtés délibérés en Conseil impérial de l'instruction publique.

Nul n'est admis à subir cet examen avant l'âge de dix-huit ans.

La condition de stage prescrite par l'article 60 de la loi du 15 mars 1850 n'est pas exigible.

Art. 7. — Les établissements libres jouissent, pour l'enseignement secondaire spécial, du bénéfice de l'article 69 de la loi du 15 mars 1850.

Art. 8. — Les dispositions de la présente loi ne font pas obstacle à ce que les chefs ou directeurs d'établissements d'instruction primaire, fondés en exécution de la loi du 28 juin 1833 sur l'instruction primaire, et de celle du 15 mars 1850 sur l'enseignement, continuent à donner l'instruction primaire, prévue par ces deux lois.

Art. 9. — A dater de la promulgation de la présente loi, l'enseignement primaire peut comprendre, outre les matières déterminées par le paragraphe 2 de l'article 23 de la loi du 15 mars 1850, le dessin d'ornement, le dessin d'imitation, les langues vivantes étrangères, la tenue des livres et des éléments de géométrie.

LOI

SUR L'ENSEIGNEMENT PRIMAIRE.

(10 Avril 1867.)

M. V. DURUY,
MINISTRE DE L'INSTRUCTION PUBLIQUE.

Art. 1er. — Toute commune de cinq cents habitants et au-dessus est tenue d'avoir au moins une école publique de filles, si elle n'en est pas dispensée par le Conseil départemental, en vertu de l'article 15 de la loi du 15 mars 1850.

Dans toute école mixte tenue par un instituteur, une femme nommée par le Préfet, sur la proposition du maire, est chargée de diriger les travaux à l'aiguille des filles. Son traitement est fixé par le Préfet, après avis du conseil municipal.

Art. 2. — Le nombre des écoles publiques de garçons ou de filles à établir dans chaque commune est fixé par le Conseil départemental, sur l'avis du conseil municipal.

Le Conseil départemental détermine les écoles publiques de filles auxquelles, d'après le nombre des élèves, il doit être attaché une institutrice adjointe.

Les paragraphes 2 et 3 de l'article 34 de la

loi du 15 mars 1850 sont applicables aux institutrices adjointes.

Ce conseil détermine, en outre, sur l'avis du conseil municipal, le cas où, à raison des circonstances, il peut être établi une ou plusieurs écoles de hameau dirigées par des adjoints ou des adjointes.

Les décisions prises par le Conseil départemental, en vertu des paragraphes 1, 2 et 4 du présent article, sont soumises à l'approbation du Ministre de l'instruction publique.

Art. 3. — Toute commune doit fournir à l'institutrice, ainsi qu'à l'instituteur adjoint et à l'institutrice adjointe dirigeant une école de hameau, un local convenable, tant pour leur habitation que pour la tenue de l'école, le mobilier de classe et un traitement.

Elle doit fournir à l'adjoint et à l'adjointe un traitement et un logement.

Art. 4. — Les institutrices communales sont divisées en deux classes.

Le traitement de la première classe ne peut être inférieur à 600 francs (500 *francs*) et celui de la seconde à 500 francs (400 *francs*).

Cet article a été modifié par les articles 4 et 6 du décret du 26 juillet 1870, p. 161.

Art. 5. — Les instituteurs adjoints sont divisés en deux classes.

Le traitement de la première classe ne peut être inférieur à 500 francs et celui de la seconde à 400 francs.

Le traitement des institutrices adjointes est fixé à 350 francs.

Le traitement des adjoints et adjointes tenant une école de hameau est déterminé par le Préfet, sur l'avis du conseil municipal et du Conseil départemental.

Art. 6. — Dans le cas où un ou plusieurs adjoints ou adjointes sont attachés à une école, le Conseil départemental peut décider, sur la proposition du conseil municipal, qu'une partie du produit de la rétribution scolaire servira à former leur traitement.

Art. 7. — Une indemnité, fixée par le Ministre de l'instruction publique, après avis du conseil municipal et sur la proposition du Préfet, peut être accordée annuellement aux instituteurs et institutrices dirigeant une classe communale d'adultes, payante ou gratuite, établie en conformité du paragraphe 1er de l'article 2 de la présente loi.

Art. 8. — Toute commune qui veut user de la faculté accordée par le paragraphe 3 de l'article 36 de la loi du 15 mars 1850 d'entretenir une ou plusieurs écoles entièrement gratuites peut, en sus de ses ressources propres et des centimes spéciaux autorisés par la même loi, affecter à cet entretien le produit d'une imposition extraordinaire qui n'excédera pas quatre centimes additionnels au principal des quatre contributions directes.

En cas d'insuffisance des ressources indiquées au paragraphe qui précède, et sur l'avis du Conseil départemental, une subvention peut être accordée à la commune sur les fonds du département, et, à leur défaut, sur les fonds de l'État, dans les limites du crédit spécial porté annuellement, à cet effet, au budget du Ministère de l'instruction publique.

Art. 9. — Dans les communes où la gratuité est établie en vertu de la présente loi, le traitement des instituteurs et des institutrices publics se compose :

1° D'un traitement fixe de 200 fr. ;

2° D'un traitement éventuel calculé à raison du nombre d'élèves présents, d'après un taux de rétribution déterminé, chaque année, par le Préfet, sur l'avis du conseil municipal et du Conseil départemental;

3° D'un supplément accordé à tous les instituteurs et institutrices dont le traitement fixe, joint au produit de l'éventuel, n'atteint pas, pour les instituteurs, les *minima* déterminés par les articles 1, 2 et 3 du décret du 26 juillet 1870 (*l'article 38 de la loi du 15 mars 1850 et par le décret du 19 avril 1862*), et, pour les institutrices, les *minima* déterminés par l'article 4 du décret du 26 juillet 1870 (*l'article 4 ci-dessus*).

Art. 10. — Dans les autres communes, le traitement des instituteurs et des institutrices publics se compose :

1° D'un traitement fixe de 200 francs ;

2° Du produit de la rétribution scolaire ;

3° D'un traitement éventuel calculé à raison du nombre d'élèves gratuits présents à l'école, d'après un taux déterminé chaque année par le Préfet, sur l'avis du conseil municipal et du Conseil départemental;

4° D'un supplément accordé à tous les instituteurs et institutrices dont le traitement fixe, joint au produit de la rétribution scolaire, et du traitement éventuel, n'atteint pas, pour les instituteurs, les *minima* déterminés par les articles 1, 2 et 3 du décret du 26 juillet 1870 (*l'article 38 de la loi du 15 mars 1850 et par le décret du 19 avril 1862*), et, pour les institutrices, les *minima* déterminés par l'article 4 du décret du 26 juillet 1870 (*l'article 4 ci-dessus*).

Art. 11. — Le traitement déterminé, conformément aux deux articles précédents, pour les instituteurs et institutrices en exercice au moment de la promulgation de la présente loi, ne peut être inférieur à la moyenne de leurs émoluments pendant les trois dernières années.

Art. 12. — Le Préfet du département et le maire de la commune peuvent se pourvoir devant le Ministre de l'instruction publique contre les délibérations du Conseil départemental, prises en vertu du deuxième paragraphe de l'article 15 de la loi de 1850, pour la fixation du taux de la rétribution scolaire.

Art. 13. — Dans les communes qui n'ont point à réclamer le concours du département ni de l'État pour former le traitement des instituteurs et institutrices, tel qu'il est déterminé par les articles 9 et 10, ce traitement peut, sur la demande du conseil municipal, être remplacé par un traitement fixe, avec l'approbation du Préfet, sur l'avis du Conseil départemental.

Art. 14. — Il est pourvu aux dépenses résultant des articles 1, 2, 3, 4, 5 et 7 ci-dessus, comme à celles résultant de la loi de 1850, au moyen des ressources énumérées dans l'article 40 de ladite loi, augmentées d'un troisième centime départemental et additionnel au principal des quatre contributions directes.

Art. 15. — Une délibération du conseil municipal, approuvée par le Préfet, peut créer, dans toute commune, une caisse des écoles destinée à encourager et à faciliter la fréquentation de l'école par des récompenses aux élèves assidus et par des secours aux élèves indigents.

Le revenu de la caisse se compose de cotisations volontaires et de subventions de la commune, du département et de l'État. Elle peut recevoir, avec l'autorisation des Préfets, des dons et des legs.

Plusieurs communes peuvent être autorisées à se réunir pour la formation et l'entretien de cette caisse.

Le service de la caisse des écoles est fait gratuitement par le percepteur.

Art. 16. — Les éléments de l'histoire et de la géographie de la France sont ajoutés aux matières obligatoires de l'enseignement primaire.

Art. 17. — Sont soumises à l'inspection, comme les écoles publiques, les écoles libres qui tiennent lieu d'écoles publiques, aux termes du quatrième paragraphe de l'article 36 de la loi de 1850, ou qui reçoivent une subvention de la commune, du département ou de l'État.

Art. 18. — L'engagement de se vouer pendant dix ans à l'enseignement public, prévu par l'article 79 de la même loi, peut être réalisé, tant par les instituteurs que par leurs adjoints, dans celles des écoles mentionnées à l'article précédent qui sont désignées à cet effet par le Ministre de l'instruction publique, après avis du Conseil départemental.

L'engagement décennal peut être contracté, avant le tirage, par les instituteurs adjoints des écoles désignées ainsi qu'il vient d'être dit.

Sont applicables à ces mêmes écoles les dispositions de l'article 34 de la loi de 1850, concernant la fixation du nombre des adjoints, ainsi que le mode de leur nomination et de leur révocation.

Art. 19. — Les décisions du Conseil départemnetal, rendues dans les cas prévus par l'article 28 de la loi de 1860, peuvent être déférées, par voie d'appel, au Conseil impérial de l'instruction publique.

Cet appel doit être interjeté dans le délai de dix jours, à compter de la notification de la décision.

Art. 20. — Tout instituteur ou toute institutrice libre qui, sans en avoir obtenu l'autorisation du Conseil départemental, reçoit dans son école des enfants d'un sexe différent du sien, est passible des peines portées à l'article 29 de la loi de 1850.

Art. 21. — Aucune école primaire, publique ou libre, ne peut, sans l'autorisation du Conseil départemental, recevoir des enfants au-dessous de six ans, s'il existe dans la commune une salle d'asile publique ou libre.

Art. 22. — Sont abrogées les dispositions des lois antérieures en ce qu'elles ont de contraire à la présente loi.

RÈGLEMENT

D'ADMINISTRATION PUBLIQUE POUR L'EXÉCUTION DE LA LOI DU 15 MARS 1850.

(Décret du 29 Juillet 1850.)

Des autorités préposées à l'enseignement.

CHAPITRE Ier.

DU CONSEIL IMPÉRIAL (SUPÉRIEUR) DE L'INSTRUCTION PUBLIQUE.

Art. 1er. — En l'absence du Ministre de l'instruction publique, le Conseil impérial (*supérieur*) est présidé par un vice-président nommé, chaque année, par l'Empereur (*le Président de la République*), et choisi parmi les membres de ce Conseil.

Art. 2. — L'Empereur (*Le Président de la République*) désigne également, chaque année, un secrétaire choisi parmi les membres du Conseil.

Art. 3. — *Le Conseil supérieur tient une session ordinaire par trimestre.*

Cette disposition a été modifiée par le dernier paragraphe de l'article 5 du décret du 9 mars 1852, page 49.

Il est convoqué par arrêté du Ministre.

La durée de chacune des sessions, soit ordinaire, soit extraordinaire, est fixée par l'arrêté de convocation. Elle peut être prolongée par un arrêté ultérieur.

Art. 4. — Des commissaires peuvent être chargés par le Ministre de l'assister dans la discussion des projets de loi, de règlements d'administration publique, de décrets et arrêtés portant règlement permanent, qu'il renvoie à l'examen du Conseil impérial (*supérieur*).

Le Conseil peut aussi appeler dans son sein les personnes dont l'expérience lui semble devoir être utilement consultée, tant pour la discussion de ces projets que pour ce qui concerne l'état général de l'enseignement.

Il ne peut user de cette faculté à l'égard des fonctionnaires publics, que de l'agrément du Ministre du département auquel ils appartiennent.

Art. 5. — *La section permanente est présidée par un de ses membres, désigné chaque année, par le Ministre.*

Art. 6. — *Les fonctions de membre de la section permanente sont incompatibles avec toute autre fonction administrative rétribuée.*

Les articles 5 et 6 ont été abrogés par le décret du 9 mars 1852 qui n'a pas maintenu la section permanente.

Art. 7. — Dans les affaires soumises au Conseil impérial (*supérieur*), le rapporteur est nommé par le Ministre, ou, sur sa délégation, par le vice-président du Conseil impérial (*supérieur*).

Art. 8. — En matière contentieuse ou disciplinaire, les affaires sont inscrites au secrétariat du Conseil impérial (*supérieur*), d'après l'ordre de leur arrivée, sur un registre à ce destiné.

Elles sont jugées suivant l'ordre de leur inscription et dans la plus prochaine session.

Les rapports sont faits par écrit; ils sont déposés au secrétariat par les rapporteurs, la veille du jour fixé pour la délibération, avec le projet de décision et le dossier, pour être tenus à la disposition de chacun des membres du Conseil.

En matière disciplinaire, le rapporteur est tenu d'entendre l'inculpé dans ses explications, s'il est présent et s'il le demande. L'inculpé a également le droit d'être entendu par le Conseil.

Art. 9. — La présence de la moitié plus un des membres est nécessaire pour la validité des délibérations du Conseil impérial (*supérieur*).

En cas de partage, si la matière n'est ni contentieuse ni disciplinaire, la voix du président est prépondérante; si la matière est contentieuse, il en sera délibéré de nouveau, et les membres qui n'auraient pas assisté à la délibération seront spécialement convoqués. S'il y a, de nouveau, partage dans la deuxième délibération, il sera vidé par la voix prépondérante du président. Si la matière est disciplinaire, l'avis favorable à l'inculpé prévaut.

Art. 10. — Les délibérations du Conseil impérial (*supérieur*) sont signées par le président et par le secrétaire.

Le secrétaire a seul qualité pour en délivrer des ampliations certifiées conformes aux procès verbaux.

A moins d'une autorisation du Ministre, il ne peut être donné communication des procès-verbaux qu'aux membres du Conseil impérial (*supérieur*).

Art. 11. — Les décrets ou arrêtés qui interviennent sur l'avis du Conseil impérial (*supérieur*) portent la mention : LE CONSEIL IMPÉRIAL (SUPÉRIEUR) DE L'INSTRUCTION PUBLIQUE ENTENDU.

Les avis du Conseil impérial (*supérieur*) ne peuvent être publiés qu'avec l'autorisation du Ministre.

Art. 12. — En matière contentieuse ou disciplinaire, les décisions du Conseil sont notifiées par le Ministre.

Les parties ont toujours le droit d'en obtenir expédition.

Art. 13. — Un règlement délibéré en Conseil impérial (*supérieur*) déterminera l'ordre intérieur des travaux du Conseil.

Un règlement, préparé par la section permanente et arrêté par le Ministre, déterminera l'ordre intérieur des travaux de cette section.

CHAPITRE II.

DE L'ADMINISTRATION ACADÉMIQUE.

§ 1. *Du local affecté à l'administration académique.*

Art. 14. — Le local que les départements doivent fournir pour le service de l'inspection (*l'administration*) académique, d'après l'article 10 de la loi du 14 juin 1854 (*d'après l'article 13 de la loi organique du 15 mars 1850*), comprend au moins, avec le mobilier nécessaire au service :

Un cabinet pour l'inspecteur d'Académie (*le Recteur*) ;

Une salle des délibérations pour le Conseil départemental (*académique*) et pour les examens des candidats au brevet de capacité ;

Un cabinet pour le secrétaire de l'Académie.

Une pièce pour le commis d'inspection (*les commis d'Académie*) et pour les archives.

§ 2. Des Recteurs.

Art. 15. — Les fonctions de Recteur sont incompatibles avec tout autre emploi public salarié.

Art. 16. — Les Recteurs sont nommés par l'Empereur (*le Président de la République*).

Ils sont partagés en classes, dont le nombre est déterminé par décret du Président de la République.

Les traitements varient suivant les classes.

La classe est attachée à la personne et non à la résidence.

§ 3. Des Conseils départementaux (académiques).

Art. 17. — *Sur l'invitation du Ministre de l'instruction publique, les cours et les tribunaux, les Conseils généraux et les consistoires israélites procèdent à la nomination des membres qu'ils sont appelés à élire dans les Conseils académiques.*

Lorsqu'il y a lieu de pourvoir à des nominations nouvelles, les cours et tribunaux et les consistoires israélites, sur l'avis donné par le Rec-

teurs procèdent immédiatement au remplacement des membres pris dans leur sein ; les Conseils généraux pourvoient, dans leur plus prochaine session, au remplacement des membres dont la nomination leur appartient.

Les élections sont faites au scrutin secret et à la majorité absolue.

Le président de la cour ou du tribunal, celui du consistoire et le Préfet, selon le cas, adressent le procès-verbal de chaque élection au Recteur, qui le communique au Conseil académique, lors de sa première réunion.

Il est transcrit sur le registre des délibérations du Conseil.

Art. 18. — Les membres délégués, en exécution de l'article 10 de la loi organique, ne peuvent exercer leur délégation qu'en vertu d'une décision spéciale.

Le Ministre de l'instruction publique et l'Évêque adressent au Préfet (*Recteur*) les décisions par lesquelles ils ont fait choix des membres dont la désignation leur appartient.

Ces décisions sont communiquées au Conseil départemental (*académique*), et sont transcrites sur le registre des délibérations de ce Conseil.

Art. 19. — Lorsque deux Archevêques ou Évêques ont leur siége dans le même département, tous deux font partie du Conseil départemental (*académique*). Dans ce cas, il n'y a pas lieu à la désignation prévue par le sixième alinéa de l'article 10 de la loi organique.

Art. 20. — *En l'absence du Recteur, le conseil académique est présidé par le Préfet.*

Le secrétaire du Conseil académique est choisi,

chaque année, par le Ministre, parmi les membres dudit Conseil[1].

A moins d'une autorisation du Préfet (*Recteur*), les procès-verbaux du Conseil départemental (*académique*) ne peuvent être communiqués qu'aux membres du Conseil.

Art. 21. — Les Conseils départementaux (*académiques*) se réunissent au moins deux fois par mois[2]. Ils peuvent être convoqués extraordinairement. Le jour de la réunion est fixé par le président.

Art. 22. — *Les Conseils académiques ne peuvent délibérer sur les affaires intéressant une Faculté, qu'autant que le doyen de cette Faculté a été expressément convoqué par le président.*

Art. 23. — En cas de partage, lorsque la matière n'est ni contentieuse ni disciplinaire, la voix du président est prépondérante.

Dans les matières contentieuses et disciplinaires, il est procédé, par le Conseil départemental (*académique*), conformément à l'article 9.

Art. 24. — Lorsque l'instruction d'une affaire disciplinaire est renvoyée au Conseil départemental (*académique*) en vertu du sixième paragraphe [de l'article 14] de la loi organique, le Conseil désigne un rapporteur qui recueille les renseignements et les témoignages, appelle l'inculpé, l'entend s'il se présente, et fait son

---

1. Le vice-président et le secrétaire sont choisis par le Conseil départemental (*Circulaire du 17 novembre 1854*).

2. Les réunions des Conseils départementaux sont suspendues du 15 août au 15 octobre (*Décret du 22 août 1854, art. 27*).

rapport au jour le plus prochain indiqué par le Conseil.

Le Conseil peut toujours ordonner un supplément d'instruction.

L'avis du Conseil exprime s'il y a lieu de donner suite à l'affaire, et, en cas d'affirmative, quelle peine doit être prononcée.

Art. 25. — En matière contentieuse, les réclamations des parties, avec les pièces et mémoires à l'appui, sont déposées au bureau de l'inspecteur d'Académie (*secrétariat de l'Académie*); il en est donné récépissé.

Ces réclamations reçoivent un numéro d'enregistrement et sont examinées dans l'ordre où elles sont parvenues au bureau de l'inspecteur d'Académie (*secrétariat*).

Pour chaque affaire, le Conseil désigne un rapporteur, qui fait son rapport à la plus prochaine réunion du Conseil.

Art. 26. — Lorsque le Conseil est appelé à prononcer en matière disciplinaire, un membre désigné par lui est chargé de l'instruction; il recueille les informations et fait son rapport à l'époque fixée par le Conseil.

Sur le rapport, le Conseil départemental (*académique*) déclare d'abord s'il y a lieu à suivre.

En cas d'affirmative, il entend l'inculpé dans ses moyens de défense, et, s'il y a lieu, les témoins.

Art. 27. — En matière contentieuse et disciplinaire, la décision du Conseil départemental (*académique*) est notifiée, dans les huit jours, par les soins du Préfet (*Recteur*).

Le Préfet (*Recteur*) est tenu d'avertir les parties, s'il y a lieu, qu'elles ont le droit de se pourvoir devant le Conseil impérial (*supérieur*) dans le délai prescrit par la loi.

Art. 28. — Le recours de la partie contre la décision du Conseil départemental (*académique*) est reçu au bureau de l'inspecteur d'Académie (*secrétariat de l'Académie*); il en est donné récépissé.

Le recours du Préfet (*Recteur*) est formé par un arrêté qu'il notifie à la partie intéressée. Ampliation de cet arrêté est adressée, avec les pièces de l'affaire, au Ministre de l'instruction publique, qui en saisit le Conseil impérial (*supérieur*).

Art. 29. — Les Conseils départementaux (*académiques*) peuvent appeler dans leur sein les membres de l'enseignement et toutes autres personnes dont l'expérience leur paraîtrait devoir être utilement consultée.

Les fonctionnaires de l'instruction publique ne peuvent être appelés que de l'agrément du Recteur[1].

Les personnes ainsi appelées par les Conseils départementaux (*académiques*) n'ont pas voix délibérative.

§ 4. *Des secrétaires d'Académie.*

Art. 30. — *Les secrétaires d'Académie sont partagés en classes, dont le nombre est déterminé par décret du Président de la République.*

Les traitements varient suivant les classes.

---

[1]. Ou du Préfet s'ils appartiennent à l'enseignement primaire.

La classe est attachée à la personne et non à la résidence.

Art. 31. — Le fonctionnaire appelé pour la première fois à l'emploi de secrétaire d'Académie est nécessairement de la dernière classe.

Nul ne peut être promu à une classe supérieure sans avoir passé deux ans au moins dans la classe immédiatement inférieure.

Les dispositions du présent article ne sont pas applicables à la première organisation de l'administration publique.

Art. 32. — Nul ne peut être nommé aux fonctions de secrétaire d'Académie, s'il ne justifie du grade de bachelier ou du brevet de capacité pour l'enseignement primaire.

Sont exceptés de cette condition les secrétaires et commis d'Académie qui exercent actuellement ou qui ont précédemment exercé ces fonctions.

Art. 33. — Dans chaque Académie, le secrétaire est chargé de la rédaction des procès-verbaux du Conseil académique, sous la direction du secrétaire de ce Conseil.

Il est préposé à la garde des archives de l'Académie. Il peut être chargé, par les Recteurs, de délivrer copie des pièces dont il est dépositaire.

Il dirige, sous les ordres du Recteur, le travail des bureaux de l'Académie.

Il reçoit la consignation des droits perçus au profit du trésor public dans les chefs-lieux académiques où il n'existe pas d'agent comptable préposé à cette perception. Dans ce cas, il est commissionné par le Ministre des finances et

tenu de fournir un cautionnement, conformément aux règlements.

CHAPITRE III.

DE L'INSPECTION.

Art. 34. — *Les inspecteurs généraux et les inspecteurs supérieurs sont choisis sur une liste
de candidats formée par le Ministre ; le Conseil
supérieur est appelé à donner son avis sur cette
liste, avant la nomination.*

Art. 35. — *Pour la nomination des inspecteurs de l'instruction primaire, la liste des candidats, composée par le Recteur, est communiquée
au Conseil académique, et transmise ensuite au
Ministre avec l'avis de ce Conseil.*

Art. 36. — Les fonctions d'inspecteur d'Académie et d'inspecteur de l'enseignement primaire sont incompatibles avec tout autre emploi
public rétribué.

Le Ministre, sur l'avis du Conseil départemental (*académique*), peut toutefois autoriser les
inspecteurs de l'instruction primaire à accepter
les fonctions d'inspecteur, soit des enfants trou-
vés et abandonnés, soit des enfants employés
dans les manufactures.

Art. 37 [1]. — Les inspecteurs de l'instruction
primaire sont partagés en classes dont le nom-

---

1. Les inspecteurs primaires sont divisés en trois classes,
dont les traitements sont de 2600, 2300 et 2000 fr. ; le traitement des huit inspecteurs du département de la Seine est
de 5000 fr.

bre est déterminé par décret de l'Empereur (*du Président de la République*).

Les traitements varient suivant les classes.

La classe est attachée à la personne et non à la résidence.

Le fonctionnaire appelé pour la première fois à l'emploi d'inspecteur de l'instruction primaire est nécessairement de la dernière classe.

Nul ne peut être promu à la classe supérieure sans avoir passé un an au moins dans la classe immédiatement inférieure.

Les dispositions du présent article ne sont pas applicables à la première organisation de l'inspection de l'enseignement primaire.

Art. 38. — Nul ne peut être appelé aux fonctions d'inspecteur de l'instruction primaire, s'il n'a été déclaré apte à ces fonctions, après un examen spécial dont le programme sera déterminé conformément à l'art. 5 de la loi organique[1]. *Jusqu'à ce que ce programme ait été arrêté, l'examen aura lieu conformément aux règlements en vigueur.*

Art. 39. — Ne peuvent être admis à l'examen que les candidats qui justifient :

1° De vingt-cinq ans d'âge;

2° Du diplôme de bachelier ès lettres, ou d'un brevet de capacité pour l'enseignement primaire supérieur, si le brevet a été délivré avant la promulgation de la loi organique, et, dans le cas contraire, d'un brevet attestant que l'examen a porté sur toutes les matières d'enseignement comprises dans l'art. 23 de la même loi;

---

1. Voir ce programme, page 105.

3° De deux ans d'exercice au moins dans l'enseignement ou dans les fonctions de secrétaire d'Académie, de membre d'un ancien comité supérieur d'instruction primaire, ou de délégué du Conseil départemental (*académique*) pour la surveillance des écoles.

La condition exigée par le paragraphe précédent ne sera point applicable à la première organisation de l'inspection.

Art. 40. — Sont dispensés de l'examen exigé par l'art. 38 les anciens inspecteurs ou sous-inspecteurs de l'instruction primaire, les directeurs d'écoles normales primaires, les principaux des colléges communaux, les chefs d'établissements particuliers d'instruction secondaire et les licenciés.

Art. 41. —Ont seuls droit aux frais de tournée déterminés par les règlements : les membres du Conseil impérial (*supérieur*) délégués par le Ministre pour une mission spéciale ; les inspecteurs généraux ; *les inspecteurs supérieurs;* les Recteurs ; *les membres des Conseils académiques, délégués par le Recteur en vertu de l'art. 18 de la loi organique;* les inspecteurs d'Académie et les inspecteurs de l'instruction primaire.

Art. 42. — Les personnes chargées de l'inspection, en vertu de l'art. 18 de la loi organique, dressent procès-verbal de toutes les contraventions qu'elles reconnaissent.

Si la contravention consiste dans l'emploi d'un livre défendu en vertu de l'art. 5 de la même loi, l'ouvrage est saisi et envoyé avec le procès-verbal au Préfet (*Recteur*), qui soumet l'affaire au Conseil départemental (*académique*).

Art. 43. — Les inspecteurs de l'instruction primaire donnent au Préfet, par l'intermédiaire de l'inspecteur d'Académie (*Recteur*) leur avis sur les secours et encouragements de tout genre relatifs à l'instruction primaire; ils s'assurent que les allocations accordées sont employées selon leur destination.

Ils font au Préfet, par l'intermédiaire de l'inspecteur d'Académie (*Recteur*), des propositions pour la liste d'admissibilité *et d'avancement* des instituteurs communaux, qui doit être dressée par le Conseil départemental (*académique*). Ils donnent au Préfet, par l'intermédiaire de l'inspecteur d'Académie (*Recteur*) leur avis sur les nominations des instituteurs communaux *et sur les demandes d'institution.*

Ils assistent, avec voix délibérative, aux réunions des délégués cantonaux prescrites par le quatrième paragraphe de l'art. 42 de la loi organique et à celles dont il est fait mention en l'art. 46 du présent règlement.

Ils donnent leur avis au Préfet par l'intermédiaire de l'inspecteur d'Académie (*Recteur*) sur les demandes formées par les instituteurs communaux et sur les déclarations faites par les instituteurs libres à l'effet d'ouvrir un pensionnat primaire.

Ils inspectent les écoles normales primaires et surveillent particulièrement les élèves-maîtres entretenus par le département dans les établissements d'instruction primaire.

Ils surveillent l'instruction donnée aux enfants admis pour le compte des communes dans les écoles libres, en exécution du qua-

trième paragraphe de l'art. 36 de la loi organique.

Ils adressent, tous les trois mois, au Préfet,
par l'intermédiaire de l'inspecteur d'Académie
(*Recteur*), un rapport sur la situation de l'instruction primaire dans les communes qu'ils
ont parcourues pendant le trimestre, et des
notes détaillées sur le personnel des écoles.

CHAPITRE IV.

DES DÉLÉGUÉS CANTONAUX ET DES AUTORITÉS PRÉPOSÉES A L'ENSEIGNEMENT PRIMAIRE.

Art. 44. — Nul chef ou professeur dans un
établissement d'instruction primaire, public ou
libre, ne peut être nommé délégué du Conseil
départemental (*académique*).

Art. 45. — Les délégués ont entrée dans
toutes les écoles libres ou publiques de leur
circonscription; ils les visitent au moins une
fois par mois.

Ils communiquent aux inspecteurs de l'instruction primaire tous les renseignements utiles
qu'ils ont pu recueillir.

Art. 46. — Sur la convocation et sous la présidence du Sous-Préfet, les délégués des cantons d'un arrondissement peuvent être réunis
au chef-lieu de l'arrondissement, pour délibérer
sur les objets qui leur sont soumis par le
Préfet (*Recteur*) ou par le Conseil départemental
(*académique*).

Art. 47. — A Paris, le Conseil départemental
(*académique*) désigne, dans chaque arrondis-

sement, un délégué au moins par quartier. Il peut désigner, en outre, dans chaque arrondissement, des délégués spéciaux pour les écoles des cultes protestant et israélite.

L'inspecteur de l'instruction primaire assiste aux réunions mensuelles des délégués de l'arrondissement, avec voix consultative.

Art. 48. — Lorsqu'il y a dans une commune une école spécialement affectée aux enfants d'un culte et qu'il ne s'y trouve en résidence aucun ministre de ce culte, l'Évêque ou le consistoire désigne, pour l'exécution de l'art. 44 de la loi organique, le curé, le pasteur ou le délégué d'une commune voisine.

Art. 49. — Les autorités préposées par l'article 44 de la loi organique à la surveillance des écoles peuvent se réunir, sous la présidence du maire, pour convenir des avis à transmettre à l'inspecteur de l'instruction primaire et aux délégués cantonaux.

CHAPITRE V.

DES COMMISSIONS D'EXAMEN POUR LA DÉLIVRANCE DES BREVETS DE CAPACITÉ POUR L'ENSEIGNEMENT PRIMAIRE[1].

Art. 50. — Les commissions d'examen pour brevet de capacité pour l'enseignement primaire tiennent au moins deux sessions par an.

---

1. Voir le règlement concernant l'examen pour le brevet de capacité des Instituteurs et des Institutrices primaires, page 131.

La commission ne peut délibérer régulièrement qu'autant que cinq au moins de ses membres sont présents.

Les délibérations sont prises à la majorité des suffrages.

En cas de partage, la voix du président est prépondérante.

Nul ne se peut présenter devant une commission d'examen, s'il n'est âgé de dix-huit ans au moins.

CHAPITRE VI.

AUTORITÉS CHARGÉES DE DÉLIVRER LE BREVET DE CAPACITÉ POUR L'ENSEIGNEMENT SECONDAIRE ET LES DIPLÔMES DES DIFFÉRENTS GRADES.

Art. 51. — Les jurys chargés d'examiner les aspirants au brevet de capacité pour l'enseignement secondaire tiennent quatre sessions par an, le premier lundi des mois de janvier, d'avril, de juillet et d'octobre.

Les jurys ne peuvent délibérer régulièrement qu'autant que cinq de leurs membres au moins sont présents.

Les délibérations sont prises à la majorité des suffrages.

En cas de partage, la voix du président est prépondérante.

Des registres, destinés à recevoir les inscriptions des aspirants aux brevets, sont ouverts huit jours avant chaque session au bureau de l'inspecteur d'Académie (*secrétariat de l'Académie*) et clos la veille de l'ouverture de la session.

Art. 52. — *Les brevets délivrés par les jurys spéciaux font mention de l'enseignement pour lequel ils ont été obtenus.*

Ce paragraphe a été abrogé par l'art. 6 de la loi du 21 juin 1865, page 60.

Le brevet n'est remis au candidat que dix jours après la décision du jury.

Pendant ce temps le Recteur peut se pourvoir devant le Conseil départemental (*académique*) pour violation des formes ou de la loi. En cas de pourvoi, le brevet n'est remis qu'après la décision du Conseil départemental (*académique*), et, s'il y a recours, du Conseil impérial (*supérieur*).

Les brevets sont signés par le Recteur, *président du jury* [1].

Art. 53. — Pour l'examen des candidats au baccalauréat ès lettres, des professeurs ou des agrégés des Facultés des sciences, et, à défaut de professeurs ou d'agrégés, des docteurs ès sciences, sont adjoints aux professeurs des Facultés des lettres pour la partie scientifique de l'examen.

Art. 54. — Les délibérations prises par les diverses Facultés pour la collation des grades sont transmises aux Recteurs par leurs doyens respectifs.

Le diplôme n'est remis au candidat que dix

---

[1]. Depuis la suppression des Académies départementales (*Loi du 14 juin 1854*), la présidence du jury appartient à l'inspecteur d'Académie.

jours après que la délibération de la Faculté est parvenue au Recteur.

Dans les dix jours de la réception, le Recteur peut se pourvoir, pour violation de formes et de la loi, devant le Conseil académique du département où l'examen a été passé.

En cas de pourvoi, le diplôme n'est remis qu'après la décision du Conseil académique, et, s'il y a recours, du Conseil impérial (*supérieur*).

DÉCRET

SUR L'ORGANISATION DES ACADÉMIES.

(22 Août 1854.)

§ Ier. *Des circonscriptions académiques.*

Art. 1er. — L'Académie d'Aix comprend les départements des Basses-Alpes, des Bouches-du-Rhône, de la Corse, du Var, de Vaucluse[1].

L'Académie de Besançon comprend les départements du Doubs, du Jura, de la Haute-Saône.

L'Académie de Bordeaux comprend les départements de la Dordogne, de la Gironde, des Landes, de Lot-et-Garonne, des Basses-Pyrénées.

L'Académie de Caen comprend les départements du Calvados, de l'Eure, de la Manche, de l'Orne, de la Sarthe, de la Seine-Inférieure.

L'Académie de Clermont comprend les départements de l'Allier, du Cantal, de la Corrèze, de la Creuse, de la Haute-Loire, du Puy-de-Dôme.

L'Académie de Dijon comprend les départements de l'Aube, de la Côte-d'Or, de la Haute-Marne, de la Nièvre, de l'Yonne.

L'Académie de Douai comprend les départements de l'Aisne, des Ardennes, du Nord, du Pas-de-Calais, de la Somme.

---

1. Un décret du 13 juin 1860 a rattaché le département des Alpes-Maritimes à l'Académie d'Aix.

L'Académie de Grenoble comprend les départements des Hautes-Alpes, de l'Ardèche, de la Drôme, de l'Isère.

L'Académie de Lyon comprend les départements de l'Ain, de la Loire, du Rhône, de Saône-et-Loire.

L'Académie de Montpellier comprend les départements de l'Aude, du Gard, de l'Hérault, de la Lozère, des Pyrénées-Orientales.

L'Académie de Nancy comprend les départements de la Meurthe, de la Meuse, de la Moselle, des Vosges.

L'Académie de Paris comprend les départements du Cher, d'Eure-et-Loir, de Loir-et-Cher, du Loiret, de la Marne, de l'Oise, de la Seine, de Seine-et-Marne, de Seine-et-Oise.

L'Académie de Poitiers comprend les départements de la Charente, de la Charente-Inférieure, de l'Indre, d'Indre-et-Loire, des Deux-Sèvres, de la Vendée, de la Vienne, de la Haute-Vienne.

L'Académie de Rennes comprend les départements des Côtes-du-Nord, du Finistère, d'Ille-et-Vilaine, de la Loire-Inférieure, de Maine-et-Loire, de la Mayenne, du Morbihan.

L'Académie de Strasbourg comprend les départements du Bas-Rhin, du Haut-Rhin.

L'Académie de Toulouse comprend les départements de l'Ariége, de l'Aveyron, de la Haute-Garonne, du Gers, du Lot, des Hautes-Pyrénées, du Tarn, de Tarn-et-Garonne[1].

---

1. Un décret du 13 juin 1860 a formé une dix-septième circonscription académique, celle de Chambéry, qui comprend les départements de la Savoie et de la Haute-Savoie.

§ II. *Des Facultés et des Écoles d'enseignement supérieur.*

Art. 2. — Les Facultés actuellement existantes continuent à siéger dans les villes où elles sont actuellement établies.

Les Facultés instituées par la présente organisation académique ont leur siége dans les villes ci-après :

La Faculté des sciences de l'Académie d'Aix, à Marseille ;

La Faculté des lettres et la Faculté des sciences de l'Académie de Clermont, à Clermont ;

La Faculté des lettres de l'Académie de Douai, à Douai ; la Faculté des sciences de la même Académie, à Lille ;

La Faculté des lettres et la Faculté des sciences de l'Académie de Nancy, à Nancy.

La Faculté des sciences de l'Académie de Poitiers, à Poitiers.

Art. 3. — Les nouvelles Facultés seront organisées dès que les villes qui en sont le siége auront fait les frais d'une installation provisoire, et qu'elles auront pris l'engagement de fournir à toutes les dépenses d'une installation définitive. L'organisation définitive desdites Facultés aura lieu lorsque, après vérification contradictoire entre les délégués du Ministre de l'instruction publique et ceux de l'autorité municipale, le Ministre aura reconnu que les bâtiments sont complétement appropriés aux besoins de l'enseignement supérieur, et qu'ils sont pourvus de la bibliothèque et des collections indispensables.

Art. 4. — Les villes qui ne sont pas siéges de Facultés, et qui ont établi des cours municipaux sur quelques parties élevées des sciences et des lettres, pourront obtenir que ces cours prennent le titre et le rang d'Écoles préparatoires à l'enseignement supérieur des sciences et des lettres, à la charge par lesdites villes de fournir un local convenable, les collections nécessaires à l'enseignement et une subvention annuelle pour le traitement des professeurs et les dépenses du matériel.

Les Écoles préparatoires à l'enseignement supérieur des sciences et des lettres sont assimilées aux Écoles préparatoires de médecine et de pharmacie.

Le Ministre de l'instruction publique en nomme les professeurs, qui deviennent membres du corps enseignant et jouissent dès lors de tous les droits et avantages attachés à cette qualité.

Les étudiants sont admis à prendre, dans les Écoles préparatoires des sciences et des lettres, des inscriptions qui peuvent être converties en inscriptions des Facultés correspondantes, sous les conditions déterminées par un arrêté délibéré en Conseil impérial de l'instruction publique.

Art. 5. — Dans les Facultés des sciences et dans les Écoles préparatoires à l'enseignement supérieur des sciences, les professeurs pourront être autorisés, par décision du Ministre, à ouvrir des cours pour des applications spéciales. Dans ce cas, les Facultés et les Écoles préparatoires pourront, après examen, délivrer des certificats de capacité pour les sciences appliquées. Lorsque l'examen sera subi devant une École préparatoire, le jury sera présidé par un professeur de la Faculté des sciences.

Art. 6. — Pour être nommé professeur dans une Faculté, il faut être âgé de trente ans au moins, être docteur dans l'ordre de cette Faculté, et avoir fait, pendant deux ans au moins, soit un cours dans un établissement de l'État, soit un cours particulier dûment autorisé, analogue à ceux qui sont professés dans les Facultés.

Art. 7. — Peuvent être également nommés professeurs dans les Facultés les membres de l'Institut qui ont fait, pendant six mois au moins, un cours dans les conditions de l'article précédent.

Art. 8.— Lorsqu'il y a lieu de pourvoir à une chaire vacante dans une des Facultés de l'Académie de Paris, les Facultés du même ordre dans les départements en reçoivent avis ; elles peuvent recommander au Ministre la candidature d'un de leurs membres.

Art. 9. — Les suppléances dans les Facultés sont confiées par le Ministre à des agrégés des Facultés ou à des docteurs.

Art. 10. — Les agrégés continuent à être nommés au concours.

Art. 11. — Les agrégés sont à la disposition du Ministre, qui peut les attacher temporairement aux diverses Facultés du même ordre, selon les besoins du service.

Art. 12. — Les suppléants actuellement en exercice dans les Facultés de droit conservent, quant à la durée et aux émoluments de leurs fonctions, les avantages qui leur étaient assurés par les lois et règlements antérieurs et qui ne sont pas contraires au présent décret.

Art. 13. — Il est formé, à l'École normale

supérieure, une division spéciale d'élèves choisis, d'après les résultats des examens, parmi ceux qui ont terminé le cours triennal.

Pendant une quatrième et une cinquième année, ces élèves se préparent, soit dans l'intérieur de l'École, soit près des grandes écoles ou établissements du Gouvernement, soit même à l'étranger, à l'épreuve du doctorat ès lettres ou ès sciences et à l'enseignement supérieur.

§ III. *Des Conseils académiques.*

Art. 14. — Le Conseil académique se réunit deux fois par an, au mois de juin et au mois de novembre, sur la convocation du Recteur. Chacune de ses sessions dure huit jours au moins et un mois au plus.

Il peut être convoqué en session extraordinaire par le Ministre de l'instruction publique.

Dans la session de juin, le Conseil académique entend les comptes rendus des inspecteurs d'Académie touchant le service de l'instruction secondaire et de l'instruction primaire dont ils sont spécialement chargés dans les départements.

Dans la session de novembre, il entend les rapports détaillés des doyens sur l'état des études et sur les résultats des examens dans chaque Faculté. Le Recteur détermine les parties de ces rapports qui seront lues dans la séance solennelle de rentrée.

Dans l'une et l'autre session, le Conseil académique délibère en outre sur les questions qui lui sont soumises par le Recteur en vertu de l'article 4 de la loi du 14 juin 1854.

§ IV. *De l'administration académique.*

Art. 15. — Les fonctionnaires de l'administration académique sont :

1° Le Recteur ;

2° Les inspecteurs d'Académie ;

3° Les inspecteurs de l'instruction primaire ;

4° Le secrétaire de l'Académie.

Art. 16. — Nul ne peut être nommé Recteur s'il n'est pourvu du grade de docteur.

Art. 17. — Les attributions du Recteur comprennent :

1° La direction et la surveillance des établissements d'enseignement supérieur ;

2° La direction et la surveillance des établissements publics d'enseignement secondaire ;

3° La surveillance de l'enseignement secondaire libre ;

4° Le maintien des méthodes de l'enseignement primaire public.

Art. 18. — Le Recteur dirige personnellement et surveille, soit par lui-même, soit avec le concours des inspecteurs d'Académie, les établissements d'enseignement supérieur.

Il assiste, quand il le juge convenable, aux délibérations des Facultés et des Écoles préparatoires ; dans ce cas il les préside, mais il ne prend point part aux votes.

Il réunit tous les mois, en comité de perfectionnement, les doyens des Facultés et les directeurs des Écoles préparatoires du ressort.

Il convoque les Facultés, soit ensemble, soit séparément, pour délibérer sur les programmes particuliers de chaque cours et les coordonner entre eux.

Il transmet ces programmes au Ministre, avec son avis motivé.

Il fait au Ministre ses propositions sur les budgets et sur les comptes annuels des établissements d'enseignement supérieur.

Il statue, après avis des Facultés et des Écoles préparatoires, sur toutes les questions relatives aux inscriptions des étudiants.

Art. 19. — Le Recteur dirige, assisté, au besoin, des inspecteurs d'Académie, les établissements publics d'enseignement secondaire.

Il reçoit, avec l'avis de l'inspecteur d'Académie, les rapports des proviseurs des lycées et des principaux des colléges communaux. Il les résume dans le rapport mensuel qu'il adresse au Ministre.

Il dresse le tableau d'avancement des fonctionnaires des lycées et des professeurs (*régents*) des classes supérieures des colléges communaux.

Il propose des candidats pour les emplois vacants de maître répétiteur des lycées et de professeur (*régent*) des classes de grammaire des colléges communaux.

Il donne son avis au Ministre sur les comptes administratifs et sur les budgets des lycées et colléges.

Lorsqu'il est en tournée, il réunit, s'il y a lieu, les bureaux d'administration placés près des lycées et des colléges communaux.

Art. 20. — Le Recteur surveille, soit par lui-même, soit par l'intermédiaire des inspecteurs d'Académie, l'enseignement secondaire libre.

Il pourvoit à ce que les établissements particuliers soient inspectés une fois au moins par an, et il adresse au Ministre le résumé des rapports de l'inspection.

Art. 21. — Le Recteur veille, par l'intermédiaire des inspecteurs d'Académie et des inspecteurs primaires, à l'exécution de règlements d'études dans toutes les écoles primaires publiques du ressort.

Il propose au Ministre les mesures propres à améliorer les méthodes d'enseignement dans les écoles normales primaires et dans les écoles primaires publiques.

Il lui fait annuellement un rapport sur l'état de l'instruction primaire publique et libre dans l'Académie.

Il peut, lorsqu'il est en tournée, réunir et présider les commissions de surveillance des écoles normales primaires.

Art. 22. — L'inspecteur d'Académie correspond avec le Recteur pour tout ce qui concerne les affaires de l'enseignement supérieur, celles de l'enseignement secondaire public ou libre, et les méthodes de l'enseignement primaire public.

Il lui adresse tous les trois mois un rapport sur l'état de l'enseignement dans l'école normale et dans les écoles primaires du département.

En l'absence du Recteur, il préside, s'il y a lieu, les bureaux d'administration placés près des lycées et des collèges communaux et les commissions de surveillance des écoles normales primaires.

Art. 23. — L'inspecteur d'Académie est tenu

de soumettre au Préfet un rapport, écrit et signé, sur les nominations et mutations des instituteurs communaux, et sur les peines disciplinaires prévues par l'art. 33 de la loi du 15 mars
1850, qu'il pourrait y avoir lieu de leur appliquer.

Pour l'instruction des affaires de l'instruction
primaire, il correspond avec les délégués du
Conseil départemental de l'instruction publique,
avec les maires et curés, et avec les instituteurs
primaires publics ou libres.

Art. 24. — Il y a un inspecteur primaire par
arrondissement.

*L'inspecteur d'Académie exerce les fonctions
d'inspecteur primaire pour l'arrondissement
chef-lieu; il a pour auxiliaire dans cette partie
de son service un des inspecteurs primaires d'arrondissement, qu'il désigne annuellement à tour
de rôle, et qui reçoit pour cette mission temporaire un supplément de traitement dont la quotité est fixée par le Ministre de l'instruction publique.*

Les inspecteurs de l'instruction primaire sont
sous les ordres immédiats de l'inspecteur d'Académie.

Art. 25. — L'inspecteur d'Académie délégué
en Corse prend le titre de Vice-Recteur; il correspond directement avec le Ministre de l'instruction publique pour tout ce qui concerne
l'administration des lycées et colléges, ainsi
que la surveillance de l'enseignement secondaire libre. Il reste, d'ailleurs, soumis à toutes
les autres obligations imposées aux inspecteurs
d'Académie.

6

§ V. *Du Conseil départemental de l'instruction publique.*

Art. 26. — Les membres des Conseils départementaux de l'instruction publique sont nommés pour trois ans, conformément à l'art. 12 de la loi du 15 mars 1850.

Art. 27. — Le Conseil départemental de l'instruction publique se réunit au moins deux fois par mois. Ses réunions sont suspendues du 15 août au 15 octobre.

Il peut être convoqué extraordinairement. Le jour de la réunion est fixé par le président.

Le Conseil départemental siége à la préfecture; les bureaux de l'inspecteur d'Académie y sont également placés.

Art. 28. — Dans les matières disciplinaires et contentieuses, le Conseil départemental de l'instruction publique procède suivant les formes déterminées par les art. 23, 24, 25, 26, 27 et 28 du règlement d'administration publique du 29 juillet 1850, rendu pour l'exécution de la loi du 15 mars 1850, et par le décret du 20 décembre 1850[1].

§ VI. *Dispositions spéciales à l'Académie de Paris.*

Art. 29. — Le Ministre de l'instruction publique peut exercer les fonctions de Recteur de l'Académie de Paris.

Il est assisté dans les fonctions rectorales par un Vice-Recteur.

1. Ce décret est relatif aux établissements libres d'instruction secondaire.

Les attributions du Vice-Recteur de l'Académie de Paris sont fixées par un arrêté ministériel.

Art. 30. — Il y a huit inspecteurs au chef-lieu de l'Académie de Paris,

Sous l'autorité du Recteur.

Quatre d'entre eux sont attachés aux Facultés de droit, de médecine, des lettres et des sciences;

Deux à l'enseignement littéraire et scientifique des lycées et colléges de la ville de Paris;

Un est chargé des affaires qui concernent l'enseignement secondaire libre.

Le huitième inspecteur d'Académie est chargé, sous l'autorité du Préfet, des affaires qui concernent les écoles primaires publiques ou libres. Les inspecteurs primaires du département de la Seine lui sont particulièrement adjoints et subordonnés.

DÉCRET

SUR LES TITRES HONORIFIQUES.

(27 Décembre 1866.)

Art. 1er. — Les titres d'officier d'Académie et d'officier de l'Instruction publique, créés par l'article 32 du décret organique du 17 mars 1808, sont conférés par notre Ministre secrétaire d'État au département de l'instruction publique, sous les conditions ci-après déterminées.

Art. 2. Les titres honorifiques sont conférés, sur la proposition des Recteurs et après avis des inspecteurs généraux réunis en comité, aux membres de l'enseignement supérieur et de l'enseignement secondaire public ou libre, aux fonctionnaires de l'administration de l'instruction publique, ainsi qu'aux fonctionnaires des écoles normales primaires.

Art. 3. — Les titres honorifiques attribués aux instituteurs titulaires ou adjoints, publics et libres, sont conférés sur la proposition des Préfets ou sur celle des Recteurs.

Art. 4. — Les titres honorifiques attribués aux membres des Sociétés savantes des départements et aux correspondants du Ministère pour les travaux historiques, qui se seraient distingués dans leurs travaux, sont conférés sur la proposition du *Comité des travaux historiques et des Sociétés savantes* et sur celle des présidents élus par les délégués des Sociétés à l'époque de leur réunion à Paris.

Art. 5. — Les titres honorifiques attribués aux littérateurs et aux savants recommandés par leurs succès dans l'enseignement libre ou par des ouvrages intéressant l'instruction publique, sont accordés sur la proposition des Recteurs, après avis des inspecteurs généraux.

Art. 6. — Les titres honorifiques accordés aux personnes qui auraient bien mérité de l'instruction publique, soit par leur participation aux travaux des délégations cantonales et des conseils ou commissions établis près des lycées, des colléges, des écoles normales (conseils de perfectionnement, bureaux d'administration, commissions administratives, etc.), soit par le concours efficace qu'elles auraient prêté au développement de l'enseignement à tous ses degrés et sous toutes ses formes, sont conférés sur la proposition des Recteurs.

Art. 7. — Les fonctionnaires et membres de l'enseignement public et libre désignés à l'article 2 du présent décret ne peuvent être nommés officiers d'Académie qu'après cinq ans de services ou d'exercice.

Nul instituteur, public ou libre, ne peut être présenté pour les palmes d'officier d'Académie, s'il n'a obtenu, depuis deux ans au moins, la médaille d'argent instituée par l'arrêté du 15 juin 1818.

Art. 8. — Nul ne peut être nommé officier de

l'Instruction publique, s'il n'a été pendant cinq ans au moins officier d'Académie.

Il ne pourra être dérogé à cette règle qu'en faveur des personnes déjà titulaires du grade d'officier de la Légion d'honneur.

Art. 9. — Les nominations d'officiers d'Académie et d'officiers de l'Instruction publique ne pourront avoir lieu qu'aux trois époques suivantes :

1° Au 1er janvier, pour les fonctionnaires de l'administration, de l'enseignement supérieur et de l'enseignement secondaire ; 2° au 15 août, pour les fonctionnaires de l'enseignement primaire et les personnes désignées dans l'article 6 ; 3° à l'époque de la réunion à Paris des sociétés savantes des départements, pour les membres de ces sociétés et pour les littérateurs et les savants recommandés par leurs succès dans l'enseignement libre ou par des ouvrages intéressant l'instruction publique.

Le tableau des nominations est publié au *Moniteur*, conformément aux dispositions du décret du 17 mars 1808.

Art. 10. — Sont abrogés les décrets et ordonnances relatifs aux titres honorifiques, en ce qu'ils ont de contraire aux dispositions du présent décret.

ARRÊTÉ

RELATIF AUX MÉDAILLES ET MENTIONS HONORABLES AFFECTÉES A L'INSTRUCTION PRIMAIRE.

(21 Août 1858.)

Art. 1er. — Les médailles et les mentions honorables seront décernées aux instituteurs, institutrices et directrices des salles d'asile, dans chaque département, sur la proposition du Préfet, après avis du Conseil départemental et du Recteur de l'Académie.

Art. 2. — Il pourra être accordé, chaque année, par département :

1° Une médaille d'argent pour cinq cents instituteurs et au-dessous, l'excédant du chiffre de cinq cents ne devant pas être compté ; et deux médailles de même nature lorsque le nombre des instituteurs s'élèvera à huit cents ;

Une médaille de bronze pour deux cents instituteurs ;

Une mention honorable par cent instituteurs ;

2° Une médaille d'argent pour trois cents institutrices et au-dessous, l'excédant du chiffre de trois cents ne devant pas être compté ; deux médailles de même nature lorsque le nombre des institutrices s'élèvera à six cents ;

Une médaille de bronze pour cent cinquante

institutrices et au-dessous (les excédants ne devant pas être comptés) ;

Une mention honorable pour quatre-vingts et au-dessous (même observation) ;

3° Une mention honorable ou une médaille de bronze ou une médaille d'argent pour vingt directrices d'asile et au-dessous ;

Deux mentions honorables ou deux médailles de bronze pour cinquante directrices ;

La médaille d'argent ne pourra être accordée que tous les deux ans, si le nombre des directrices ne dépasse pas cinquante.

Art. 3. — Nul instituteur, nulle institutrice ou directrice d'asile ne pourra obtenir une mention honorable qu'après avoir exercé, comme titulaire, pendant cinq ans au moins.

Nul ne pourra obtenir la médaille de bronze s'il n'a reçu la mention honorable depuis deux années au moins.

Nul ne pourra obtenir la médaille d'argent s'il n'a reçu la médaille de bronze depuis deux années au moins.

Art. 4. — Les arrêtés du Conseil royal de l'instruction publique des 28 avril 1837 et 9 février 1838, relatifs à la distribution des médailles et des mentions honorables aux instituteurs, aux institutrices et aux directrices de salles d'asile, sont et demeurent rapportés.

ARRÊTÉ

RELATIF A LA CRÉATION DE COMMISSIONS CHARGÉES D'EXAMINER L'APTITUDE DES CANDIDATS AUX FONCTIONS D'INSPECTEUR DE L'INSTRUCTION PRIMAIRE.

(16 décembre 1850.)

Voir, relativement aux conditions de ces examens, et aux attributions des inspecteurs primaires, le chapitre III du décret du 29 juillet 1855, page 79.

Art. 1er. — Il sera formé, chaque année, au chef-lieu de chaque Académie [1], une commission chargée d'examiner l'aptitude des candidats aux fonctions d'inspecteur de l'instruction primaire.

Art. 2. — Cette commission sera composée du Recteur ou de son délégué, président, et de quatre membres nommés par le Recteur en Conseil académique et agréés par le Ministre de l'instruction publique.

Art. 3. — Les candidats sont tenus de s'inscrire, du 1er au 15 juillet, au secrétariat de l'Académie et de faire les justifications exigées par l'art. 39 du règlement du 29 juillet 1850.

Art. 4. — L'examen aura lieu dans l'inter-

---

1. Aux termes de la circulaire du 31 octobre 1854, ces commissions ne doivent être établies que dans les chefs-lieux des Académies créées par la loi du 14 juin 1854.

valle du 1ᵉʳ au 5 octobre. Le jour sera fixé et annoncé un mois à l'avance par les soins du Recteur.

Art. 5. — L'examen se composera d'une épreuve écrite et d'épreuves orales ;

L'épreuve écrite consistera dans un rapport sur une affaire d'inspection. Il sera accordé deux heures pour ce travail.

Les épreuves orales consisteront en interrogations :

1° Sur les devoirs de l'instituteur ;

2° Sur la direction et la tenue des salles d'asile ;

3° Sur les méthodes d'enseignement ;

4° Sur les plans et le mobilier des maisons d'école ;

5° Sur les lois, décrets et règlements concernant l'instruction primaire.

Art. 6. — La commission, après avoir apprécié l'aptitude intellectuelle et morale des candidats, délivrera un certificat d'aptitude aux candidats qui en auront été jugés dignes. *La liste des candidats qui auront obtenu ce certificat sera placée sous les yeux du Conseil académique.*

Le Recteur adressera au Ministre une expédition de cette liste, après y avoir consigné les renseignements qu'il aura recueillis sur les antécédents des candidats.

INSTRUCTION AUX RECTEURS

RELATIVE AUX TOURNÉES DES INSPECTEURS PRIMAIRES.

(Extrait.)

(28 Février 1862.)

Afin d'éviter toute confusion dans la recherche des règles applicables, non-seulement au mode de rémunération des inspecteurs en tournée, mais encore aux dispositions qui doivent être prises pour l'indication des communes à inspecter et la constatation des résultats de cette inspection, je crois devoir reproduire ci-dessous toutes celles des prescriptions réglementaires qui sont encore en vigueur. Ce rapprochement des divers textes des arrêtés vous permettra, ainsi qu'à MM. les inspecteurs d'Académie, d'établir sous ce rapport l'ordre et l'uniformité qui doivent présider à la direction de ce service.

1° Au commencement de chaque année, le Ministre de l'instruction publique répartit entre les diverses Académies le crédit jugé nécessaire pour les frais de tournée des inspecteurs de l'instruction primaire. (*Arrêté du 14 août 1855, article 1er.*)

2° Le Recteur, sur l'avis des inspecteurs d'Académie chargés de l'instruction primaire, propose au Ministre la sous-répartition du crédit entre les inspecteurs de l'instruction primaire du ressort.

Cette sous-répartition, faite proportionnellement au nombre des communes et des écoles dans chaque arrondissement, en tenant compte des difficultés de parcours et des autres nécessités du service, indique :

1° La somme affectée aux tournées trimestrielles ordinaires ;

2° Celle qui peut être réservée pour les missions extraordinaires.

En aucun cas, le montant de cette réserve ne peut excéder le quart de la somme affectée aux tournées ordinaires. (*Arrêté du 14 août 1855, article 2.*)

3° A la fin de chaque trimestre, l'inspecteur d'Académie dresse l'état des écoles que les inspecteurs primaires doivent inspecter pendant le trimestre suivant, conformément à l'article 3 de l'arrêté du 3 janvier 1851. (*Arrêté du 14 août 1855, article 4.*)

4° A partir du 1er janvier 1862, les frais de tournée des inspecteurs de l'instruction primaire sont fixés ainsi qu'il suit :

Pour chaque jour de tournée ordinaire et pour chaque mission extraordinaire, lorsque la commune dans laquelle ils se transportent est à moins de seize kilomètres du lieu de leur résidence . . . . 7 fr.

Pour chaque jour de mission extraordinaire, lorsque la commune est à plus de seize kilomètres du lieu de la résidence. . . . . . . 9 fr. (*Arrêté du 1er janvier 1862, article 1er.*)

5° Dans les premiers jours de chaque trimestre, le Préfet du département mettra, à titre d'avance, à la disposition de l'inspecteur de l'enseignement primaire, une somme égale aux deux tiers de celle à laquelle les frais de sa tournée trimestrielle seront évalués par l'inspecteur d'Académie (*Arrêté du 1er janvier 1862, article 2*).

6° L'inspecteur, à moins de circonstances graves, dont il rend compte à l'inspecteur d'Académie dans son rapport trimestriel, doit inspecter dans le trimestre toutes les écoles indiquées sur l'état dressé par l'inspecteur d'Académie.

Il ne doit pas inspecter plus de deux écoles par jour, à moins d'autorisation spéciale donnée par l'inspecteur d'Académie pour des cas déterminés (*Arrêté du 3 janvier 1851, article 4*).

7° MM. les inspecteurs primaires devront constater à leur visite dans l'école, sur le registre matricule, le nombre des élèves inscrits et celui des élèves présents au moment de leur inspection ; *de plus, il y aura dans chaque école un registre spécial, lequel devra être présenté par l'instituteur aux autorités préposées à la surveillance des écoles. Sur ce registre, MM. les inspecteurs primaires devront indiquer l'heure de leur entrée en classe et l'heure de leur sortie : ils devront, en outre, y consigner, dans les termes les plus succincts, les recommandations principales qu'ils auront faites verbalement à l'instituteur (Circulaire du 6 février 1862[1]).*

1. Le registre spécial a été supprimé par une circulaire du 15 mars 1865.

8° A l'avenir, le bulletin de passage sera remplacé par un bulletin d'inspection, faisant connaître d'une manière succincte la situation matérielle, pédagogique et morale de la classe, ainsi que l'opinion de l'inspecteur sur l'école et sur le maître. Ce bulletin devra être envoyé soit le jour même, soit le lendemain, soit au plus tard le surlendemain du jour de l'inspection. Les renseignements consignés sur ce document sont d'ordre public, et il doit demeurer entendu que l'inspecteur primaire devra adresser sans délai à l'inspecteur d'Académie un rapport spécial, toutes les fois qu'il se présentera des circonstances de nature à réclamer l'intervention immédiate de ce fonctionnaire (*Circulaire du 6 février 1862*).

9° Ils adressent (les inspecteurs primaires) tous les trois mois, à l'inspecteur d'Académie, un rapport sur la situation de l'instruction primaire dans les communes qu'ils ont parcourues pendant le trimestre (*Décret du 29 juillet 1850, article 43*).

Quant au rapport trimestriel prescrit par l'article 43 du décret du 29 juillet 1850, il ne devra contenir que le résumé des observations générales faites par l'inspecteur sur l'état de l'enseignement dans les cantons parcourus, et, s'il y a lieu, l'exposé de ses vues sur les mesures à prendre pour donner telle ou telle direction aux instituteurs, en réprimant telle ou telle tendance. Réduit à ce seul exposé et dégagé de notes spéciales aux instituteurs et aux écoles, ce rapport n'exigera plus que quelques heures de travail (*Circulaire du 6 février 1862*).

10° A la fin de chaque trimestre, il (l'inspecteur primaire) lui remet (à l'inspecteur d'Académie) également, en triple expédition, l'état de ses frais de tournée dressé conformément à l'article 8 dudit arrêté (3 janvier 1851) (*Arrêté du 14 août 1855, article 5*).

Cet état doit mentionner :

1° Pour les tournées ordinaires, les communes dans lesquelles a eu lieu l'inspection, le nombre des écoles inspectées dans chaque commune, en indiquant si ce sont des écoles libres ou des écoles publiques, le nombre de jours employés à l'inspection ;

2° Pour les missions ou inspections extraordinaires, la commune où l'inspecteur a dû se rendre, les écoles qu'il a inspectées ou l'objet de sa mission, le nombre de jours consacrés à ces inspections ou missions (*Arrêté du 3 janvier 1851, article 8*).

11° L'inspecteur d'Académie compare cet état de frais :

1° Avec l'état mentionné en l'article 3 du présent règlement ;

2° Avec les notes constatant l'inspection prescrite par l'article 5 du présent règlement[1] ;

3° Avec les rapports qui lui ont été adressés à la suite des inspections ou missions extraordinaires (*Arrêté du 3 janvier 1851, article 9*).

Le registre matricule étant envoyé à la fin de chaque année à l'inspecteur d'Académie, il sera facile à ce fonctionnaire, en rapprochant ce re-

---

1. Il s'agit ici des notes d'inspection dont il est question au paragraphe 8, page 110.

gistre du bulletin d'inspection, de s'assurer que l'école a été réellement visitée au jour indiqué (*Circulaire du 6 février 1862*).

12° Après avoir fait les vérifications prescrites par l'article 9 de l'arrêté du 3 janvier 1851, l'inspecteur d'Académie transmet, revêtues de son visa, au Préfet du département, deux expéditions des états de frais présentés par les inspecteurs primaires.

Le Préfet mandate au nom de chaque inspecteur le restant dû sur le montant de ces états, déduction faite des avances allouées ; il joint l'une des expéditions de ces états au bordereau détaillé des mandats qu'il adresse mensuellement au Ministre (*Arrêté du 14 août 1855, article 6*).

Quant à ceux de ces fonctionnaires dont les états de frais ne s'élèveront pas à ce dernier chiffre (montant de l'avance qui leur aura été faite), vous aurez à leur prescrire le reversement de l'excédant de l'avance resté sans emploi.

Il sera d'autant plus essentiel que ces reversements soient promptement effectués que, d'après les règlements de comptabilité, MM. les inspecteurs à qui des reversements auront été prescrits sur les avances qu'ils auront reçues pour un trimestre précédent ne pourront recevoir une avance nouvelle qu'après avoir satisfait à l'ordre de reversement qui leur aura été notifié (*Circulaire du 21 janvier 1851*).

DÉCRET

RELATIF AUX ÉCOLES NORMALES PRIMAIRES.

(2 juillet 1866.)

TITRE PREMIER.

Des objets de l'enseignement dans les écoles normales primaires.

Art. 1er. — L'enseignement, dans les écoles normales primaires, comprend :

L'instruction morale et religieuse ;

La lecture ;

L'écriture ;

Les éléments de la langue française ;

Le calcul et le système légal des poids et mesures ;

L'arithmétique appliquée aux opérations pratiques ;

La tenue des livres ;

Les éléments de l'histoire et de la géographie générale, et particulièrement l'histoire et la géographie de la France ;

Des notions des sciences physiques et d'histoire naturelle, applicables aux usages de la vie ;

L'horticulture, ainsi que des notions élémentaires sur l'agriculture, l'industrie et l'hygiène ;

Les éléments de la géométrie, l'arpentage et le nivellement;

Le dessin;

Le chant;

La gymnastique;

Des notions d'administration communale et de tenue des registres de l'état civil,

Art. 2. — L'instruction religieuse est donnée aux élèves-maîtres, suivant la religion qu'ils professent, par les ministres des différents cultes reconnus par l'État. Ces ministres sont nommés conformément aux dispositions de l'article 7 ci-après.

Art. 3. — La durée du cours d'études est de trois ans. Les matières du programme sont réparties entre les trois années, et l'enseignement des matières inscrites comme facultatives dans l'article 23 de la loi du 15 mars 1850 et dans l'article 9 de la loi du 21 juin 1865 commence dès la première année.

L'enseignement est spécial aux élèves de chaque année.

Les élèves de plusieurs années ne peuvent être réunis et recevoir des leçons communes, à moins d'autorisation spéciale, que pour le chant, l'écriture, le dessin, la gymnastique et les travaux d'horticulture.

Art. 4. — A la fin de la seconde année, la commission de surveillance désigne les élèves qui, en troisième année, peuvent être exceptionnellement dispensés de suivre quelques-uns des cours qui portent sur les matières facultatives.

Art. 5. — Les élèves-maîtres sont exercés à

la pratique des méthodes d'enseignement dans les écoles primaires annexées aux écoles normales.

L'instituteur qui dirige l'école annexe est assimilé sous tous les rapports aux maîtres adjoints. Il peut, en conséquence, être chargé d'une partie de la surveillance. Quand il n'est pas admis à la table commune, il reçoit, en sus de son traitement, une indemnité égale au prix de la pension des élèves-maîtres.

TITRE II.

De la direction et de la surveillance.

CHAPITRE PREMIER.

DE LA DIRECTION.

Art. 6. — Le directeur de l'école normale est nommé par le Ministre de l'instruction publique ; il est chargé, indépendamment de l'économat, des conférences pédagogiques et d'une partie de l'enseignement.

Il dresse, sous l'approbation du Recteur, la liste des livres à mettre entre les mains des élèves, ainsi que les livres de lecture composant la bibliothèque de la salle d'étude. Il est personnellement responsable de la tenue des catalogues de livres et des registres de prêt, ainsi que des inventaires du mobilier usuel et scientifique.

Art. 7. — Le directeur est secondé par des maîtres adjoints nommés par le Ministre, et dont la tâche, soit pour l'enseignement, soit pour la surveillance et les écritures, est fixée par le directeur, sous l'approbation du Recteur.

Les maîtres adjoints ne peuvent résider hors de l'établissement qu'avec l'autorisation du Recteur.

Les maîtres externes, autres que les maîtres adjoints, sont proposés par le directeur et agréés par le Recteur.

Art. 8. — La surveillance disciplinaire peut être partagée entre les maîtres adjoints et des élèves-maîtres de troisième année, désignés par le directeur parmi les plus méritants.

CHAPITRE II.

DE LA COMMISSION DE SURVEILLANCE ET DE SES ATTRIBUTIONS.

Art. 9. — La surveillance de l'école normale est confiée à une commission de cinq membres, nommés pour trois ans par le Recteur, y compris le président.

Le directeur assiste aux délibérations de la commission, avec voix délibérative, hors les cas où elle a à statuer sur des questions qui intéressent sa gestion.

Art. 10. — La commission de surveillance est chargée :

1° De préparer la liste des candidats à l'école normale, dont elle aura reconnu l'aptitude à la suite de l'enquête prévue par l'article 15 ci-après ;

2° D'adresser au Préfet, au commencement de chaque année scolaire, un état de propositions pour la répartition des bourses entre les élèves-maîtres des trois divisions ;

3° De rédiger le règlement particulier de l'école : ce règlement devra être approuvé par le Recteur ;

4° De désigner, à la fin de la première et de la deuxième année, les élèves qui sont admis aux cours de l'année supérieure :

Dans le cas de maladie prolongée ou d'absence légitime, la commission peut, sous l'approbation du Recteur, autoriser un élève à redoubler le cours de première ou de deuxième année ;

5° De dresser, chaque année, le budget, d'examiner les comptes qui lui sont présentés par la direction de l'école et de consigner ses observations dans un rapport spécial.

Art. 11. — Les membres de la commission de surveillance font, au moins une fois tous les trois mois, la visite de l'école ; ils prennent connaissance des registres sur lesquels sont consignées par le directeur les notes relatives à la conduite, au caractère et au travail de chaque élève, ainsi que des notes résumées que ce fonctionnaire remet au Préfet pour le placement des élèves sortants.

La commission de surveillance examine les classes et interroge les élèves. Elle surveille la tenue des inventaires et catalogues et la conservation des collections. Elle se rend compte des travaux d'horticulture des élèves et de leurs progrès dans cet ordre de connaissances.

Art. 12. — Tous les ans, au mois de juillet, la commission de surveillance adresse au Recteur de l'Académie, sur l'état et le personnel de l'école, un rapport qui est transmis au Ministre.

Elle reçoit du directeur, à la même époque, un rapport sur tout ce qui concerne les élèves et la discipline. Elle transmet ce rapport, avec ses observations, au Préfet, qui le place sous les yeux du Conseil général, et au Recteur, qui en envoie au Ministre une expédition accompagnée de ses observations.

TITRE III.

De l'admission des élèves-maîtres.

Art. 13. — Chaque année, le Ministre détermine, sur l'avis du Conseil départemental, eu égard aux besoins du service, le nombre des élèves-maîtres qui peuvent être admis à l'école normale, soit à leurs frais, soit aux frais du département et des communes, soit aux frais de l'État.

Art. 14. — Les inscriptions des candidats ont lieu du 1er au 31 janvier. Un registre est ouvert, à cet effet, au bureau de l'inspection académique. Aucune inscription n'est reçue qu'après que le candidat a déposé les pièces suivantes :

1° Son acte de naissance constatant qu'au

1er octobre (*janvier*) (*circulaire du 19 mai 1868, page* 129) de l'année dans laquelle il se présente, il avait seize ans accomplis au moins ou vingt ans au plus ;

2° Un certificat de médecin, constatant qu'il a été vacciné ou qu'il a eu la petite vérole, et qu'il n'est atteint d'aucune infirmité ou d'aucun vice de constitution qui le rende impropre à l'enseignement ;

3° L'engagement de servir, pendant dix ans au moins, dans l'instruction primaire publique. La signature sera légalisée ; si le candidat est mineur, il produira, en outre, une déclaration par laquelle son père ou son tuteur l'autorise à contracter cet engagement ;

4° Une note, signée de lui, indiquant le lieu ou les lieux qu'il a habités depuis l'âge de treize ans ;

5° Des certificats de moralité, délivrés tant par les chefs des écoles auxquelles il aura appartenu comme élève ou comme sous-maître que par le maire de la commune où il aura résidé.

Art. 15. — Une enquête est faite, par les soins de l'inspecteur académique et des inspecteurs de l'instruction primaire, sur la conduite et les antécédents des candidats ;

Au vu des pièces exigées, et d'après les résultats de l'enquête, la commission de surveillance dresse, du 1er au 15 juillet, la liste mentionnée en l'article 10 ;

Les candidats inscrits sur cette liste sont examinés du 15 au 31 juillet, au chef-lieu du département, par une commission nommée par le Recteur, commission dont le directeur fait nécessairement partie.

A la suite de cet examen, les candidats sont classés par ordre de mérite en nombre égal à celui des places vacantes.

La liste, par ordre de mérite, des élèves admissibles est transmise au Préfet, qui prononce l'admission.

Les pensionnaires libres admis à l'école peuvent concourir, à la fin ou dans le cours de chaque année, pour l'obtention des bourses ou portions de bourses devenues libres, soit par suite du renvoi d'élèves boursiers jugés incapables de continuer leurs études, soit pour tout autre motif.

Art. 16. — Les bourses ou portions de bourses entretenues par l'État ou par les départements sont accordées par le Préfet, en Conseil départemental, sur la proposition motivée de la commission de surveillance et du directeur de l'établissement.

Les boursiers qui n'obtiennent que des portions de bourses s'engagent à payer la portion qui reste à leur charge.

Les boursiers départementaux s'engagent, en outre, à servir pendant dix ans dans le département qui paye leur pension.

Ces engagements, ainsi que l'autorisation nécessaire aux mineurs, devront être légalisés.

Les anciens boursiers départementaux peuvent être relevés, en tout ou en partie, de l'engagement prévu au troisième paragraphe du présent article, par une dispense du Préfet, sur l'avis conforme du Conseil départemental et de la commission de surveillance.

Art. 17. — Les boursiers qui, par leur fait, sortiraient de l'école avant la fin du cours, ou qui refuseraient d'accomplir leur engagement décennal, sont tenus de restituer à l'État ou au département le prix de la pension dont ils ont joui.

Toutefois, ils peuvent être dispensés de cette obligation par le Ministre, sur l'avis du Conseil départemental.

Le montant des restitutions fait retour au fonds sur lequel les bourses étaient payées.

La dispense du service militaire cesse à dater du jour où l'engagement a été rompu.

TITRE IV.

Du régime intérieur.

Art. 18. — Les journées commencent et finissent par une prière commune.

Les jours de dimanche et de fêtes légalement reconnues, les élèves sont conduits à l'office divin sous la surveillance du directeur et des maîtres adjoints.

Art. 19. — Les vacances durent six semaines au plus, non compris le congé de Pâques, qui est de huit jours.

Tout congé, toute sortie particulière, hors une circonstance exceptionnelle dont le directeur est juge, sont formellement interdits pendant la durée du cours d'études.

Le directeur et les maîtres adjoints ne peuvent prendre de congé qu'avec l'autorisation du Recteur.

Art. 20. — Les élèves-maîtres sont chargés du service de propreté dans l'intérieur de l'école.

TITRE V.

De la discipline.

Art. 21. — Les punitions qui peuvent être infligées aux élèves suivant la gravité des fautes sont :

La retenue ;

La réprimande ;

L'exclusion.

Le directeur prononce la retenue.

La réprimande est prononcée, suivant les cas, par le directeur, la commission de surveillance ou le Préfet.

L'exclusion est prononcée par le Préfet, sur l'avis du directeur, la commission de surveillance entendue.

En cas de faute grave, le directeur peut prononcer l'exclusion provisoire.

Lorsque l'exclusion est prononcée, le Ministre en est immédiatement informé.

Lorsque plusieurs départements sont réunis pour l'entretien d'une école normale, le Recteur de l'Académie où se trouve placée cette école statue sur toutes les questions de discipline et de régime intérieur.

Art. 22. — Tout élève qui, à la fin de l'année,

n'est pas jugé en état de suivre les cours de l'année suivante cesse de faire partie de l'école.

Art. 23. — Le décret du 24 mars 1851 est et demeure rapporté.

PROGRAMME

POUR L'EXAMEN D'ADMISSION AUX ÉCOLES NORMALES PRIMAIRES.

(Arrêté du 31 décembre 1867).

Art. 1er. — Le programme de l'examen d'admission aux écoles normales primaires est adopté ainsi qu'il suit :

TITRE PREMIER.

Nature des épreuves.

Art. 2. — L'examen d'admission aux écoles normales primaires comprend des épreuves écrites et des épreuves orales.

Épreuves écrites.

Art. 3. — Les épreuves écrites sont au nombre de quatre, savoir :

1° Une page d'écriture cursive, en gros, en moyen et en fin. Elle comprend au moins deux lignes de gros, quatre de moyen et huit de fin. Les candidats devront avoir une écriture non-seulement courante, mais encore régulière et déjà formée; il sera tenu compte, dans l'appréciation de cette épreuve, de l'écriture des autres compositions;

2° Une dictée d'orthographe, d'une page environ, dont le texte est pris dans un livre classique. Ce texte, lu d'abord à haute voix, est ensuite dicté posément, puis relu. Dix minutes sont accordées aux candidats pour relire et corriger leur travail. La ponctuation ne sera pas dictée; on en tiendra compte dans la correction de l'épreuve, où elle entrera, si elle est inexacte, pour une faute, ou une portion de faute, selon le cas;

3° Un récit tiré soit de l'histoire sainte, soit de l'histoire de France, ou une narration très-simple sur un sujet donné;

4° Des exercices pratiques de calcul, et la solution raisonnée d'un ou plusieurs problèmes d'arithmétique.

Art. 4. — Il est accordé une heure et demie pour la composition de style, une heure et demie pour la composition d'arithmétique, et une demi-heure pour la composition d'écriture.

Épreuves orales.

Art. 5. — Les épreuves orales porteront sur les matières suivantes :

1° Instruction religieuse.........
{ Catéchisme.
Histoire sainte (Ancien et Nouveau Testament).
Evangiles des dimanches.

2° Lecture............	Lecture du français. Explication de la signification des mots, du sens des phrases et du passage tout entier. Lecture du latin et des manuscrits.
3° Éléments de la langue française...	Premiers principes de la grammaire. Principales règles de la syntaxe. Explication d'un texte français.
4° Arithmétique.....	Pratique des quatre règles (nombres entiers et décimaux) et calcul mental. Principales questions sur la théorie des quatre règles. Système métrique : théorie et pratique.
5° Histoire et géographie.........	Résumé de l'histoire et de la géographie de la France.

Art. 6. — Les candidats devront lire le français couramment et distinctement. Ils devront savoir lire aussi le latin et les manuscrits. Les examinateurs feront expliquer le texte français pour apprécier l'intelligence des candidats.

Art. 7. — On s'assurera que les candidats calculent promptement et sûrement, de tête et par écrit.

Art. 8. — Un quart d'heure au plus sera consacré à chacune des cinq épreuves orales ci-dessus.

Art. 9. — Indépendamment de ces épreuves obligatoires, les candidats qui le demanderont pourront être interrogés sur les matières suivantes : 1° chant et orgue ; 2° dessin, pourvu qu'ils aient obtenu dans les matières obligatoires les moyennes nécessaires à leur admission.

TITRE II.

Jugement des épreuves.

Art. 10. — Le maximum des points pour chaque épreuve est fixé à dix. La commission exprime par un chiffre la valeur de chacune des épreuves écrites ou orales de la manière indiquée à l'article 18 du règlement du 3 juillet 1866 (page 131).

Art. 11. — Toute copie d'orthographe, contenant plus de quatre fautes, sera considérée comme nulle et entraînera l'exclusion. L'épreuve d'orthographe sera d'ailleurs appréciée comme il suit :

Pour une dictée sans faute.........	10 points.
Pour une faute.................	8
Pour deux fautes...............	6
Pour trois fautes...............	3
Pour quatre fautes.............	1

Art. 12. — Les fautes relatives aux accents, aux lettres majuscules et aux traits d'union, quand il ne s'agit pas de l'application d'une règle, ne compteront chacune que pour un quart. Dans le cas où un mot pourrait s'écrire de plusieurs manières, d'après des sens différents, mais également admissibles, comme dans tous les cas de questions grammaticales controversées, il ne sera pas compté de faute.

Art. 13. — Tout candidat, qui n'obtient pas une moyenne de vingt points pour les épreuves écrites, n'est pas admis aux épreuves orales.

Art. 14. — La nullité de l'une des épreuves obligatoires, soit écrites, soit orales, est un cas d'exclusion.

Art. 15. — Chacune des subdivisions des cinq épreuves orales obligatoires sera l'objet d'une note particulière. La note pour chaque épreuve entière sera la moyenne des notes obtenues dans les subdivisions.

Tout candidat qui ne réunira pas un maximum de vingt-cinq points pour l'ensemble des épreuves orales obligatoires ne pourra être placé sur la liste d'admissibilité.

Art. 16. — Le résultat de chacune des épreuves facultatives sera constaté par un nombre de points dont le maximum est fixé à cinq; il en sera tenu compte pour déterminer l'ordre de mérite des candidats déjà admissibles, et, par suite, pour former la liste définitive d'admissibilité à présenter au Préfet.

Art. 17. — Les dispositions du présent règlement s'appliquent aussi à l'admission dans les écoles normales de filles. Toutefois, aux épreuves écrites, sera jointe une épreuve de couture qui, comme les autres, sera appréciée conformément aux dispositions de l'article 10, et dont la nullité sera une cause d'élimination.

CIRCULAIRE

RELATIVE A L'ADMISSION DES CANDIDATS AUX ÉCOLES NORMALES PRIMAIRES.

(19 mai 1868.)

MONSIEUR LE PRÉFET,

Aux termes de l'article 14 du décret du 2 juillet 1866, les jeunes gens qui désirent entrer dans une école normale primaire ne peuvent y être reçus que s'ils justifient qu'ils ont eu au moins seize ans accomplis au 1er janvier de l'année de leur admission.

Le décret du 24 mars 1851 avait fixé cet âge à dix-huit ans.

Malgré cet abaissement de près de deux années, je reçois encore chaque année un assez grand nombre de demandes en dispenses d'âge.

Je vous autorise à inscrire sur la liste des candidats à l'école normale, et par conséquent, à faire admettre aux examens les jeunes gens qui, n'ayant pas seize ans au 1er janvier de l'année dans laquelle ils se présentent, devront atteindre cet âge avant le 1er octobre suivant, époque ordinaire de la rentrée des classes dans les établissements d'instruction publique.

Vous ne me proposerez, d'ailleurs, d'accorder des dispenses d'âge pour l'entrée à l'école normale qu'en faveur des jeunes gens qui auront fait preuve d'aptitude et d'instruction dans l'examen d'admission. L'âge d'entrée se trouvera ainsi abaissé, pour quelques candidats, de six, sept ou huit mois; mais ils sortiront de l'école ayant au moins dix-neuf ans accomplis.

L'application de la loi du 10 avril 1867 devant amener la création d'un certain nombre d'emplois d'instituteurs adjoints, il vous sera facile de confier ces emplois aux élèves maîtres sortants qui n'auraient pas encore vingt et un ans, âge auquel on peut seulement être nommé instituteur à titre définitif.

Recevez, Monsieur le Préfet, l'assurance de ma considération très-distinguée.

Le Ministre de l'instruction publique,

V. DURUY.

RÈGLEMENT

CONCERNANT L'EXAMEN POUR LE BREVET DE CAPACITÉ DES INSTITUTEURS ET INSTITUTRICES PRIMAIRES.

(Arrêté du 3 juillet 1866.)

TITRE PREMIER.

De la commission d'examen.

Art. 1er. — Aucun examen particulier ne peut avoir lieu en dehors des deux sessions annuelles prescrites par l'article 50 du règlement d'administration publique du 29 juillet 1850.

Le Recteur peut, pour des cas graves, autoriser une troisième session.

Les sessions s'ouvrent le même jour et à la même heure dans chacun des départements composant le ressort académique. Ce jour est fixé par les Recteurs, après avis des Conseils départementaux.

Art. 2. — Dans chaque ressort académique, les sujets de compositions qui doivent être traités par les aspirants au brevet de capacité sont identiques.

Deux jours avant l'ouverture des sessions des commissions d'examen, le Recteur envoie, sous pli fermé de trois cachets, les sujets de compositions à chaque inspecteur départemental.

Chaque sujet de composition est renfermé sous un pli spécial, portant en suscription la nature de la composition, savoir :

1° Pour les aspirants qui se bornent à l'enseignement obligatoire : une dictée d'orthographe, un sujet de rédaction, une question d'arithmétique;

2° Pour les aspirants qui désirent faire preuve de connaissances plus étendues : une question d'arithmétique et une question de géométrie, appliquées aux opérations pratiques, un sujet de dessin linéaire et d'ornement; un récit exposant un des faits principaux de l'histoire, un sujet de dessin d'imitation; et, pour les candidats qui auront demandé à être interrogés sur les langues vivantes, un thème et une version.

Art. 3. — Chaque sujet de composition est retiré du pli cacheté, séance tenante, en présence des candidats, par le président de la commission, au commencement de chaque épreuve.

Art. 4. — Les épreuves écrites sont examinées et jugées par la commission réunie, qui prononce l'admission aux épreuves orales et dresse la liste, par ordre de mérite, des candidats admis à ces épreuves.

Art. 5. — Les aspirants admis aux épreuves orales sont appelés, selon l'ordre de la liste de mérite, séparément ou par séries, devant le jury entier, pour être interrogés.

Le bureau ne peut, dans aucun cas, se subdiviser en sous-commissions pour procéder à l'examen dans des locaux séparés ou sur divers points d'une même salle.

Les candidats ne sont examinés sur les matières religieuses que par un ministre de leur culte.

Art. 6. — A la fin de la session, le procès-verbal des opérations de la commission, signé par le président et le secrétaire, est envoyé au Recteur de l'Académie, accompagné : 1º des compositions écrites faites par les candidats jugés dignes du brevet de capacité ; 2º de l'indication des questions posées aux mêmes candidats pour les épreuves orales.

TITRE II.

Des aspirants au brevet de capacité.

Art. 7. — Tout aspirant au brevet de capacité est tenu de se faire inscrire au bureau de l'inspecteur d'Académie un mois avant l'ouverture de la session, et de déposer à l'appui de sa demande d'inscription :

1º Un extrait de son acte de naissance ;

2º La déclaration que l'aspirant ne s'est présenté devant aucune commission d'examen dans l'intervalle des quatre mois qui précèdent la session, et qu'il ne s'est fait inscrire pour cette session dans aucun autre département ;

3º La déclaration, si le candidat veut faire constater son aptitude à l'enseignement primaire facultatif, des matières sur lesquelles il demande à être interrogé, matières qui sont réparties en quatre séries par les articles 16 et 17 du présent arrêté, et comprises dans la deuxième partie de l'article 23 de la loi du 15 mars 1850, et dans l'article 9 de la loi du 21 juin 1865.

Art. 8. — La signature de l'aspirant doit être légalisée par le maire de la commune où il réside.

Art. 9. — Ne sont pas admis à l'examen, et, dans tous les cas, n'ont pas droit à la délivrance du brevet de capacité, les candidats qui se trouvent dans les cas d'incapacité prévus par l'article 26 de la loi du 15 mars 1850, et ceux qui auraient fait, pour se conformer à l'article 7 du présent arrêté, de fausses déclarations.

Art. 10. — A l'ouverture de la session, le président de la commission fait l'appel des candidats inscrits. Chaque aspirant, à l'appel de son nom, vient apposer sa signature sur le registre, afin de constater son identité.

Art. 11. — Toute communication entre les aspirants pendant les épreuves est interdite, sous peine d'exclusion.

Art. 12. — Les aspirants au brevet comprenant l'enseignement facultatif sont interrogés, à leur choix, sur les matières comprises dans les quatre séries déterminées aux articles 16 et 17 du présent arrêté. Ils peuvent, en conséquence, subir quatre examens successifs devant la même commission ou devant des commissions différentes.

TITRE III.

De l'examen.

Art. 13. — L'examen se divise en épreuves écrites et en épreuves orales ; il ne peut porter que sur les matières qui sont l'objet de l'enseignement dans les écoles normales primaires.

Pour les épreuves écrites, les aspirants sont réunis, soit ensemble, soit par séries, sous la surveillance d'un ou de plusieurs membres de la commission désignés par le président.

Art. 14. — Les épreuves écrites pour l'examen des aspirants au brevet simple sont au nombre de quatre, savoir :

1° Une page d'écriture à main posée, en gros, en moyen et en fin, dans les trois principaux genres, savoir : la cursive, la bâtarde et la ronde. Les aspirants font une ligne au moins de chaque espèce d'écriture ;

2° Une dictée d'orthographe d'une page environ, dont le texte est pris dans un livre classique. Ce texte, lu d'abord à haute voix, est ensuite dicté posément, puis relu. Dix minutes sont accordées aux aspirants pour relire et corriger leur travail ;

3° Un exercice de style ;

4° La solution raisonnée d'un ou de plusieurs problèmes d'arithmétique comprenant l'application des nombres entiers et l'usage des fractions.

Il est accordé une heure pour la composition d'histoire, une heure pour l'écriture et une heure pour l'arithmétique.

Art. 15. — Les épreuves orales pour le brevet simple ont lieu dans l'ordre suivant :

1° Lecture du français dans un recueil de morceaux choisis en prose et en vers : chaque aspirant lira un passage de prose et un passage de poésie ; lecture dans un manuscrit ; lecture du latin dans le psautier ou dans le livre d'offices. — Des questions sont adressées aux candidats sur le sens des mots et la liaison des idées dans les morceaux français qu'ils ont lus ;

2° Questions sur le catéchisme et l'histoire sainte ;

3° Analyse d'une phrase au tableau noir ;

4° Questions d'arithmétique et de système métrique.

Des questions sur les procédés d'enseignement des diverses matières comprises dans le programme obligatoire seront, en outre, adressées aux candidats.

Vingt minutes au plus sont consacrées à chacune de ces épreuves, qui sont communes à tous les aspirants au brevet de capacité.

Art. 16. — Les candidats déjà pourvus d'un brevet simple, et qui ont fait la déclaration prescrite par le paragraphe 4 de l'article 7 du présent arrêté, sont admis de droit et sans retour sur les examens précédents, aux épreuves concernant l'enseignement facultatif.

Les épreuves écrites sont, dans ce cas, divisées en quatre séries, savoir :

1° L'arithmétique et la géométrie appliquées aux opérations pratiques, le dessin linéaire et d'ornement ;

2° L'histoire et la géographie ;

3° Le dessin d'imitation ;

4° Les langues vivantes (thème et version).

Trois heures sont accordées pour la première épreuve, une pour la seconde, une pour la troisième, une pour la quatrième.

Art. 17. — Les épreuves orales ont lieu dans l'ordre suivant :

1re *Série*. — Arithmétique appliquée aux opérations pratiques, tenue des livres, éléments de géométrie, arpentage, nivellement, dessin linéaire et d'ornement, chant.

2e *Série*. — Éléments d'histoire et de géographie; notions de sciences physiques et d'histoire naturelle applicables aux usages de la vie; instruction élémentaire sur l'agriculture, l'industrie, l'hygiène et la gymnastique.

3e *Série*. — Dessin d'imitation.

4e *Série*. — Langues vivantes.

Les deux premières épreuves durent chacune une heure, la troisième une demi-heure, la quatrième une demi-heure.

TITRE IV.

Du jugement des épreuves.

Art. 18. — Le jury exprime la valeur de chacune des épreuves écrites ou orales à l'aide des signes qui suivent :

$$\left.\begin{array}{r}10\\9\end{array}\right\}\text{ équivalent à très-bien.}$$

$$\left.\begin{array}{r}8\\7\end{array}\right\}\quad-\quad\text{bien.}$$

$$\left.\begin{array}{r}6\\5\end{array}\right\}\quad-\quad\text{passable.}$$

$$\left.\begin{array}{r}4\\3\end{array}\right\}\quad-\quad\text{médiocre.}$$

$$\left.\begin{array}{r}2\\1\end{array}\right\}\quad-\quad\text{mal.}$$

$$\left.\begin{array}{r}0\end{array}\right|\quad-\quad\text{nul.}$$

Pour l'épreuve d'orthographe, toute copie qui présente plus de trois fautes est rejetée [1].

1. L'épreuve d'orthographe sera appréciée comme il suit :

Pour une dictée qui sera faite sans faute, on donnera...................... 10 points,

Pour une faute........................ 7

Pour deux fautes...................... 4

Pour trois fautes..................... 1

au-dessus de trois fautes............. 0

(Circulaire du 3 juillet 1866.)

Les notes données par la commission sont le résultat de l'appréciation faite en commun de chaque épreuve.

Art. 19. — Tout candidat au brevet simple, qui n'obtient pas une moyenne de vingt points pour les épreuves écrites, n'est pas admis aux épreuves orales.

La nullité d'une épreuve est un cas absolu d'exclusion.

Art. 20. — Le brevet simple est accordé aux candidats qui, pour l'ensemble des épreuves orales, ont obtenu un minimum de vingt points.

Art. 21. — Pour que mention soit faite, sur son brevet, des matières nouvelles sur lesquelles il aura subi les épreuves prescrites par les articles 16 et 17 du présent arrêté, le candidat doit obtenir un minimum de cinq points pour chacune de ces épreuves, écrites ou orales.

TITRE V.

Des aspirantes au brevet de capacité.

Art. 22. — Les aspirantes au brevet de capacité de deuxième ordre subissent les épreuves déterminées aux articles 14 et 15 du présent arrêté.

Entre les épreuves écrites et les épreuves orales, elles exécutent, sous la surveillance d'une ou de plusieurs dames désignées à cet effet par le Préfet, les travaux à l'aiguille prescrits par l'article 48 de la loi du 15 mars 1850.

Parmi ces travaux et au premier rang sont les ouvrages de couture usuelle.

Les aspirantes qui n'obtiennent pas pour les épreuves écrites vingt points, et pour la couture cinq points, ne sont pas admises aux épreuves orales.

Art. 23. — Les aspirantes au brevet de premier ordre doivent, pour les épreuves écrites, traiter une question d'arithmétique appliquée, ainsi qu'une question élémentaire d'histoire et de géographie, faire un dessin linéaire et d'ornement, et, si elles en ont fait la demande, un thème et une version dans une langue vivante.

Les épreuves orales comprennent l'arithmétique appliquée aux opérations pratiques; la tenue des livres, les éléments d'histoire et de géographie, les notions de sciences physiques et d'histoire naturelle applicables aux usages de la vie, le dessin, le chant, l'hygiène, et, si les aspirantes en ont fait la demande, une langue vivante.

Art. 24. — Toutes les dispositions contraires au présent arrêté sont et demeurent abrogées.

DÉCRET

CONCERNANT L'ÂGE DES ASPIRANTES AU BREVET DE CAPACITÉ.

(22 mai 1870.)

Art. 1er. — Aucune aspirante au brevet de capacité ne peut être admise à se présenter devant une commission d'examen, si elle n'est âgée, au jour de l'ouverture de la session, de seize ans accomplis.

Art. 2. — Aucune dispense d'âge ne pourra être désormais accordée.

DISPOSITIONS

RELATIVES A L'EXÉCUTION DE LA LOI DU 15 MARS 1850
EN CE QUI CONCERNE L'ENSEIGNEMENT PRIMAIRE.

(Décret du 7 octobre 1850.)

CHAPITRE PREMIER.

DE L'ENSEIGNEMENT LIBRE.

Art. 1er. — Il est ouvert, dans chaque mairie, un registre spécial destiné à recevoir les déclarations des instituteurs qui veulent établir des écoles libres, conformément à l'article 27 de la loi organique du 15 mars 1850.

Indépendamment des indications exigées par cet article, chaque déclaration doit être accompagnée :

1° De l'acte de naissance de l'instituteur ;

2° De son brevet de capacité ou du titre reconnu équivalent au brevet de capacité par le deuxième paragraphe de l'article 25 de la loi organique.

Cette déclaration est signée, sur le registre, par l'instituteur et par le maire.

Une copie en est immédiatement affichée à la porte de la mairie et y demeure pendant un mois.

Art. 2. — Dans les trois jours qui suivent cette déclaration, le maire adresse au Préfet

(*Recteur*) les pièces jointes à ladite déclaration et le certificat d'affiche.

Dans le même délai, le maire, après avoir visité ou fait visiter le local destiné à l'école, est tenu de délivrer gratuitement à l'instituteur, en triple expédition, une copie légalisée de sa déclaration.

S'il refuse d'approuver le local, il doit faire mention de cette opposition et des motifs sur lesquels elle est fondée, au bas des copies légalisées qu'il délivre à l'instituteur.

Une de ces copies est remise par l'instituteur au Procureur impérial (*de la République*), et une autre au Sous-préfet, lesquels en délivrent récépissé. La troisième copie est remise au Préfet (*Recteur de l'Académie*) par l'instituteur, avec les récépissés du Procureur impérial (*de la République*) et du Sous-Préfet.

Art. 3. — A l'expiration du délai fixé par le dernier paragraphe de l'article 27 de la loi organique, le maire transmet au Préfet (*Recteur*) les observations auxquelles la déclaration affichée peut avoir donné lieu, ou l'informe qu'il n'en a pas été reçu à la mairie.

Art. 4. — Si le Préfet (*Recteur*) croit devoir faire opposition à l'ouverture de l'école, par application de l'article 28 de la loi organique, il signifie son opposition à la partie par un arrêté motivé.

Trois jours au moins avant la séance fixée pour le jugement de l'opposition, la partie est citée à comparaître devant le Conseil départemental (*académique*).

Cette opposition est jugée par le Conseil départemental (*académique*), suivant les formes prescrites au chapitre II du règlement d'administration publique du 29 juillet 1850.

Copie de la décision du Conseil départemental (*académique*) est transmise par le Préfet (*Recteur*) au maire de la commune, qui fait transcrire cette décision en marge de la déclaration de l'instituteur sur le registre spécial.

Art. 5. — Lorsqu'un instituteur libre a été suspendu de l'exercice de ses fonctions, il peut être admis, par le Conseil départemental (*académique*), à présenter un suppléant pour la direction de son école.

Art. 6. — Lorsque, par application des articles 29, 30 et 53 de la loi organique, un pensionnat primaire se trouve dans le cas d'être fermé, le Préfet (*Recteur*) et le Procureur impérial (*de la République*) doivent se concerter pour que les parents ou tuteurs des élèves soient avertis, et pour que les élèves pensionnaires dont les parents ne résident pas dans la localité soient recueillis dans une maison convenable.

S'il se présente une personne digne de confiance qui offre de se charger des élèves pensionnaires ou externes, le Préfet (*Recteur*) peut l'y autoriser provisoirement.

Cette autorisation n'est valable que pour trois mois au plus.

CHAPITRE II.

DE L'ENSEIGNEMENT PUBLIC.

Section Ire. — *Des écoles primaires publiques.*

Art. 7. — Le local que la commune est tenue de fournir, en exécution de l'article 37 de la loi organique, doit être visité, avant l'ouverture de l'école, par le délégué cantonal, qui fait connaître au Conseil départemental (*académique*) si ce local convient pour l'usage auquel il est destiné.

Art. 8. — Lorsque des communes demandent à se réunir pour l'entretien d'une école, le local destiné à la tenue de cette école doit être visité par l'inspecteur de l'arrondissement, qui transmet son rapport au Conseil départemental (*académique*).

A défaut de conventions contraires, les dépenses auxquelles l'entretien des écoles donne lieu sont réparties entre les communes réunies proportionnellement au montant des quatre contributions directes. Cette répartition est faite par le Préfet.

Art. 9. — Lorsqu'il est reconnu que le local fourni par une commune, en exécution de l'article 37 de la loi organique, ne convient pas pour l'usage auquel il est destiné, le Préfet, après avoir reçu le rapport de l'inspecteur d'Académie (*après s'être concerté avec le Recteur*) et avoir pris l'avis du conseil municipal, décide s'il y a lieu, en raison des circonstances, de faire exécuter des travaux pour approprier le local à sa destination, ou bien d'en prononcer l'interdiction.

S'il s'agit de travaux à exécuter, il met la commune en demeure de pourvoir à la dépense nécessaire pour leur exécution dans un délai déterminé. A défaut d'exécution dans ce délai, il peut y pourvoir d'office.

Si l'interdiction du local a été prononcée, le Préfet, après avoir pris l'avis de l'inspecteur d'Académie, pourvoit (*et le Recteur pourvoient*) à la tenue de l'école, soit par la location d'un autre local, soit par les autres moyens prévus par l'article 36 de la loi organique.

Les dépenses occasionnées par ces mesures seront à la charge de la commune, dans les limites déterminées par la loi.

Art. 10. — Chaque année, à l'époque fixée par le Préfet (*Recteur*), la liste des enfants admis gratuitement dans les écoles publiques est dressée conformément à ce qui est prescrit par l'article 45 de la loi organique; les modifications apportées à cette liste dans le cours de l'année sont soumises aux mêmes formalités.

Art. 11. — Dans les écoles où des enfants de divers cultes sont réunis, chaque ministre procède séparément à l'examen des élèves de son culte en ce qui concerne l'enseignement religieux.

Art. 12. — Lorsque dans une école spécialement affectée aux enfants d'un culte sont admis les enfants d'un autre culte, il est tenu par l'instituteur un registre sur lequel est inscrit la déclaration du père, ou, à son défaut, de la mère ou du tuteur, attestant que leur enfant ou pupille a été admis à l'école sur leur demande.

Ladite déclaration est signée par les père, mère ou tuteur. S'ils ne savent signer, l'instituteur fait mention de cette circonstance et certifie leur déclaration.

Ce registre doit être représenté à toute personne préposée à la surveillance de l'école.

Section II. — *Des instituteurs publics.*

Art. 13. — Tous les ans, à l'époque déterminée par le Préfet (*Recteur*), le Conseil départemental (*académique, dans chaque département*) dresse :

1° Une liste de tous les candidats qui se sont fait inscrire pour être appelés aux fonctions d'instituteur communal, et qu'ils jugent dignes d'être nommés ;

2° *La liste des instituteurs communaux du département qui, à raison de leurs services, sont jugés dignes d'avancement.*

Cette dernière liste doit faire connaître le traitement dont jouissent les instituteurs qui y sont portés.

Cette liste peut être modifiée (ces deux listes peuvent être modifiées) pendant toute l'année.

Elles doivent être insérées au Bulletin des actes administratifs de la préfecture, et communiquées par le Recteur aux conseils municipaux des communes dans lesquelles il y a lieu de pourvoir à la nomination d'un instituteur communal.

Art. 14. — *Aussitôt que le conseil municipal a nommé un instituteur, le maire envoie une copie de la nomination au Recteur de l'Académie, qui délivre, s'il y a lieu, à l'instituteur une autorisation provisoire, et qui propose au Ministre d'accorder ou de refuser l'institution.*

L'institution doit être donnée ou refusée dans le délai de six mois.

Si l'institution est refusée, le Recteur met immédiatement le conseil municipal en demeure de pourvoir au choix d'un autre instituteur.

Art. 15. — Lorsque les fonctions d'instituteur communal viennent à vaquer par suite de décès, de démission ou autrement, le Recteur pourvoit à la direction de l'école, en attendant le remplacement de l'instituteur.

Art. 16. — Le Préfet (*Recteur*) pourvoit également à la direction de l'école lorsque l'instituteur se trouve frappé de suspension par application de l'article 33 de la loi organique, ou lorsque, en attendant une instruction plus complète sur une demande en révocation, l'instituteur a été suspendu provisoirement de ses fonctions.

Dans ce cas, le Préfet (*Recteur*) fixe la portion de traitement qui peut être laissée au titulaire et celle qui est attribuée à son suppléant, et il décide si le suppléant doit jouir en totalité ou en partie du logement affecté à l'instituteur communal.

Art. 17. — Lorsqu'un maire croit devoir suspendre, en cas d'urgence, un instituteur communal, il en informe immédiatement l'inspecteur de l'instruction primaire, sans préjudice du compte qu'il doit rendre dans les deux jours au Préfet (*Recteur*).

Art. 18. — Chaque année, trois jours avant la session de février des conseils municipaux, le receveur municipal remet au maire de la commune les rôles trimestriels [1] (*le rôle*) de la rétribution scolaire de l'année précédente.

Art. 19. — Les conseils municipaux délibèrent, chaque année, dans leur session du mois de février, pour l'année suivante :

Sur le taux de la rétribution scolaire ;

Sur le traitement de l'instituteur ;

Sur les centimes spéciaux qu'ils doivent voter, à défaut de leurs revenus ordinaires, 1° pour assurer le traitement fixe de l'instituteur au minimum de 200 fr. ; 2° pour élever au minimum de 700, 800, 900 et 1000 fr. (600 *fr.*) le revenu de l'instituteur, quand son traitement fixe n'atteint pas cette somme.

Les délibérations des conseils municipaux relatives aux écoles sont envoyées, avant le 1er mai, pour l'arrondissement chef-lieu, au Préfet, et pour les autres arrondissements aux Sous-préfets, qui les transmettent dans les dix jours au Préfet, avec leur propre avis, celui des délégués cantonaux et celui de l'inspecteur primaire.

Le quatrième § de cet article a été modifié par les dispositions du décret du 26 juillet 1870 qui a porté à 700, 800, 900 et 1000 francs le traitement des instituteurs communaux.

Art. 20. — Le Préfet soumet au Conseil départemental (*académique*) les délibérations des

1. Article 14 du décret du 31 décembre 1853, page 159.

conseils municipaux relatives au taux de la rétribution scolaire dans leur commune.

Le Conseil départemental (*académique*) fixe définitivement le taux de cette rétribution scolaire, et en informe le Préfet, qui présente les résultats de ces diverses délibérations au Conseil général, dans sa session ordinaire, à l'appui de la proposition des crédits à allouer pour les dépenses de l'instruction publique primaire dans le budget départemental.

Art. 21. — La rétribution scolaire est due par tous les élèves externes et pensionnaires qui suivent les classes de l'école, et qui ne sont pas portés sur la liste dressée en exécution de l'article 45 de la loi organique.

Art. 22. — Le rôle de la rétribution scolaire est trimestriel (*annuel*)[1].

Dans les cinq premiers jours du dernier mois de chaque trimestre (*le courant de janvier*), l'instituteur communal dresse et remet au maire, 1° le rôle des enfants présents dans son école pendant le trimestre (*au commencement du mois*), avec l'indication du nom des redevables qui doivent acquitter la rétribution, et du montant de la rétribution due par chacun d'eux ; 2° des extraits individuels dudit rôle, pour être ultérieurement remis aux redevables à titre d'avertissements.

Il n'est ouvert dans le rôle qu'un seul article au père, à la mère ou au tuteur qui a plusieurs enfants à l'école.

____

1. Voir le décret du 31 décembre 1853, article 14, page 159.

Le maire vise le rôle, après s'être assuré qu'il ne comprend pas d'enfants dispensés du payement de la rétribution ; qu'il contient tous ceux qui y sont soumis ; en outre, que la cotisation est établie d'après le taux fixé par le Conseil départemental (*académique*).

Il l'adresse ensuite au Sous-préfet, qui le communique à l'inspecteur, pour qu'il puisse fournir ses observations.

Le Préfet, ou le Sous-préfet par délégation, rend le rôle exécutoire et le transmet au receveur des finances, qui le fait parvenir au receveur municipal.

Art. 23. — La rétribution scolaire est payée par douzièmes.

Art. 24. — *Un rôle supplémentaire est établi, à la fin de chaque trimestre, pour les enfants admis à l'école dans le courant du trimestre. Dans ce cas, la rétribution est due à partir du premier jour du mois dans lequel l'enfant a été admis.*

Art. 25. — Lorsque plusieurs communes sont réunies pour l'entretien d'une même école, l'instituteur dresse un rôle spécial pour chaque commune.

Art. 26. — *Tout enfant qui vient à quitter l'école postérieurement à l'émission du rôle est affranchi de la rétribution à partir du premier du mois suivant. Avis de son départ est immédiatement donné par l'instituteur et par les parents au maire, qui, après avoir vérifié le fait, en informe le receveur municipal.*

Art. 27. — En fin d'année, il est procédé à

un décompte à l'effet de constater si l'instituteur communal a reçu le minimum de traitement qui lui est garanti par le décret du 26 juillet 1870 (*l'article 37 de la loi organique*).

Ce décompte est établi d'après le nombre des élèves portés aux rôles trimestriels (*soit au rôle général, soit aux rôles supplémentaires*). Sur le montant des rôles, il est fait déduction des non-valeurs résultant *soit des sorties d'élèves dans le cours de l'année, soit* des dégrèvements prononcés.

Art. 28. — Les remises des receveurs municipaux sont calculées conformément à l'article 5 de la loi du 20 juillet 1837, sur le total des sommes portées aux rôles trimestriels (*généraux et supplémentaires*) de la rétribution scolaire.

Art. 29. — Les remises dues au percepteur et les cotes qui deviendraient irrecouvrables sont déclarées charges communales, et, comme telles, placées au nombre des dépenses obligatoires des communes.

Art. 30. — Les réclamations auxquelles la confection des rôles peut donner lieu sont rédigées sur papier libre et déposées au secrétariat de la sous-préfecture.

Lorsqu'il s'agit de décharges ou réductions, il est statué par le conseil de préfecture, sur l'avis du maire, du délégué cantonal et du Sous-préfet.

Il est prononcé sur les demandes en remise par le Préfet, après avis du conseil municipal et du Sous-préfet.

Art. 31. — Lorsque le Conseil départemental

(*académique*) autorise un instituteur à percevoir lui-même le montant de la rétribution scolaire, en exécution du deuxième paragraphe de l'article 41 de la loi organique, le Préfet (*Recteur*) en informe immédiatement le receveur particulier de l'arrondissement qui en donne avis au receveur municipal.

Dans ce cas le rôle de la rétribution est dressé et arrêté ainsi qu'il a été dit à l'article 22 du présent règlement.

DÉCRET

SUR LES INSTITUTEURS SUPPLÉANTS, LES ÉCOLES DE FILLES ET LA RÉTRIBUTION SCOLAIRE.

(31 Décembre 1853.)

TITRE Ier.

Des Écoles communales et des Instituteurs.

Les articles 1, 2, 3 et 4 ont été rapportés par décret du 29 décembre 1860.

L'article 5 a été modifié par le décret du 19 avril 1862, p. 160 et par le décret du 26 juillet 1870, p. 165.

Art. 1er. — *Nul n'est nommé définitivement instituteur communal, s'il n'a dirigé pendant trois ans au moins une école en qualité d'instituteur suppléant, ou s'il n'a exercé pendant trois ans, à partir de sa vingt et unième année, les fonctions d'instituteur adjoint.*

Art. 2. — *Nul ne peut être nommé instituteur suppléant, s'il ne remplit les conditions déterminées par l'article 25 de la loi du 15 mars 1850.*

Art. 3. — *Les instituteurs suppléants peuvent être chargés par les Recteurs des Académies de la direction, soit des écoles publiques dans les communes dont la population ne dépasse pas*

500 *âmes, soit des écoles annexes dont l'établis-sement sera reconnu nécessaire.*

Ils remplacent temporairement les instituteurs communaux en cas de congé, de démission ou de révocation, de maladie ou de décès.

Art. 4. — *Les instituteurs suppléants diri-geant des écoles publiques reçoivent un traite-ment dont le minimum est fixé ainsi qu'il suit, y compris le produit de la rétribution scolaire :*

Instituteurs suppléants de 1re classe 500 fr.

Instituteurs suppléants de 2e classe 400 fr.

Il est pourvu au traitement et au logement des instituteurs suppléants conformément aux dispo-sitions de la loi du 15 mars 1850.

Le traitement des instituteurs suppléants rem-plaçant des instituteurs communaux est fixé par le Recteur de l'Académie. Il peut être prélevé sur le traitement du titulaire.

Le passage d'un instituteur suppléant de la deuxième à la première classe peut avoir lieu sans changement de résidence.

Le nombre des instituteurs suppléants de pre-mière classe ne peut excéder, dans chaque dé-partement, le tiers du nombre des instituteurs suppléants.

Art. 5. — Sur la proposition du Préfet (Rec-teur de l'Académie), une allocation supplémen-taire peut être accordée par le Ministre de l'in-struction publique aux instituteurs communaux qui l'auront méritée par leurs bons services.

Cette allocation est calculée de manière à éle-ver à 700 fr. après cinq ans, et à 800 fr. après dix ans, le revenu scolaire, dont le minimum est fixé à 600 fr. par la loi du 15 mars 1850 ;

elle peut être annuellement renouvelée, si l'instituteur continue à s'en rendre digne.

Dans tous les cas, le nombre des instituteurs communaux qui reçoivent cette indemnité ne peut dépasser le dixième du nombre total des instituteurs communaux de la circonscription académique. Ce dixième ne devra être complétement atteint, s'il y a lieu, que dans 5 ans, à partir du 1er janvier 1854.

Voir le décret du 19 avril 1862, p. 160, la loi du 10 avril 1867, articles 9 et 10, p. 65, et le décret du 26 juillet 1870, p. 165.

TITRE II.

Des Écoles de filles.

Art. 6. — Les écoles de filles, avec ou sans pensionnat, sont divisées en deux ordres, savoir :

Écoles de premier ordre ;
Écoles de second ordre.

Art. 7. — *Aucune aspirante au brevet de capacité ne peut être admise à se présenter devant une commission d'examen, si elle n'est âgée, au jour de l'ouverture de la session, de dix-huit ans accomplis.*

Ce paragraphe a été modifié par le décret du 20 mai 1870, p. 141.

Le brevet de capacité mentionne l'ordre d'enseignement pour lequel il a été délivré.

Art. 8. — Nulle institutrice laïque ne peut

diriger une maison d'éducation de premier ordre, si elle n'est pourvue d'un brevet de capacité, délivré après un examen portant sur toutes
celles des matières d'enseignement énumérées
aux articles 23 et 48 de la loi du 15 mars 1850
qui sont exigées pour l'éducation des femmes.

Voir la loi du 21 juin 1865, article 9, p. 61, la loi du
10 avril 1867, article 16, p. 67, et l'arrêté du 3 juillet
1866, article 23, p. 141.

Art. 9. — Des institutrices peuvent être chargées de la direction des écoles publiques communes aux enfants des deux sexes qui, d'après
la moyenne des trois dernières années, ne reçoivent pas annuellement plus de quarante
élèves.

*Les dispositions de l'article 4 du présent décret, relatives au traitement et au logement, sont
applicables à ces institutrices.*

Le dernier paragraphe de l'article 9 a été abrogé par
la loi du 10 avril 1867, p. 62.

Art. 10. — Toutes les écoles communales ou
libres de filles, tenues soit par des institutrices
laïques, soit par des associations religieuses
non cloîtrées ou même cloîtrées, sont soumises, quant à l'inspection et à la surveillance de
l'enseignement, en ce qui concerne l'externat,
aux autorités instituées par les articles 18 et 20
de la loi du 15 mars 1850.

Art. 11. — Le Préfet (*Recteur de l'Académie*)
délègue, lorsqu'il y a lieu, des dames, pour inspecter, aux termes des articles 50 et 53 de la loi
du 15 mars 1850, l'intérieur des pensionnats
tenus par des institutrices laïques.

Art. 12. — L'inspection des pensionnats de filles tenus par des associations religieuses cloîtrées ou non cloîtrées est faite, lorsqu'il y a lieu, par des ecclésiastiques nommés par le Ministre de l'instruction publique, sur la présentation de l'Évêque diocésain.

Les rapports constatant les résultats de cette inspection sont transmis directement au Ministre.

TITRE III.

De la rétribution scolaire.

Art. 13. — *A la fin de chaque année scolaire, le Préfet, ou par délégation, le Sous-préfet, fixe, sur la proposition des délégués cantonaux et l'avis de l'inspecteur de l'instruction primaire, le nombre maximum des enfants qui, en vertu des prescriptions de l'article 24 de la loi du 15 mars 1850, pourront être admis gratuitement dans chaque école publique, pendant le cours de l'année suivante.*

La liste des élèves gratuits, dressée par le maire et les ministres des différents cultes et approuvée par le conseil municipal, conformément à l'article 45 de la loi du 15 mars 1850, ne doit pas dépasser le nombre ainsi fixé.

Lorsque cette liste est arrêtée par le Préfet, il en est délivré par le maire un extrait, sous forme de billet d'admission, à chaque enfant qui y est porté.

Aucun élève ne peut être reçu gratuitement dans une école communale, s'il ne justifie d'un billet d'admission délivré par le maire.

Cet article a été remplacé par le décret du 28 mars 1866, page 162.

Art. 14. — A partir de l'exercice 1854, le rôle de la rétribution scolaire, prescrit par l'article 22 du décret du 7 octobre 1850, sera dressé à la fin de chaque trimestre. Il comprendra tous les enfants présents à l'école pendant le trimestre écoulé, avec l'indication du nombre de douzièmes dus pour chacun d'eux. Il ne sera tenu compte, dans le rôle trimestriel, d'aucune fraction de douzième, tout mois commencé étant dû en entier.

DÉCRET

RELATIF A LA FIXATION DU TRAITEMENT DES INSTITUTEURS.

(19 Avril 1862.)

Art. 1er. — *A partir du 1er janvier 1863, tous les instituteurs primaires publics comptant cinq ans de services recevront, à titre de traitement supplémentaire, l'indemnité mentionnée en l'article 5 de notre décret du 31 décembre 1853; cette indemnité sera calculée de manière à élever leur revenu scolaire au minimum de sept cents francs.*

Art. 2. — *Un traitement supplémentaire, calculé de manière à élever, après dix ans de services, le revenu scolaire du vingtième des instituteurs au minimum de huit cents francs, continuera d'être accordé par notre Ministre de l'instruction publique et des cultes à ceux de ces maîtres qui se distingueront par leurs bons services.*

Art. 3. — *A partir du 1er janvier 1863, un traitement supplémentaire, calculé de manière à élever, après quinze ans de services, le revenu scolaire du vingtième des instituteurs au minimum de neuf cents francs, pourra être accordé par notre Ministre de l'instruction publique et* *des cultes à ceux de ces maîtres qui se distingueront par leur bons services.*

Art. 4. — Il sera pourvu conformément aux prescriptions du 3e et du 4e paragraphe de l'article 40 de la loi du 15 mars 1850, aux dépenses résultant des dispositions ci-dessus [1].

Art. 5. — Tout élève-maître, boursier de l'État ou des départements, appelé, pour la première fois, aux fonctions d'instituteur public, recevra, en sortant de l'école normale pour se rendre à son poste, une indemnité qui ne pourra excéder cent francs.

Art. 6. — Cette indemnité sera prélevée, soit sur les bonis des écoles normales primaires;

Soit sur les fonds provenant des remboursements faits aux écoles normales par les anciens élèves-maîtres qui ont abandonné la carrière de l'enseignement avant l'expiration de leur engagement décennal, ou qui se sont établis hors des départements chargés des frais de leur instruction;

Soit sur les fonds votés à cet effet par les conseils municipaux et les Conseils généraux.

A défaut des ressources ci-dessus indiquées, il sera pourvu à cette dépense sur les fonds de l'État affectés aux frais d'entretien des écoles primaires.

1. Les articles 1, 2, 3 et 4 ont été remplacés par les articles 2, 3 et 6 du décret du 20 juillet 1870, p. 105.

DÉCRET

CONCERNANT LA GRATUITÉ DES ÉCOLES PRIMAIRES.

(28 Mars 1866.)

L'article 13 du décret du 31 décembre 1853 est remplacé par la disposition suivante :

« Lorsque la liste des élèves gratuits dressée, en exécution des articles 24 et 45 de la loi du 15 mars 1850 et de l'article 10 du décret du 7 octobre 1850, par le maire et les ministres des différents cultes, et approuvée par le conseil municipal, a été arrêtée par le Préfet, il en est délivré par le maire un extrait, sous forme de billet d'admission, à chaque enfant qui y est porté.

« Aucun élève ne peut être reçu gratuitement dans une école communale, s'il ne justifie d'un billet d'admission délivré par le maire. »

ARRÊTÉ

RELATIF AUX ÉCRITURES OBLIGATOIRES POUR LES INSTITUTEURS.

(17 Avril 1866.)

Les seules écritures périodiques dont la tenue est exigible des instituteurs sont les suivantes :

1re Catégorie. — Écritures relatives au recouvrement de la rétribution scolaire.

1º Registre matricule ;
2º Rôles de la rétribution scolaire et écritures qui s'y rapportent ;
3º Registre des déclarations d'abonnements.

2e Catégorie. — Écritures d'ordre et de statistique.

1º Registre d'inventaire du mobilier de l'école ;
2º Catalogue et registre d'entrée et de sortie des livres des bibliothèques scolaires ; registre des recettes et des dépenses et état au 31 décembre de ces bibliothèques ;
3º Rapport annuel contenant les renseignements nécessaires à la rédaction des états de situation des écoles et salles d'asile.

*3ᵉ Catégorie. — Écritures relatives à la direction pédagogique
de l'école.*

1° Registre d'appel ou de présence, de notes
et de compositions, conforme au modèle annexé
au présent arrêté ;

2° Journal de classe, également conforme au
modèle ci-annexé.

DÉCRET

RELATIF AU TRAITEMENT DES INSTITUTEURS ET DES INSTITUTRICES.

(26 juillet 1870.)

Art. 1er. A partir du 1er janvier 1871, le traitement minimum des instituteurs primaires publics comptant moins de cinq années de services est fixé à 700 francs.

Art. 2. A partir de la même époque, le traitement minimum des instituteurs primaires publics comptant cinq années de services est fixé à 800 francs.

Art. 3. A partir de la même date, un traitement supplémentaire, calculé de manière à élever, après dix ans de services, le revenu scolaire du vingtième des instituteurs au minimum de 900 francs, et, après quinze ans de services, le revenu scolaire du vingtième des instituteurs au minimum de 1000 francs, pourra être accordé par notre Ministre de l'instruction publique à ceux de ces maîtres qui se distingueront par leurs bons services.

Art. 4. A partir du 1er janvier 1871, le traitement des institutrices primaires publiques de la 1re classe ne pourra être inférieur à 600 francs, et celui des institutrices de la 2e classe à 500 fr.

Art. 6. Il sera pourvu aux dépenses résultant des articles 1, 2, 3 et 4 ci-dessus, conformément aux dispositions de l'article 14 de la loi du 10 avril 1867 et de celles de la loi de finances pour l'exercice 1871.

Art. 6. A partir du 1er janvier 1871, chacune des classes d'institutrices titulaires et d'instituteurs adjoints, déterminées par les articles 4 et 5 de la loi du 10 avril 1867, comprendra le même nombre de fonctionnaires.

Nul ne pourra être élevé à la 1re classe s'il ne compte au moins trois années de services dans la 2e classe.

Art. 7. Notre ministre de l'instruction publique est chargé de l'exécution du présent décret.

INSTRUCTION

GÉNÉRALE POUR L'EXÉCUTION DE LA LOI
DU 10 AVRIL 1867.

(12 Mai 1867.)

MONSIEUR LE PRÉFET,

J'ai l'honneur de vous envoyer un certain nombre d'exemplaires de la loi du 10 avril 1867, sur l'enseignement primaire.

Cette loi, destinée à donner une plus vive impulsion à l'instruction primaire publique et à combler les lacunes que présentait l'enseignement des filles, est d'avance acceptée comme un bienfait par les populations. Qu'elle soit exécutée comme elle a été comprise, et la France, qui a dépassé toutes les nations pour l'extension des droits politiques du peuple, ne laissera bientôt à aucune autre l'honneur de prétendre au premier rang pour l'instruction populaire.

Afin d'arriver à une exécution prompte et complète de cette loi, je crois devoir appeler votre attention sur les principales dispositions qu'elle contient.

Écoles de filles.

En principe, il est à désirer que toutes les communes aient une école spéciale à chaque sexe; mais la loi n'a pas cru pouvoir imposer cette obligation aux communes qui ont moins de 500 âmes. Cette limite se justifie par deux motifs : 1° les communes au-dessous de 500 âmes fourniraient un si petit nombre d'enfants à chaque école que la classe, partagée en plusieurs divisions, comme l'exigent non-seulement les règlements, mais l'âge même

des enfants, serait privée de toute émulation, et que
l'enseignement y deviendrait presque individuel; 2° les
dépenses d'une telle organisation, qui retomberaient, en
grande partie, à la charge des départements et de l'État,
absorberaient, sans utilité réelle, des ressources qui doivent être mieux employées. Tous vos efforts pour la création de ces écoles devront donc se porter en premier lieu
vers les communes où la population, plus nombreuse,
fournit aux écoles mixtes un plus grand nombre d'enfants,
et dans lesquelles, par conséquent, le mélange des sexes
présente le plus d'inconvénients. Si toutes les communes
de plus de 500 âmes pouvaient organiser immédiatement
une école de filles et faire ainsi de leur école mixte une
école spéciale aux garçons, nous n'aurions qu'à nous en
féliciter; mais nous ne pouvons espérer qu'il en sera
ainsi; profitons au moins de toutes les circonstances favorables pour assurer à la loi l'exécution la plus rapide qui
pourra lui être donnée.

Vous voudrez bien, Monsieur le Préfet, constater d'abord
quelles sont les communes de votre département qui tom-
bent sous le coup de la loi et les mettre en demeure de
se conformer à ses prescriptions; mais vous vous atta-
cherez à reconnaître celles d'entre elles qui peuvent s'y
soumettre sans de trop grandes difficultés, et vous insis-
terez pour qu'elles prennent sur-le-champ les dispositions
que commande la création d'une école spéciale de filles.

Si ces communes demandent à être dispensées de la
création d'une école publique et à y suppléer par une école
libre, le Conseil départemental, qui doit statuer sur leur
demande, ne perdra pas de vue que les intérêts d'une école
libre, quelque recommandable qu'elle soit, ne doivent pas
être une considération déterminante. Il faut que cette
école, pour justifier la faveur qui lui serait accordée, tienne
réellement lieu d'une école publique, et pour cela qu'elle
se soumette à l'inspection, comme le veut l'article 17 de
la loi nouvelle, mais surtout que l'instruction des jeunes
filles pauvres y soit assurée. La circulaire du 24 décembre 1850 avait prévu le cas où une école libre refu-
serait de recevoir gratuitement les jeunes filles indigentes,
et elle déclarait qu'alors l'instituteur communal ne serait
pas déchargé de son devoir d'instruire les filles pauvres; à plus forte raison, l'école étant autorisée à tenir
lieu d'école publique, le Conseil départemental doit-il sti-
puler l'admission des enfants pauvres dont la liste devra

être dressée conformément à l'article 45 de la loi du
15 mars 1850. Il n'y a, en cela, aucune atteinte à la liberté de l'enseignement, car les écoles libres auront toujours la faculté de renoncer à la faveur qui leur aura été
faite. Mais, si on ne leur imposait pas cette obligation,
l'école communale resterait forcément mixte, puisqu'elle
continuerait de recevoir les jeunes filles pauvres. Il sera
toutefois bon que les Conseils départementaux prennent
les précautions nécessaires pour que ces écoles, après
avoir assuré leur prospérité en recevant toutes les jeunes
filles que l'absence de concurrence ne permettrait pas de
placer ailleurs, ne puissent renoncer tout d'un coup à tenir lieu d'écoles publiques et ne se placent ainsi en dehors
des conditions premières. Il y aurait là un dommage
pour les familles pauvres, que l'expérience ordonne de
prévoir. Les Conseils départementaux devront donc avoir
sous les yeux le traité passé entre la commune et la directrice de l'école libre.

L'article 4 divise les institutrices communales en deux
classes, mais il ne fixe pas le nombre des institutrices qui
devront faire partie de la première. Il vous appartient
de statuer à cet égard sur la proposition de M. l'inspecteur d'Académie. Vous serez nécessairement limité jusqu'à un certain point, sous ce rapport, par les ressources
des communes et du département. Cependant, l'État devant combler le déficit, vous ne vous croirez pas obligé
de maintenir, dans la deuxième classe, des institutrices
qui, par leurs services, leurs charges de famille et leur
isolement, mériteraient un avancement. Ce sera en outre
une prime que vous réserverez aux institutrices pourvues
du brevet, et qui, d'un autre côté, en seraient dignes
par la supériorité de leur enseignement. Il y a tout lieu
de croire, d'ailleurs, que ces institutrices jouiront déjà
d'émoluments supérieurs aux *minima* déterminés par la
loi, et qu'à cet égard, vous n'éprouverez pas d'embarras.

Travaux à l'aiguille.

Quant aux écoles qui devront rester, à un titre quelconque, communes aux deux sexes, il y aura lieu d'y
confier immédiatement la direction des travaux à l'aiguille des jeunes filles à une femme, conformément à
l'article 1er, § 2, de la loi.

Vous ne sauriez, Monsieur le Préfet, procéder à ce choix avec trop de circonspection. Lorsque l'instituteur sera marié et père de famille, votre choix devra naturellement s'arrêter sur la femme, la fille ou la sœur de l'instituteur, si toutefois elle est réellement en état de donner de bonnes leçons de couture aux enfants. Dans le cas contraire, il faudra désigner, autant que possible, une mère de famille, dont l'âge, la conduite et la tenue seront de nature à inspirer le respect. La maîtresse des travaux d'aiguille n'est chargée par la loi que de cette partie de l'enseignement; mais il serait à désirer que cette personne pût assister aux classes et à la sortie des jeunes filles. Sa seule présence sera tout à la fois une garantie pour les maîtres et pour les élèves; enfin, quoiqu'elle ne doive prendre aucune part à l'enseignement donné par l'instituteur, elle le remplacera utilement au point de vue de l'ordre, dans les rares occasions où celui-ci sera obligé de s'absenter de sa classe. C'est ainsi que beaucoup des inconvénients des écoles mixtes pourront disparaître, et que les familles n'hésiteront plus à y envoyer les jeunes filles. Sans doute une semblable tâche exigera une plus longue présence, de la part de la maîtresse, que n'en exigeraient de simples leçons de couture; mais il y a lieu de remarquer que, pendant les classes, la maîtresse pourra se livrer, soit au travail d'entretien du linge et des vêtements de sa famille, soit à la confection des vêtements dont elle se chargerait par état; ces travaux, exécutés sous les yeux des jeunes filles, ne contribueraient pas peu, d'ailleurs, à leur en inspirer le goût tout en développant leur adresse.

Le traitement qui devra être attribué à cette maîtresse variera nécessairement selon les localités, le temps qu'elle consacrera à l'école et sa position personnelle. Attribué à la femme de l'instituteur, il pourrait être une charge moins lourde pour la commune, tout en contribuant au bien-être du ménage de l'instituteur.

Veuillez, Monsieur le Préfet, examiner avec soin la situation des communes auxquelles la nouvelle loi est applicable, et inviter, selon les cas, les conseils municipaux, dans leur prochaine session, à délibérer, soit sur la création des écoles spéciales de filles, soit sur le choix du local où elles pourront être établies, soit enfin sur le traitement qui devra être alloué à la maîtresse des travaux d'aiguille. MM. les maires auront soin, pour faciliter ce dernier vote, d'indiquer aux conseils municipaux la personne sur laquelle ils se proposent d'appeler votre choix. Toutefois, Monsieur le Préfet, je vous recommande de ne prendre à cet égard un parti définitif qu'après vous être assuré que la personne présentée est réellement en état de donner d'utiles leçons : il ne faut pas nous exposer à céder aux sentiments de commisération qui pourraient porter quelques maires à confier cette tâche à des personnes dans le besoin, mais peu capables. Ainsi donc, soit qu'il s'agisse de la femme ou de la fille de l'instituteur, soit qu'il s'agisse d'une étrangère, l'inspecteur primaire sera appelé à vous donner son avis, après avoir pris toutes les précautions nécessaires pour s'éclairer.

Quant au choix du local, qu'il s'agisse d'une location, d'une appropriation ou d'une construction, je vous recommande de vous montrer facile. Les règles prescrites pour les écoles de garçons doivent évidemment être appliquées aux écoles de filles, en ce qui concerne la salubrité; vous ne devez donc vous départir en rien, sous ce rapport, de la juste sévérité que vous apportez ordinairement à l'examen des plans qui vous sont soumis. Mais lorsqu'il n'y aura aucun intérêt de ce genre en péril et que des dispositions qui ne vous satisferaient pas complétement vous seront présentées, vous les accepterez plutôt que d'exposer la commune à rester sans école de filles. La création d'une école de ce genre est un bienfait si grand que, pour l'acquérir, il faut se résigner à sacrifier quelques-unes de ces formalités minutieuses mais prudentes, qui, excellentes pour les temps ordinaires, deviennent une gêne inutile au moment où il faut installer un grand service en usant de toutes les bonnes volontés et de toutes les circonstances favorables. Sans doute, il serait préférable, surtout lorsqu'il s'agit d'une construction, d'établir les choses dans les meilleures conditions possibles et en prévision de l'avenir; mais nous serions loin de compter autant d'écoles, si, dans l'origine et en exécution de la loi de 1833, on avait apporté dans l'approbation de ces constructions la rigueur qu'on y a mise depuis. Commençons par établir le mieux que nous pourrons les écoles de filles; lorsque les populations en auront vu les bons effets, elles ne reculeront pas devant les sacrifices que leur commandera la nécessité d'une amélioration. Mais, si vous pouvez ne pas vous montrer exigeant quant à la manière de construire, vous ne devez jamais transiger, je le répète, sur les points qui intéressent la santé des élèves et des maîtresses.

Fixation du nombre des écoles de garçons et de filles dans les communes. — Écoles de hameau.

Il est souvent arrivé que des communes, occupant une assez grande étendue de terrain, ne satisfaisaient pas à leurs obligations scolaires par l'entretien d'une seule école. Les habitants demandaient en vain qu'il en fût établi une seconde ; leur réclamation ne trouvait pas d'écho au sein du conseil municipal, pris souvent tout entier dans la partie de la commune qui n'était pas en souffrance. L'administration avait beau rappeler à ces conseils que la loi les obligeait à entretenir une ou plusieurs écoles primaires, ils restaient sourds à des recommandations qui n'étaient appuyées d'aucune mesure coercitive. Ce n'est pas, d'ailleurs, le seul cas où il y aurait lieu d'agir sur des conseils municipaux. Il est arrivé qu'une maison scolaire, construite il y a vingt ans, est devenue insuffisante par suite de l'augmentation du nombre des élèves, et que, pour éviter la dépense d'une seconde école, on a limité, chaque année, le nombre des nouveaux élèves qui seraient admis et de ceux des anciens qui seraient conservés ; d'où il résultait que des enfants, en âge de suivre les classes, attendaient longtemps leur tour d'admission, et que d'autres, qui auraient eu tout intérêt à y prolonger leur séjour, étaient obligés d'en sortir ; quelquefois la liste des enfants à admettre gratuitement était réduite outre mesure, afin de laisser de la place aux élèves payants et de ménager les ressources de l'instituteur. L'article 2 de la loi met un terme à cette fâcheuse situation. Ce sera désormais le Conseil départemental qui fixera le nombre des écoles à entretenir par les communes, et, ce nombre étant fixé, l'entretien des écoles deviendra obligatoire. Vous aurez donc le droit, dans ce cas, d'imposer d'office les communes. Je n'ai pas besoin de dire que vous ne pourrez obliger la commune à fournir aux instituteurs nouveaux un traitement supérieur aux *minima* déterminés par l'article 10 de la loi.

Avant de fixer le nombre des écoles à entretenir, le Conseil départemental devra avoir sous les yeux :

1° Le plan topographique de la commune, indiquant l'emplacement de l'école existante et celui de l'école à ouvrir;

2° Un état certifié du chiffre de la population, indiquant le nombre exact des enfants aptes à fréquenter l'école demandée, et qui ne peuvent, vu la distance, se rendre à l'école existante;

3° Une copie résumée du budget de la commune;

4° Une délibération du conseil municipal, indiquant, s'il y a lieu, la raison de son opposition à la création de la seconde école;

5° L'avis du délégué cantonal et de l'inspecteur primaire;

6° Le rapport de l'inspecteur d'Académie et votre propre proposition.

Il en sera de même lorsqu'il s'agira de l'établissement d'une école dans un de ces hameaux dont les habitants contribuaient jusqu'ici aux dépenses de l'école communale, sans pouvoir y envoyer leurs enfants. Ces petites agglomérations de population, trop longtemps dédaignées par certains conseils municipaux, représentants exclusifs des intérêts du chef-lieu de la commune, ne seront plus privées du bienfait de l'enseignement. Vous aurez donc à examiner la situation des communes qui comptent dans leur circonscription un ou plusieurs hameaux, et à vous informer si la distance qui sépare ces hameaux est réellement un obstacle à la fréquentation de l'école. Si MM. les délégués cantonaux veulent bien vous aider dans cette recherche et s'entendre à cet effet avec MM. les inspecteurs primaires, ils pourront vous fournir, à cet égard, d'utiles renseignements, car, mieux que personne, ils sont en état d'apprécier les besoins des populations au milieu desquelles ils vivent. Une fois la nécessité d'une école de hameau reconnue, vous inviterez le conseil municipal à délibérer sur les moyens de l'établir. Une école de ce genre, qui sera presque toujours mixte et peu nombreuse, se prêtera à toutes les formes d'organisation. Il est, sans doute, à désirer qu'elle puisse être ouverte toute l'année dans les mêmes conditions que les écoles ordinaires; mais il faudra se garder de repousser les combinaisons qui s'éloigneraient du règlement des écoles et que de véritables nécessités commanderaient. Ainsi, l'école de hameau pourra être tenue par une femme ou par un homme. Ici, elle ne sera ouverte qu'à telles ou telles heures de la journée; là, que pendant telle ou telle partie de l'année. Le but que la loi se propose n'est pas d'établir une uniformité impossible, mais de mettre à la disposition des familles des moyens certains d'instruction. Dans quelques départements où la population des hameaux abandonne presque tout entière la plaine pour se retirer, l'été, dans les montagnes avec les troupeaux, l'instituteur suit la population et réunit où il peut et comme il peut, à de certaines heures, les enfants pour leur donner les leçons dont ils ont besoin. Il y a certes, dans cet arrangement, dans cette classe en quelque sorte vagabonde, une déviation considérable de la règle ordinaire; mais, loin de blâmer cet état de choses, on doit, au contraire, s'en féliciter, puisque autrement les enfants seraient totalement privés d'instruction. Les diverses combinaisons auxquelles on pourra s'arrêter seraient mauvaises, pour la plupart, dans les centres où une école régulière peut être tenue; mais, dans les hameaux éloignés, privés de voies de communication, elles deviendront un véritable bienfait. Le Conseil départemental fera donc bien, lorsqu'il s'agira de déterminer les cas où il devra être établi des écoles de hameau dans les communes, de constater les besoins des populations et d'y autoriser, sur votre proposition, tous les arrangements propres à y assurer l'instruction des enfants. Ce point est l'affaire capitale; tout le reste doit y être subordonné.

Instituteurs adjoints et institutrices adjointes chargés d'une école de hameau.

Le choix de l'instituteur ou de l'institutrice adjointe à qui ces écoles de hameau devront être confiées vous appartient incontestablement. Vous pouvez donc prendre ces maîtres ou maîtresses, soit parmi les aspirants au brevet de capacité, soit parmi les habitants des hameaux qui vous présenteraient des garanties suffisantes d'instruction et de moralité. Il ne faut même pas exiger, dans ces petites écoles, qu'on y enseigne toute la partie dite obligatoire du programme. Que les enfants, aujourd'hui complétement étrangers aux plus simples connaissances primaires, y apprennent la lecture, l'écriture, les quatre règles, et on aura déjà fait beaucoup. Quant aux écoles de hameau qui auraient tous les caractères d'une véritable école, je ne verrais que des avantages à ce que vous en choisissiez le maître ou la maîtresse parmi les candidats brevetés. Elles seraient ainsi des postes utiles de début pour les élèves des écoles normales primaires. Ces maîtres seront naturellement placés sous la surveillance morale et la direction de l'instituteur communal.

Logement et traitement des instituteurs et institutrices adjoints, chargés d'une école de hameau.

L'article 3 de la loi veut que la commune fournisse à l'instituteur ou à l'institutrice adjointe, dirigeant une école de hameau, un local convenable, tant pour leur habitation que pour la tenue de la classe, ainsi que le mobilier de classe et un traitement. Il va sans dire que ces conditions doivent être rigoureusement remplies dans les communes où ces écoles de hameau seront tenues d'une manière régulière et permanente.

J'ajoute que la construction d'une maison d'école y serait très-désirable, parce qu'il y aurait là un service public qui ne pourrait que se développer. Il est probable, en effet, que ces hameaux se peupleront de plus en plus, lorsque les habitants y trouveront les ressources nécessaires pour l'éducation de leurs enfants. Je serais donc disposé à favoriser ces constructions par la concession de secours qui, dans certains cas, pourraient être accordés dans une proportion plus forte que celle que je suis obligé de m'imposer aujourd'hui.

Pour les petits hameaux où il faudra se contenter d'une location, vous aurez soin de n'y laisser installer l'école que si le local choisi présente les conditions de salubrité nécessaires; mais vous ne vous montrerez pas difficile pour les autres conditions; rien, par exemple, ne vous obligera à exiger que l'instituteur adjoint ait son logement dans la même maison que la classe. Cela sera préférable, si les localités le permettent; mais il ne faut pas que des arrangements de ce genre deviennent un obstacle sérieux à la création de l'école.

Rien ne s'oppose, au surplus, à ce que des communes se réunissent pour l'entretien d'écoles de hameau; il y a telles circonstances locales où des hameaux, établis à une grande distance de leurs chefs-lieux, se trouvent, quoique faisant partie de communes différentes, assez rapprochés pour que les enfants puissent aller de l'un dans l'autre; il se peut aussi que, chaque hameau ayant son école, il y ait intérêt à faire dans l'un une école spéciale de garçons, et dans l'autre une école spéciale de filles. Des arrangements analogues peuvent même être convenus, sauf votre approbation, entre deux communes limitrophes. Toutes ces combinaisons sont admissibles lorsqu'il y a avantage évident pour les familles, et je ne doute pas que les Conseils départementaux n'y aient égard ainsi que vous.

Choix des instituteurs adjoints chargés des écoles de hameau.

Il est à désirer que les écoles de hameau, où les jeunes instituteurs feront utilement leurs premières armes, puissent aussi servir de transition aux instituteurs fatigués et qu'on songerait à admettre à la retraite. Quand ces instituteurs ne peuvent plus tenir des écoles nombreuses, ils suffiraient peut-être encore à donner des leçons de lecture, d'écriture et de calcul à un petit nombre d'enfants. Malheureusement, en adoptant cette mesure, vous exposeriez les instituteurs à éprouver une perte considérable, si leur pension était réglée d'après le dernier traitement dont ils jouissaient dans ces hameaux. Il y a toutefois un moyen d'obvier parfois à ce grave inconvénient. Tel instituteur, par exemple, ayant droit à la retraite, pourrait encore rendre des services dans une petite école de hameau. Au lieu de le nommer immédiatement à ce dernier poste, proposez son admission à la retraite, puis, la pension étant liquidée, remettez-le en activité dans un hameau. Aux termes de l'article 28 de la loi du 9 juin 1853, sur les pensions civiles, la pension de ce maître remis en activité sera suspendue pendant tout le temps de son nouveau service; il la retrouvera lorsqu'il sera définitivement obligé de se reposer, ou, s'il a intérêt à demander une nouvelle liquidation, il en aura le droit aux termes de l'article précité, lequel est ainsi conçu :

« Art. 28. — Lorsqu'un pensionnaire est remis en activité, le payement de sa pension est suspendu.

« Lorsqu'il est remis en activité dans un service différent, il ne peut cumuler sa pension et son traitement que jusqu'à concurrence de 1500 fr.

« Après la cessation de ses fonctions, il peut rentrer en jouissance de son ancienne pension ou obtenir, s'il y a lieu, une nouvelle pension basée sur la généralité de ses services. »

Comme, selon toute probabilité, le traitement alloué à l'instituteur d'une école de hameau sera supérieur à sa retraite, il y aura toujours avantage pour l'instituteur à prolonger son activité, puisqu'il n'aura plus à craindre que cette prolongation ait pour résultat de réduire sa pension. Je ne sais encore ce que les circonstances permettront de faire pour améliorer la retraite des instituteurs; mais, en attendant, le moyen que je vous indique pourra être quelquefois employé utilement dans l'intérêt des maîtres comme dans celui des écoles de hameau.

Vous n'oublierez pas, dans tous les cas, Monsieur le Préfet, que le dernier paragraphe de l'article 2 de la loi exige que les délibérations du Conseil départemental, relatives à la fixation du nombre des écoles à établir dans une commune et à la création des écoles dans les hameaux, soient soumises au Ministre de l'instruction publique. Vous voudrez donc bien m'adresser, lorsqu'il y aura lieu, vos propositions à ce sujet, accompagnées de la délibération du Conseil départemental et de toutes les pièces qui auront été mises sous ses yeux.

Adjoints et adjointes dans les écoles communales.

Enfin, Monsieur le Préfet, la loi soumet également à l'approbation du Ministre de l'instruction publique les délibérations des Conseils départementaux relatives à la désignation des écoles de filles auxquelles devront être attachées des institutrices adjointes. On pourrait croire, au premier abord, que l'article 2 de la loi du 10 avril, ne mentionnant que les écoles de filles, ne vous impose pas la même obligation en ce qui concerne les écoles de garçons. Ce serait une erreur. L'article 34 de la loi du 15 mars 1850 contient, à l'égard des écoles de garçons, une disposition analogue à celle qui est contenue dans le deuxième paragraphe de l'article 2 de la loi du 10 avril pour les écoles de filles. L'article 5 de la loi du 10 avril règle le traitement des adjoints, et l'article 14 porte qu'il sera pourvu à ces dépenses, comme à celles qui résultent de la loi de 1850 au moyen des ressources énumérées dans l'article 40 de ladite loi ; il en résulte que, les mêmes dispositions s'appliquant également aux instituteurs adjoints et aux institutrices adjointes, vous aurez à m'adresser les mêmes pièces justificatives dans l'un et l'autre cas.

Il n'a pas été possible de fixer d'avance le chiffre de la population scolaire au delà de laquelle un maître ou une maîtresse adjointe serait nécessaire. Cette nécessité peut varier selon des circonstances dont il a paru préférable de laisser l'appréciation au Conseil départemental. Telle école qui ne réunit pas plus de 60 enfants, mais où l'enseignement reçoit tous les développements prévus par la loi, exigera la présence d'un adjoint, plutôt que telle autre école qui comptera 80 ou 100 enfants auxquels la partie obligatoire seule de l'instruction primaire sera enseignée. Tel maître, jeune et actif, suffira pour 80 écoliers, tandis que tel autre, déjà âgé ou maladif, succomberait à la fatigue que lui imposeraient 50 ou 60 enfants. Ce sont toutes ces circonstances qui détermineront le Conseil départemental ; mais il ne perdra pas de vue que la dépense résultant de cette adjonction sera garantie par le département et par l'État, si les ressources de la commune n'y suffisent pas, et qu'elle ne devra leur être imposée qu'en cas d'absolue nécessité. J'aurai à parler plus loin de quelques questions relatives au système financier qui va régir l'instruction primaire, mais je ne dois pas négliger ici de vous recommander cette bonne et sage économie, qui, ne reculant devant aucun sacrifice utile, s'arrête devant des dépenses qui ne sont point suffisamment justifiées.

Attribution d'une partie de la rétribution scolaire aux adjoints et adjointes.

Je n'ignore pas que l'article 6 de la loi du 10 avril a excité quelque émotion parmi un certain nombre d'instituteurs. Cet article permet au Conseil départemental d'attribuer à la formation du traitement des adjoints une partie de la rétribution scolaire, laquelle, jusqu'à présent, a appartenu aux instituteurs, et ceux-ci ont pu craindre de voir ainsi diminuer leur revenu. J'ai hâte de vous donner à cet égard les explications propres, je l'espère, à dissiper toute espèce d'inquiétude. Et d'abord, dans l'état actuel des choses, il n'y a que 1013 instituteurs adjoints des écoles laïques qui soient rétribués sur les fonds communaux ; les autres, au nombre de 1710, sont payés par les instituteurs eux-mêmes. Ceux-ci n'ont donc rien à perdre. Quant aux premiers, dont la plupart ne pourraient partager le produit de la rétribution scolaire avec un adjoint, sans voir leur revenu s'amoindrir d'une manière injuste, la loi ne peut leur être contraire, puisqu'elle a pour but l'amélioration des écoles et du sort des maîtres, et qu'elle devra être exécutée conformément à son esprit. La participation des adjoints au bénéfice de la rétribution scolaire n'aura donc lieu que dans ces grandes écoles où la présence d'un ou plusieurs adjoints attire un grand nombre d'enfants.

Il est évident que la prospérité d'une semblable école n'est pas uniquement due à l'instituteur directeur, mais aux sacrifices votés par le conseil municipal pour lui adjoindre des maîtres expérimentés, et qu'il ne serait pas juste que cette prospérité pesât lourdement sur les finances de la commune, au seul profit de l'instituteur, alors peut-être que ses adjoints c'est-à-dire les auteurs mêmes de sa fortune, seraient réduits aux *minima* déterminés par l'article 5. Un système, qui rappelle celui de la loi actuelle, a prévalu dans l'enseignement secondaire en ce qui concerne la répartition de l'éventuel dans les lycées. Le Conseil départemental fixera équitablement, sur la proposition du conseil municipal, la part du traitement des adjoints qui doit rester à la charge de la commune, et vous aurez soin, Monsieur le Préfet, de veiller à ce que cette part de la rétribution scolaire ne vienne pas en déduction des dépenses des écoles mais demeure affectée, soit au traitement, s'il y a lieu, de nouveaux maîtres adjoints, soit à l'augmentation du traitement de ceux de ces maîtres qui auraient bien mérité. On aura donc soin, dans tous les cas, de fixer la part communale de telle sorte qu'elle ne réduise pas les revenus de l'instituteur et que la prospérité de l'école ne devienne pas pour lui une cause d'amoindrissement. La disposition transitoire de l'article 11 garantit d'ailleurs les situations acquises.

Logement des instituteurs et institutrices adjoints.

Le logement, dû par la commune aux adjoints et aux adjointes, sera donné, toutes les fois que le local le permettra, dans le bâtiment même de l'école, à la condition toutefois qu'il n'en résulte aucune gène pour l'instituteur ou sa famille. Dans le cas contraire, il leur sera alloué une indemnité de logement, et la délibération du conseil municipal portant fixation de cette indemnité sera soumise à votre approbation, car il s'agira d'une dépense qui pourra tomber à la charge du département ou de l'État.

Cours d'adultes.

Je n'ai point à rappeler l'extension extraordinaire donnée depuis deux ans aux cours d'adultes par les instituteurs. La loi ne pouvait demeurer indifférente à de tels efforts et à de semblables résultats, qui démontraient, par l'exemple, la possibilité de doter la France d'un nouvel ordre d'enseignement. Elle a donc voulu tout à la fois assurer aux maîtres une récompense bien méritée, et faire de ces cours d'adultes, dont l'existence avait été jusque-là si précaire, l'objet d'une institution permanente, destinée à compléter l'œuvre de l'école du jour, et assimilée, au point de vue financier, à l'ensemble des services scolaires. Par son article 7, la loi a décidé qu'une indemnité pourrait être accordée par le Ministre de l'instruction publique, sur la proposition du Préfet, après avis du conseil municipal, aux instituteurs qui dirigent des classes du soir. Tout en soutenant ainsi les cours d'adultes, la loi conserve à leurs directeurs la liberté qui a donné à cette grande œuvre des deux dernières années son caractère de spontanéité. Elle ne contraint pas les instituteurs ; elle se borne à aider leur initiative et celle des communes. La quotité de l'indemnité accordée pourra dépendre du crédit affecté par le budget aux besoins de l'instruction primaire, et je ne puis, dès à présent, vous faire connaître le chiffre total à raison duquel vous devrez, dans votre département, fixer le montant des allocations individuelles, mais, sans prétendre payer un dévouement qui cherche avant tout sa récompense dans la conscience du devoir accompli et dans l'estime publique, j'espère que les efforts combinés des particuliers, des communes, des départements et de l'État prouveront aux directeurs des cours d'adultes que, dans notre état social, une bonne action se trouve souvent avoir été encore un bon calcul. Si, à mon grand regret, l'indemnité qui sera allouée aux instituteurs ne compense pas complétement les peines qu'ils se seront données, il leur restera la satisfaction de savoir que la société demeure leur obligée. Ce sentiment les soutiendra dans la continuation de leur œuvre excellente.

Il est dit dans l'article 7 que des indemnités pourront être accordées aux instituteurs et institutrices dirigeant une classe communale d'adultes, établie en conformité du paragraphe 1er de l'article 2 de la loi. Or, ce paragraphe 1er porte que le nombre des écoles à établir dans une commune sera fixé par le Conseil départemental sur l'avis du conseil municipal. Il importera donc que les cours d'adultes dont il s'agira d'indemniser les directeurs aient été ouverts en vertu d'une délibération du conseil municipal et d'une décision du Conseil départemental ; en un mot, que ce cours ait un caractère d'institution communale.

L'État ne pouvait prendre l'engagement de contribuer à tous les cours qui auraient pu être fondés par l'initiative privée ; mais, s'il est obligé de soutenir les cours communaux d'adultes, il s'efforcera volontiers de venir en aide à ceux des cours privés qui rendraient d'incontestables services. Quoi qu'il en soit, Monsieur le Préfet, il importe que vous ne perdiez pas de vue les dispositions que je viens de vous rappeler, et que, chaque année, vous invitiez les conseils municipaux à délibérer, dans leur session du mois de février, sur l'ouverture ou l'entretien des cours d'adultes, en même temps qu'ils délibéreront sur les dépenses d'entretien des écoles du jour, et vous aurez soin, s'il s'agit d'une création nouvelle, de soumettre au Conseil départemental la partie de la délibération relative aux cours d'adultes, afin qu'il puisse procéder conformément au premier paragraphe de l'article 2.

Personnel des instituteurs primaires.

Avant de passer à un autre article de la loi, je dois, Monsieur le Préfet, vous entretenir encore du personnel des instituteurs. Lors de la discussion de la loi du 10 avril, des vœux ont été émis au Corps législatif pour l'amélioration de leur sort. On a demandé, soit que les changements de destination fussent moins fréquents, soit qu'une indemnité de déplacement leur fût accordée lorsqu'ils sont envoyés dans un autre poste, soit que l'obligation de leur fournir un mobilier personnel fût imposée aux communes au même titre que le mobilier de classe. Tous ces vœux sont légitimes; mais le Gouvernement de l'Empereur les a en grande partie devancés. C'est ainsi que le décret du 19 avril 1862 accorde une indemnité de 100 fr. à tout élève-maître d'une école normale primaire qui va prendre la direction d'une école; que le décret du 4 septembre 1863 alloue aux communes qui veulent acquérir un mobilier personnel pour leur instituteur, une somme égale à la moitié de la dépense; enfin, qu'une instruction ministérielle, en date du 26 août 1862, vous a recommandé de n'opérer parmi les instituteurs primaires que les mutations indispensables, et surtout de ne les effectuer que dans un intérêt scolaire ou dans l'intérêt de l'instituteur lui-même, à moins que le changement n'ait le caractère d'une peine disciplinaire. Les instituteurs doivent donc être assurés du désir qu'éprouve le Gouvernement d'étendre, autant que possible, l'effet des mesures qu'il a provoquées. En attendant, il verrait avec une vive satisfaction les Conseils généraux attribuer à des dépenses de ce genre, soit la partie disponible des centimes spéciaux qu'ils sont autorisés à affecter aux dépenses obligatoires de l'instruction primaire, soit une partie de leurs centimes facultatifs. Quant à moi, je continuerai de secourir les communes qui doteront leurs écoles du mobilier personnel de leur instituteur, et vous pourrez provoquer de la part des conseils municipaux une dépense si utile.

En vous entretenant de la gratuité de l'enseignement, je vous entretiendrai au surplus encore du sort des instituteurs; car les mesures relatives à l'extension de la gratuité se rattachent essentiellement à la question de leur traitement.

De la gratuité dans les écoles soumises à la rétribution scolaire.

Deux écueils doivent être évités en ce qui concerne l'admission gratuite, dans les écoles payantes, d'enfants qui seront dispensés d'y solder la rétribution scolaire. D'un côté, il serait contraire au vœu de la loi d'y recevoir, à titre gratuit, des enfants appartenant à des familles aisées;

mais, d'autre part, le texte comme l'esprit de la loi seraient méconnus, si l'entrée gratuite de l'école pouvait être refusée à des enfants pour lesquels cette gratuité est nécessaire; des précautions doivent être prises à ce double point de vue, afin d'empêcher les abus. Celles qu'avait prescrites le décret du 31 décembre 1853, dans une pensée d'économie pour le Trésor, par l'établissement d'un *maximum*, dépassaient le but : un décret du 28 mars 1866 a dû intervenir pour le modifier. La désignation pure et simple des admissibles par le conseil municipal, ainsi que le réglait la loi du 28 juin 1833, ouvrait la porte à l'abus contraire.

Sans insister sur ces faits anciens, je me borne à vous rappeler, Monsieur le Préfet, que la législation existante respecte tous les droits et vous permet d'empêcher qu'on les méconnaisse. L'article 24 de la loi du 15 mars 1850 accorde l'admission gratuite aux enfants qui ne peuvent payer la rétribution scolaire; l'article 45 de la même loi vous charge d'arrêter la liste de gratuité dressée par le maire et le ministre du culte, et approuvée par le conseil municipal. La loi nouvelle, par son article 10, sur lequel j'aurai à revenir, organise un système financier d'après lequel l'extension de la gratuité, dans l'école payante, ne peut jamais nuire à l'instituteur. Je n'ai pas besoin de vous rappeler que l'intérêt du Trésor ne doit pas être oublié, lorsqu'il impose le devoir de repousser des prétentions mal fondées; mais vous savez aussi quelles sont les vues libérales du Gouvernement de l'Empereur. Ce n'est pas au moment où la loi permet d'accorder des subventions pour établir la gratuité absolue, qu'on pourrait oublier la nécessité d'appliquer, sans trop de rigueur, l'article 24 de la loi du 15 mars 1850; vous tiendrez compte de la situation des familles, du nombre des enfants, et vous ouvrirez l'école à tous ceux dont les familles, sans être dans la catégorie légale des indigents, ont réellement besoin, pour fréquenter l'école, du bienfait de la gratuité.

Les lois de 1833 et de 1850 ne considéraient la gratuité absolue de l'enseignement pour tous les élèves qui fréquentent une école, que comme une exception en quelque sorte de luxe, que les communes riches pouvaient se permettre, si leurs budgets leur en fournissaient les moyens. Il avait été établi que, dans ce cas, ni le département ni l'État ne pouvaient intervenir, attendu qu'en renonçant à la ressource que devait leur procurer la rétribution scolaire, ces communes auraient fait retomber le déficit au compte du département et de l'État. Mais l'expérience a prouvé qu'un assez grand nombre de familles renonçaient à envoyer leurs enfants dans les écoles plutôt que d'endosser, en quelque sorte, la livrée de la misère en sollicitant leur inscription sur les listes de gratuité; et la loi a voulu donner aux communes où ces abstentions menaçaient de devenir trop nombreuses, les moyens de rendre leurs écoles entièrement gratuites. En outre, la justice comme la saine politique voulaient que le bénéfice de la gratuité complète de l'école ne fût pas accordé seulement aux habitants des grandes villes où se trouvent déja réunis tant de secours pour les classes laborieuses, mais que les communes rurales pauvres, celles où il y a un grand nombre de cultivateurs peu aisés, pussent, elles aussi, acquérir cet avantage, qui correspondra pour elles à un dégrèvement d'impôt. Tel est le but de l'article 8 de la loi nouvelle.

Aux termes de cet article 8, les communes qui voudront rendre leurs écoles entièrement gratuites commenceront, en cas de besoin, par s'imposer un véritable sacrifice: elles devront voter, en sus des trois centimes exigés par la loi de 1850, et avec le concours des plus imposés, quatre autres centimes extraordinaires au principal des quatre contributions directes. Ce sacrifice ne leur créera pas toutefois, par le fait même, un droit au concours du département et de l'État; mais il leur donnera l'aptitude légale à recevoir, sur la proposition du Conseil départemental, des subventions du département et de l'État, dans les limites des crédits annuellement votés par les Conseils généraux ou portés, à cet effet, au budget du Ministère de l'instruction publique.

Lorsqu'une commune voudra rendre son école entièrement gratuite, elle devra donc en exprimer le vœu dans une délibération motivée. Vous placerez cette délibération sous les yeux du Conseil départemental, en lui faisant connaître, s'il y a lieu, l'état du crédit qui aura été voté par le Conseil général, et en lui indiquant : 1° le montant de la subvention à demander, dans ce cas, aux fonds départementaux, défalcation faite du produit des quatre centimes nouveaux à voter pour la commune; 2° le montant de la subvention à demander à l'État. Si le Conseil départemental émet un avis favorable à la proposition du conseil municipal, vous inviterez ce dernier à délibérer, à l'aide des plus imposés, sur l'imposition extraordinaire des quatre centimes, laquelle imposition figurera sur le budget municipal, à la suite de l'imposition des trois centimes, et vous me transmettrez le dossier avec votre proposition. La délibération du Conseil départemental, favorable ou contraire, sera dans tous les cas portée à ma connaissance.

Vous aurez donc, Monsieur le Préfet, à mettre, tous les ans, sous les yeux du Conseil général, en l'invitant à voter, avec les deux centimes existant déjà, le troisième centime de même nature créé par l'article 14 de la loi pour les dépenses ordinaires des écoles de garçons et de filles, les délibérations prises par les conseils municipaux dans leur session de mai, qui auront été approuvées par le Conseil départemental, et ayant pour but de placer leurs écoles sous le régime de la gratuité absolue. Le Conseil général délibérera et votera, s'il le juge convenable, une somme destinée à contribuer à l'entretien de ces écoles. Je m'efforcerai, de mon côté, de faire ouvrir au budget de mon Ministère le crédit à l'aide duquel je pourrai combler le déficit prévu, et je vous ferai connaître jusqu'à concurrence de quelle somme vous devrez compter, pour assurer cette dépense, sur le concours de l'État. Vous pourrez alors répartir les fonds départementaux et les fonds de l'État entre celles des communes où le Conseil départemental reconnaîtra l'utilité de la mesure. Il se pourrait que cette transformation de certaines écoles dût être ajournée faute de fonds ; le Conseil départemental, dans ce cas, devra commencer par les plus petites communes où le nombre des pères de famille placés dans une position précaire ou gênée est relativement le plus considérable, et dans lesquelles l'État n'aura à assurer les traitements des instituteurs que jusqu'à concurrence des *minima* mentionnés dans le dernier paragraphe de l'article 9. Par ce moyen, nous viendrons d'abord en aide aux plus pauvres populations et nous pourrons faciliter la gratuité dans un plus grand nombre de communes. Il sera, toutefois, nécessaire de n'accorder et de ne conserver le bienfait de ces subventions qu'aux communes dans lesquelles les enfants en âge et en état d'aller à l'école y seront régulièrement envoyés. Il faut que les communes sachent que l'État renoncerait à assurer le bénéfice de la gratuité si l'école n'était pas suivie.

Du traitement des instituteurs et du taux de la rétribution scolaire.

L'article 10 apporte une notable amélioration à la condition d'un grand nombre d'instituteurs en activité de service. Indépendamment de 200 francs de traitement fixe et du produit de la rétribution scolaire qui leur appartient déjà, il leur assure un traitement éventuel calculé à raison du nombre d'élèves gratuits présents à l'école. Ce traitement éventuel variable, qui ne se composera, en réalité, que du produit de la rémunération payée, à la place des familles indigentes et pour leur compte, par la commune, dans la limite des trois centimes spéciaux, puis par le département et l'État, viendra nécessairement, dans les communes où l'instituteur jouit d'un traitement supérieur au *minimum*, en augmentation de ce traitement ; il protége l'instituteur contre le préjudice qui pouvait résulter jusqu'ici de l'extension de la gratuité dans l'école payante; il est garanti à l'instituteur, vous le voyez, aussi efficacement que les *minima* qu'il dépasse.

La rémunération payée pour les élèves gratuits ne sera pas toutefois fixée au même taux que celle qui est établie pour les élèves payants. Il ne serait pas juste que la commune, qui assure déjà un traitement fixe à l'instituteur, n'obtînt pas une diminution du prix d'écolage pour les élèves qu'elle envoie gratuitement dans les écoles. Vous aurez donc, Monsieur le Préfet, à fixer tous les ans le taux de cette rémunération, après avoir pris l'avis du Conseil départemental et du conseil municipal, et vous aurez soin, tout en calculant le produit de cette rétribution de manière à offrir à l'instituteur un avantage certain, de ne pas surcharger outre mesure les communes ou l'État. Cette attribution qui vous est conférée est des plus importantes. Par la fixation du taux du traitement éventuel, il vous appartient d'améliorer la situation du maître et de récompenser son zèle.

Quant au taux de la rétribution scolaire à percevoir dans les écoles non gratuites, il continuera d'être fixé, conformément à l'article 15 de la loi du 15 mars 1850, par le Conseil départemental, sur l'avis des conseils municipaux et des délégués cantonaux; mais l'article 12 de la nouvelle loi vous ouvre, ainsi qu'aux maires des communes, un recours devant le Ministre de l'instruction publique contre cette fixation. Il y a lieu de croire qu'il sera rarement fait usage de cette faculté; il se pourrait cependant que le Conseil départemental, en vue d'établir une certaine uniformité absolue que la loi ne commande ni ne prévoit, appliquât à de petites communes, dont il n'aurait pas suffisamment apprécié la situation particulière, un taux de rétribution scolaire peu en harmonie avec la pauvreté des habitants, et que le maire crût devoir réclamer; vous auriez, dans ce cas, à me communiquer la délibération qui serait prise à ce sujet par le conseil municipal, ainsi que le nouvel avis émis par le Conseil départemental sur cette délibération, le tout accompagné de votre avis personnel, afin que je puisse statuer en parfaite connaissance de cause. Il me paraît utile de communiquer d'abord le pourvoi du maire au Conseil départemental, parce qu'il arrivera souvent que ce conseil y fera droit et que le pourvoi sera, par conséquent, retiré. Enfin, Monsieur le Préfet, vous pourrez, de votre côté, me déférer, s'il y avait lieu, les délibérations du Conseil départemental. J'aime à penser que la bonne entente qui règne entre vous et le Conseil départemental rendra presque toujours mon intervention inutile.

A l'égard des instituteurs qui ne jouissent en ce moment que du *minimum* de traitement, la loi nouvelle ne changera leur condition que si, en attirant dans leur école un grand nombre d'élèves gratuits, ils parviennent, par le jeu du traitement éventuel, à dépasser ce même *minimum*. Dans le cas contraire, l'Etat se bornera, comme par le passé, à maintenir leurs traitements au taux au-dessous duquel ils ne doivent pas descendre.

Dans tous les cas, il importe que les traitements des instituteurs placés à la tête d'écoles devenues gratuites ou restées dans les conditions premières ne puissent être inférieurs à la moyenne de leurs émoluments pendant les trois dernières années. Il se pourrait, en effet, que les conseils municipaux de communes où, par l'effet de la rétribution scolaire, le *minimum* est dépassé, tentassent de rendre leurs écoles gratuites en votant les quatre centimes exigés par la loi et en ramenant les traitements de leurs instituteurs au *minimum* légal, ce qui aurait pour conséquence de décharger ainsi les familles aux dépens des maîtres. L'article 11 vous donne le droit de déjouer ces combinaisons, et de porter d'office au budget municipal la somme nécessaire pour conserver à l'instituteur le traitement dont il jouit en moyenne depuis trois ans.

Je n'ai pas besoin d'ajouter que cette garantie établie par la loi ne signifie pas que le traitement accordé à un instituteur expérimenté, comme prix de bons et longs services, sera nécessairement donné à un débutant qui deviendrait son successeur.

Quant aux communes qui pourvoient, sans le secours du département et de l'Etat, aux dépenses de l'instruction primaire, l'article 13 leur confère le droit d'assurer à leur instituteur ou institutrice un traitement fixe invariable, et de percevoir dans ce cas, pour leur compte, le produit de la rétribution scolaire. Cette faculté n'est consentie que dans l'intérêt des instituteurs, qui sont ainsi mis à l'abri des variations qu'éprouve souvent, pour des causes qui leur sont étrangères, le produit de la rétribution. Mais il se pourrait que des administrations fussent tentées de se procurer ainsi des ressources budgétaires en allouant à l'instituteur un traitement inférieur à ce produit. Rien dans la législation précédente n'interdisait cette manière de procéder : aussi a-t-on vu des exemples de l'abus que je viens de vous signaler. En exigeant que les délibérations soient soumises à votre approbation, après avis du Conseil départemental, la loi nouvelle, sans proscrire une combinaison qui a l'avantage d'assurer le payement régulier du traitement de l'instituteur, vous fournit les moyens de repousser les arrangements contraires à ses intérêts. Les frères des Écoles chrétiennes reçoivent tous des traitements fixes, et, depuis quelques années seulement, ils ont consenti à laisser percevoir dans leurs écoles une rétribution scolaire pour le compte des villes. On pourrait, comme on le fait quelquefois lorsqu'il s'agit des instituteurs laïques, supposer qu'étant assurés de leurs revenus, ils ne font aucun effort pour attirer des élèves dans leurs écoles; il n'en est rien cependant, et l'expérience prouve que, quoique pécuniairement désintéressés dans la question, les frères tiennent à honneur d'avoir des écoles nombreuses. J'aime à croire que les instituteurs laïques, animés de la même ambition, ne trouveraient pas, dans la sécurité qui leur serait assurée, des causes d'affaiblissement de zèle, et qu'ils justifieraient, au contraire, la faveur qui leur serait faite. Dans tous les cas, vous apprécieriez les faits en Cons départemental, et l'on n'oublierait pas qu'il est à la fois juste et conforme aux règles d'une bonne administration que le fonctionnaire qui avance en âge et accroît ses titres à la confiance des familles, des communes et de l'Etat, puisse aussi compter sur plus de bien-être. Certains départements, notamment celui du Nord, qui ont établi le traitement fixe pour leurs instituteurs, ont eu soin de diviser ces traitements en classes différentes, de telle sorte qu'un instituteur plus méritant a le légitime espoir d'être aussi mieux rétribué, d'obtenir un avancement sur place et de ne pas voir son revenu diminuer avec ses forces aux approches de la vieillesse. C'est un exemple que je propose à vos méditations.

Caisse des écoles.

Je ne saurais trop vous recommander, Monsieur le Préfet, l'institution d'une caisse des écoles dans les communes. Cette caisse, destinée à encourager et à faciliter la fréquentation de l'école, peut avoir les plus utiles résultats. Créée sous l'inspiration du conseil municipal, alimentée par les souscriptions des personnes les plus dévouées au bien public, elle peut suppléer à l'insuffisance des ressources communales pour un grand nombre de dépenses qui, sans être obligatoires, sont d'une utilité incontestable. Il ne suffit pas, par exemple, en de certains cas, d'ouvrir gratuitement à un enfant la porte de l'école : l'expérience prouve que beaucoup d'enfants qui y sont admis à cette condition se dispensent d'y paraître, ou y paraissent si irrégulièrement qu'ils n'en profitent réellement pas. Cela tient à plusieurs causes que la caisse des écoles peut faire disparaître. Le besoin qu'ont les parents des services de leurs enfants : la caisse ne peut-elle pas leur allouer des secours à la condition de l'envoi régulier des enfants à l'école? Ces enfants manquent de vêtements : ne peut-elle leur en donner? Ils n'ont pas le moyen de se procurer des livres et du papier : ne peut-elle leur en fournir? Ne peut-elle pas récompenser par quelque don les enfants les plus assidus; accorder des prix en dehors de ceux pour lesquels le conseil municipal alloue une certaine somme, ou en doubler la valeur; aider certaines familles à payer l'écolage; donner à l'instituteur lui-même, soit une gratification, soit les livres dont il aurait besoin pour l'instruction de ses élèves ou la sienne propre; ou enfin souscrire en son nom à des recueils périodiques qui le tiendraient au courant des méthodes nouvelles et des progrès de la science?

Cet emploi si varié des ressources de la caisse des écoles peut se reproduire sous mille aspects différents; mais ces ressources, il faut se les procurer, et, dans ce but, une bonne organisation des caisses des écoles est nécessaire. Je ne crois pas cependant, Monsieur le Préfet, qu'il y ait lieu de leur donner à toutes la même forme et de les soumettre aux mêmes règles. Ces établissements, qui devront beaucoup à l'initiative privée, n'ont besoin que d'un règlement de travaux intérieurs dont vous pourrez donner le modèle sans prétendre l'imposer. Ce règlement, qui conférera au maire la présidence de la commission administrative, laissera aux membres de la commission le choix de son vice-président et de son secrétaire; il pourra désigner, parmi les fonctionnaires publics, des membres de droit, ou décider que tous les membres seront soumis à l'élection; il pourra partager les souscripteurs en membres titulaires et en membres honoraires, donnant ou ne donnant pas aux uns et aux autres le droit d'assister aux réunions générales avec voix consultative ou délibérative, selon que les circonstances locales paraîtront devoir être le plus conformes aux intérêts de la caisse; il pourra fixer le taux de la souscription ou en autoriser l'acceptation à quelque somme qu'elle s'élève; il pourra rendre les souscriptions annuelles et même permettre d'accueillir celles qui seraient offertes à la commission administrative, à telle ou telle condition qui ne serait pas onéreuse pour la caisse; il pourra autoriser la commission à déléguer ses pouvoirs, dans telle ou telle limite, à un comité, ou lui réserver l'administration directe de la caisse; enfin, il se prêtera à toutes les combinaisons qui pourraient attirer le plus grand nombre possible de souscripteurs.

Je ne puis en ce moment prendre aucun engagement quant à la participation des fonds de l'État à l'alimentation de ces caisses; mais mon vif désir est de pouvoir bientôt leur venir en aide. Mon intention serait donc de leur accorder, par exemple, soit tous les deux ans, soit annuellement, une somme égale au dixième du chiffre total des souscriptions. Cette somme serait versée entre les mains du percepteur, receveur municipal, que la loi charge gratuitement de ce service, et qui pourra, dès lors, être membre de droit du comité.

Veuillez donc, Monsieur le Préfet, inviter les conseils municipaux à délibérer sur cette création dans leur prochaine session du mois de mai courant, en leur faisant remarquer que ces caisses n'ont d'autre but que de leur venir en aide en intéressant à la prospérité des écoles un plus grand nombre de personnes, et en se chargeant des menus frais auxquels les ressources financières de la commune ne pourraient subvenir.

Vous voudrez bien m'envoyer à part, soit la délibération même, si elle présente quelque intérêt, soit une copie des statuts que vous auriez approuvés. Je désire enfin que vous me teniez régulièrement au courant de la création de ces caisses et que vous m'adressiez, pour quelques-unes d'entre elles, des propositions de secours. Je m'empresserai d'y faire droit aussitôt que cela me sera possible. Vous aurez enfin à mettre ces délibérations, avec un résumé des votes, sous les yeux du Conseil général, et à l'inviter à voter la somme qu'il croira nécessaire pour contribuer à l'établissement et l'entretien des caisses des écoles. Il va sans dire que le Conseil général pourra indiquer d'avance la destination précise ainsi que le mode de distribution de ces fonds, mais qu'il ne devra y affecter aucune partie des centimes spéciaux consacrés aux dépenses de l'instruction primaire, si l'insuffisance de ces centimes le forçait déjà de recourir aux subventions de l'État. Les caisses des écoles, partout où elles existent, notamment dans le deuxième et le dix-neuvième arrondissement de Paris, ont efficacement aidé à combattre l'ignorance et à diminuer le nombre des illettrés. Elles sont en honneur en Suisse où, par un touchant usage, les nouveaux époux déposent le jour des noces, dans la caisse des écoles, une sorte d'offrande à l'enfance.

Inspection des écoles libres tenant lieu d'écoles publiques.

L'article 36, § 4, de la loi du 15 mars 1850 porte ce qui suit :

« Le Conseil départemental peut dispenser une commune
« d'entretenir une école publique, à condition qu'elle
« pourvoira à l'enseignement primaire gratuit, dans une

« école libre, de tous les enfants dont les familles sont
« hors d'état d'y subvenir. Cette dispense peut toujours
« être retirée. »

Cette disposition de la loi était incomplète. En donnant
à quelques écoles libres les avantages assurés aux écoles
publiques, et en ne les soumettant pas aux mêmes règles, on leur conférait un véritable privilége, puisque
l'Etat renonçait à leur susciter la concurrence d'une école
publique, et qu'il ne lui était pas possible de s'assurer si
l'enseignement qui y était donné aux enfants répondait
réellement à leurs besoins. Le même article disait, il est
vrai, que la dispense d'entretenir une école publique
donnée à une commune pouvait toujours être retirée;
mais, à ma connaissance, il n'a jamais été usé d'office de
cette faculté, même en présence d'abus qu'il eût été facile de prévoir. Quelques instituteurs ou institutrices, qui
dirigeaient des écoles libres tenant lieu d'écoles publiques,
prétendaient limiter le nombre des élèves gratuits qu'ils
devaient recevoir; d'autres voulaient avoir le choix de
ces enfants; d'autres, et c'est le plus grand nombre,
surtout parmi les écoles de filles, réunissaient les enfants
pauvres dans la partie la plus mal disposée de leur local,
et leur donnaient une instruction insuffisante, réservant
tous leurs soins pour les élèves payants. Ces écoles, ordinairement patronnées par des personnes riches et in-
fluentes, et appartenant, pour la plupart, à des communautés religieuses, ne tardaient pas à recevoir des
donations ou des legs qui en assuraient l'existence et les
rendaient complétement indépendantes. Aucune chance
de succès n'était ainsi réservée à l'établissement d'écoles
publiques, et les communes subissaient avec résignation
un état de choses qui était assez souvent contraire
aux intérêts bien entendus de la population comme
aux sentiments de l'autorité municipale. L'article 17
de la nouvelle loi, en soumettant ces écoles à l'inspection comme les écoles publiques, a donc fait un
acte de protection et de justice. Désormais, on pourra
s'assurer si l'école libre, dont la seule présence est un
obstacle à l'existence d'une école publique, la remplace
en effet, et si elle satisfait complétement aux obligations qu'elle a contractées. L'inspection de ces écoles
ne devra donc plus se borner à constater, comme la lo
l'exige à l'égard des écoles libres, si l'enseignement n'y
est pas contraire à la morale, à la Constitution et aux

lois ; elle devra s'assurer si tous les enfants y reçoivent l'instruction que leur offrirait une école publique, et si tous y sont l'objet des mêmes soins. Cette inspection, j'ai à peine besoin de le dire, ne sera jamais tracassière, et, tout en recommandant la suppression des abus qu'elle pourrait rencontrer, elle n'oubliera pas qu'elle est en présence d'écoles qui rendent de véritables services, surtout dans les communes pauvres, et ont un droit particulier à la protection de l'Etat.

Recours des instituteurs contre l'opposition faite à l'ouverture des écoles libres.

Au surplus, l'article 19 de la nouvelle loi, comme toute la pratique de l'administration, témoigne assez du respect de l'autorité envers la liberté de l'enseignement pour qu'il soit inutile de l'affirmer ici de nouveau. L'article 28 de la loi du 15 mars 1850 donnait au Conseil départemental le droit de juger, à bref délai, contradictoirement et sans recours, l'opposition faite par vous à l'ouverture d'une école primaire libre; l'article 64 de la loi admettait, au contraire, et, dans le même cas, lorsqu'il s'agissait d'un établissement d'instruction secondaire, un appel de la décision du Conseil départemental devant le Conseil impérial de l'instruction publique, dont la loi a fait le gardien suprême de la liberté d'enseignement. Une semblable différence ne pouvait se comprendre. Vainement pourrait-on dire que les écoles primaires étant beaucoup plus nombreuses que les écoles secondaires, le Conseil impérial de l'instruction publique eût été appelé à statuer sur un trop grand nombre de pourvois: une semblable raison, et je n'en connais pas d'autres, n'est pas admissible, et je suis étonné que les personnes qui tiennent le plus à la liberté de l'enseignement n'aient pas été frappées depuis longtemps des inconvénients d'une semblable législation. Ce n'est pas, je me hâte de le dire, que MM. les Préfets aient obtenu des Conseils départementaux la confirmation d'actes susceptibles d'être réformés par le Conseil impérial; je rends, sous ce rapport, pleine justice aux jugements qui ont été prononcés; mais ces jugements ont été souvent contestés par les parties intéressées, et nul ne pouvait comprendre dans ce cas que la loi leur refusât la garantie qu'elle accordait au simple bachelier voulant ouvrir une école secondaire libre; cette différence de brevets ne leur paraissait pas devoir entraîner une inégalité des droits du citoyen devant la loi. Il n'en sera plus de même désormais. Vous devrez donc, Monsieur le Préfet, lorsque vous notifierez à un instituteur le jugement du Conseil départemental, confirmatif de votre opposition à l'ouverture d'une école, lui faire savoir que la loi lui accorde dix jours pour se pourvoir, à dater de la notification de la décision du Conseil départemental. Cet appel devra être déposé à la préfecture et il en sera donné un récépissé. Vous me transmettrez le tout avec les pièces à l'appui, et vous y joindrez non-seulement la décision frappée d'appel du Conseil départemental, mais toutes les pièces qui vous auront déterminé à former votre opposition. Vous voudrez bien aussi me donner les explications que vous jugerez convenables sur le pourvoi même de l'instituteur. Ces pourvois seront soumis au Conseil impérial dans sa première session, mais ils ne seront pas suspensifs, l'article 29 de la loi du 15 mars 1850 n'étant à cet égard modifié en quoi que ce soit par la loi du 10 avril 1867.

Les instituteurs libres ne peuvent recevoir des enfants des deux sexes sans l'autorisation du Conseil départemental.

L'article 15 de la loi du 15 mars 1850 donnait au Conseil départemental le droit de déterminer *les cas où les communes pouvaient provisoirement établir ou conserver* des écoles primaires où seraient admis des enfants de l'un et l'autre sexe. Cette disposition était conforme au principe d'après lequel il devait être établi des écoles différentes pour chaque sexe. Cependant l'article 52 de la même loi portait qu'aucune école *publique où libre* ne pouvait, sans l'autorisation du Conseil départemental, recevoir des enfants des deux sexes, s'il existait dans la commune une *école publique ou libre de filles*, ce qui impliquait, sinon une contradiction manifeste, du moins une certaine confusion. En effet, l'article 15 supposait qu'une commune ne pouvait établir une école mixte sans l'autorisation du Conseil départemental, et l'article 52 lui donnait le droit d'établir cette même école, s'il n'y avait pas d'école publique ou libre dans la même commune. Malheureusement, la première disposition ne s'appliquait qu'aux écoles publiques, alors que la dernière s'appliquait également aux écoles libres ; ainsi, tandis qu'en vertu de l'article 15, la commune ne pouvait établir une école publique mixte sans l'autorisation du Conseil départemental, l'école libre pouvait se rendre mixte à la seule condition qu'il n'y eût pas d'école publique ou libre *de filles* dans la commune. La circulaire du 24 décembre 1850 avait donné à cette disposition de la loi une interprétation contraire à cette prétention ; mais elle a été contestée, et, en l'absence d'un texte précis, des écoles libres ont pu réunir des enfants de deux sexes et, par conséquent, perpétuer un état de choses auquel le Gouvernement s'efforce de mettre un terme, et le continuer dans les conditions qui présentent le moins de garanties. L'article 21 de la nouvelle loi ne permet plus le moindre doute : il soumet l'école libre qui veut recevoir des enfants des deux sexes à l'obligation d'en obtenir préalablement l'autorisation. Il ne faut pas oublier que des communes peuvent être dispensées d'entretenir une école publique, à la condition de pourvoir à l'enseignement gratuit des enfants pauvres dans une école libre, et que ces écoles, la plupart du temps uniques dans la commune, ne suppléeraient qu'imparfaitement à l'absence d'écoles publiques, si elles ne pouvaient être autorisées à recevoir les deux sexes ou si elles n'y consentaient pas ; mais, hors ces cas, les écoles libres dirigées par un instituteur ne doivent recevoir que les garçons, et les filles ne doivent être admises que dans les écoles dirigées par des institutrices. Vous voudrez donc bien, Monsieur le Préfet, donner les ordres nécessaires pour mettre un terme à un état de choses que l'esprit de la loi de 1850 condamnait, et contre lequel la loi nouvelle édicte une pénalité. Il va sans dire que, si vous vous trouviez en présence de quelques faits particuliers dignes d'être pris en considération, vous auriez soin d'en référer au Conseil départemental et de lui proposer le maintien, au moins provisoire, de l'organisation qui aurait appelé votre attention. Le vœu du législateur est de prévenir le danger des écoles mixtes ; il a fait de grands efforts et il impose de grands sacrifices au pays dans ce but ; mais, en admettant l'intervention du Conseil départemental, la loi a permis de tenir compte de toutes les circonstances qu'elle n'avait pu prévoir et qui seraient de nature à intéresser le développement de l'instruction primaire.

De l'âge d'admission des enfants dans les écoles publiques lorsqu'il y a une salle d'asile dans la commune.

Je crois devoir appeler d'une manière toute particulière votre attention sur l'article 21 de la loi. Cet article ne permet à aucune école publique ou libre de recevoir, sans l'autorisation du Conseil départemental, des enfants au-dessous de six ans, s'il existe dans la commune une salle d'asile publique ou libre.

Selon l'usage que fera le Conseil départemental de la faculté qui lui est ainsi conférée, cette disposition produira les effets les plus salutaires ou aura, pour quelques écoles, des résultats désastreux. Il importe de se rendre un compte très-exact de la pensée qui l'a dictée et de l'esprit dans lequel elle doit être exécutée.

Les salles d'asile sont une institution qu'on ne saurait trop encourager. Considérées d'abord comme des établissements en quelque sorte de bienfaisance, destinées à venir en aide aux familles pauvres qui ne pouvaient se livrer hors de leur domicile à des travaux indispensables sans abandonner leurs jeunes enfants sur la voie publique ou sans les tenir enfermés, hors de toute surveillance, dans de pauvres logis, les salles d'asile n'ont pas tardé à être partout appréciées comme un puissant moyen d'éducation. Repoussées d'abord par le clergé, qui en avait méconnu l'utilité, exclusivement dirigées par des laïques, les congrégations religieuses de femmes répugnant à se charger d'élever des petits garçons, les salles d'asile ont triomphé de tous les obstacles, conquis l'appui du clergé et attiré à elles un si grand nombre de communautés religieuses, qu'aujourd'hui 2609 salles d'asiles, sur 3572, sont dirigées par des sœurs. Mais ici, comme en toutes choses, il faut se garder de l'exagération, et les succès des salles d'asile ont failli en compromettre l'avenir. Au lieu de se borner à donner les premières connaissances utiles et qui doivent être l'objet d'un enseignement verbal, on a tenté, dans quelques établissements, d'y développer l'instruction et d'en faire ainsi de véritables écoles. Il faut cultiver de bonne heure l'intelligence des enfants, mais on doit se garder de la fatiguer et de l'appauvrir à jamais en la surexcitant outre mesure.

Des précautions ont donc été prises pour conserver à ces petites maisons d'éducation le caractère qui leur est propre. D'autres dangers les ont encore menacées. Ici, tel instituteur libre, ayant à soutenir la concurrence redoutable d'une école publique et craignant qu'au sortir de la salle d'asile les familles ne fussent amenées à placer leurs enfants dans cette école, les attirait dès leur plus jeune âge et les soumettait à un régime qui leur était très-défavorable. Or, la loi n'ayant établi aucune pénalité à cet égard, on ne pouvait que difficilement s'opposer à cet état de choses, et une foule d'enfants, au lieu d'aller à l'asile, où se font des exercices propres à leur âge, s'étiolaient sur les bancs de l'école, assistant à des leçons qu'ils ne pouvaient comprendre, obligés à un profond silence pendant de longues heures, et privés de l'air et du mouvement si indispensables à leur âge.

L'article 21 de la loi permettra de mettre un terme à de pareils abus et de punir les maîtres qui persisteraient à les perpétuer.

Mais ici, Monsieur le Préfet, vous rencontrerez d'autres inconvénients que vous ne négligerez pas de signaler, dans l'occasion, au Conseil départemental. Lorsqu'une commune n'a pu établir une salle d'asile à côté de son école publique, et lorsque cette école a à soutenir la concurrence d'une école libre, la directrice de l'école libre, en vue d'y attirer tous les enfants, ouvre dans une salle particulière ce qu'elle appelle une salle d'asile, puis revendique le droit exclusif d'y recevoir les enfants au-dessous de six ans, se réservant de les faire passer dans l'école au fur et à mesure qu'ils atteignent l'âge d'y être admis. On conçoit qu'un semblable procédé tende à tarir en peu de temps la source du recrutement de l'école publique, à qui il est alors défendu de recevoir des enfants au-dessous de six ans. L'institutrice libre jouit, dans ce cas, d'un véritable privilége, sans grand profit pour les enfants, mais au grand détriment de l'école publique, comme de la commune, qui voit diminuer chaque jour le produit de la rétribution scolaire. C'est ainsi qu'on est quelquefois arrivé à faire supprimer l'école publique ou à la remplacer par l'école libre, qui avait préparé et réalisé sa ruine.

Dans quelques départements, on a reconnu ce danger,

et les règlements particuliers des écoles n'ont imposé aux écoles publiques l'obligation de fermer leurs portes aux enfants au-dessous de six ans que s'il y avait dans la commune une salle d'asile *publique*. Mais alors des précautions ont dû être prescrites pour que les plus jeunes enfants fussent soumis dans l'école à un régime particulier, et pour qu'on leur donnât toutes facilités de prendre plus longtemps et plus librement leurs ébats au grand air. La loi nouvelle, exclusivement favorable en ce point aux salles d'asile, étend sa prescription au cas où il y aurait une salle d'asile libre dans la commune, et cette prescription aura d'immenses avantages partout où la salle d'asile formera un établissement spécial, qui ne sera pas destiné à frapper de mort l'école publique. L'article 21, prévoyant toutefois la possibilité d'un abus de ce genre, permet au Conseil départemental d'autoriser les écoles publiques à recevoir des enfants au-dessous de six ans, même en présence d'une salle d'asile, et elle laisse à ces Conseils la libre appréciation des circonstances dans lesquelles ils croiront devoir accorder ces autorisations. Il vous appartiendra donc, Monsieur le Préfet, d'examiner, le cas échéant, les considérations qui pourraient motiver les exceptions à la règle, et vous n'hésiterez pas à protéger, s'il y avait lieu, les écoles publiques contre des tentatives menaçantes et intéressées.

Il y aura toutefois, Monsieur le Préfet, des précautions à prendre pour que l'intérêt des enfants ne soit jamais, dans ce cas, sacrifié à celui des écoles publiques. Il conviendra donc de prescrire aux écoles publiques les dispositions propres à y assurer aux enfants les bienfaits de la salle d'asile, et, à ce sujet, Monsieur le Préfet, je crois devoir vous entretenir des essais heureux qui ont déjà été faits dans quelques établissements pour y rendre presque insensible la transition de l'asile à l'école que trop souvent un abîme sépare.

Dans les salles d'asile, de petites classes entremêlées de mouvements divers, de chants, d'exercices variés et d'instructions ne durant jamais plus de dix minutes ; point de leçons apprises par cœur, point de devoirs écrits, mais des récits moraux faits par la directrice et qui servent de texte à de fréquentes interrogations, de longues récréations pendant lesquelles des jeux sont organisés en plein air et ont pour but de développer tout à la fois les forces physiques et l'intelligence des enfants. Rien de tout cela ne se retrouve dans les écoles où les enfants entrent en sortant de l'asile. De longues classes, précédées et suivies de longues études, des récréations courtes, trop souvent même pas de récréations; l'obligation de faire d'interminables pages d'écriture qui ne parlent pas toujours à leur esprit, d'apprendre par cœur des leçons de grammaire, des règles de calcul, et de faire des devoirs dont ils ne comprennent pas encore le but. On conçoit facilement que ce passage sans transition d'un régime qui est trop sévère à un régime très-doux, ne soit pas facilement accepté par tous les enfants et qu'un certain nombre viennent s'engourdir dans un profond ennui sur les bancs de l'école? Tous les enfants, sans exception, aiment l'asile et s'y rendent avec empressement; se rendent-ils tous avec le même plaisir à l'école?

Nous aurons une sérieuse réforme à introduire dans ce régime; en attendant, il conviendrait, Monsieur le Préfet, là où les enfants au-dessous de six ans seraient autorisés à rester dans les écoles publiques, d'y organiser pour eux une petite division qui emprunterait aux asiles quelques-uns de ses procédés, et dont le régime serait combiné de telle sorte qu'en modifiant légèrement celui de la division supérieure, la transition s'opérât presque insensiblement. Je sais que cette modification aux règlements d'études, à laquelle la femme chargée, dans les écoles mixtes, des travaux à l'aiguille pourrait être utilement employée, ne peut être faite sans l'intervention de M. le Recteur de l'Académie, qui a particulièrement sous sa direction ce qui concerne l'enseignement proprement dit; aussi je compte appeler prochainement son attention sur ce point important.

Des engagements décennaux et de la dispense du service militaire.

J'ai peu de chose à vous dire relativement à l'article 18 de la loi, concernant les engagements décennaux et la dispense du service militaire. Mes circulaires des 17 juillet 1865, 15 février et 17 mars 1866 ont eu pour but et pour résultat de mettre un terme à un abus qui constituait un privilége exorbitant au profit des associations religieuses vouées à l'enseignement. La loi de 1850 n'avait accordé la dispense du service militaire qu'aux personnes qui contractaient l'engagement de remplacer les sept ans de services militaires par dix ans de services rendus dans l'enseignement public, et qui réalisaient cet engagement. Or, les écoles libres tenues, soit par des laïques, soit par des congréganistes, étant des établissements particuliers et essentiellement mobiles, subissant toutes les chances bonnes ou mauvaises des spéculations privées, et s'ouvrant et se fermant à la volonté de ceux qui les entreprenaient, ne pouvaient conférer aux maîtres qui les dirigeaient ou à ceux qui y étaient employés, le caractère de fonctionnaires publics; par conséquent, leurs services ne pouvaient être assimilés aux services rendus dans les écoles communales.

La loi nouvelle, consacrant ce principe, y a fait toutefois une légitime exception : elle permet de réaliser l'engagement décennal dans les écoles libres tenant lieu d'écoles publiques, mais uniquement dans celles de ces écoles qui auront été désignées pour remplir cette mission par le Ministre de l'instruction publique, après avis du Conseil départemental. Ainsi se trouve modifié le troisième paragraphe de l'article 15 de la loi de 1850. Aux termes de cet article, le Conseil départemental dispensait une commune d'entretenir une école publique et laissait à cette commune le soin de traiter avec une école libre pour y assurer l'admission gratuite des enfants indigents; il faudra désormais que cette école libre soit spécialement désignée par le Ministre, sur la proposition du Conseil départemental. S'il en était autrement, l'instituteur titulaire, non plus que ses adjoints, ne sauraient être considérés comme remplissant les conditions de l'engagement. Quant à ces derniers, qui continueront d'être nommés et révoqués par les instituteurs, le nombre en sera déterminé par le Conseil départemental, afin de prévenir les abus qui auraient pu très-aisément se produire, et ils devront être agréés par vous. Tout instituteur adjoint qui n'aurait pas été nommé avec votre agrément, soit par l'instituteur laïque, soit par le supérieur de la congrégation dont il fait partie, ne serait pas dans une situation régulière au point de vue de l'engagement décennal, et perdrait son droit à la dispense.

La loi de 1850 permet aux élèves des écoles normales primaires, aux novices des associations religieuses légalement reconnues, et aux instituteurs adjoints des écoles publiques, de contracter un engagement décennal, à la charge de le réaliser dans un établissement public. Le deuxième paragraphe de l'article 18 de la loi nouvelle concède la même faveur aux instituteurs adjoints des écoles libres désignées pour tenir lieu d'écoles publiques. Cette extension d'un privilége précieux montre le désir du Gouvernement et du législateur de favoriser tous ceux qui servent l'intérêt général.

En résumé, Monsieur le Préfet, je vous recommande d'exécuter la loi nouvelle avec un esprit ennemi des vaines formalités et des restrictions inutiles. Vous ne devrez rien négliger des garanties que cette loi assure à l'État, c'est-à-dire à la société; mais vous n'exigerez rien au delà, et vous aurez soin, dans toutes les circonstances où il y aurait lieu d'interpréter telle ou telle disposition, de vous inspirer des principes de liberté qui sont l'esprit même de cette circulaire.

L'œuvre que la loi du 10 avril nous donne le devoir et l'honneur d'accomplir nécessitera, Monsieur le Préfet, beaucoup d'efforts et de persévérance ; mais je suis assuré d'avance de votre concours le plus résolu et de votre dévouement le plus actif pour répondre à la confiance de l'Empereur, au vœu des grands Corps de l'État et à un des intérêts les plus pressants du pays : car nul doute aujourd'hui qu'avec une instruction bien appropriée aux besoins de chacun, on ne forme véritablement des hommes, de plus habiles ouvriers et de meilleurs citoyens.

Recevez, Monsieur le Préfet, l'assurance de ma considération la plus distinguée.

Le Ministre de l'instruction publique,

V. DURUY.

INSTRUCTION COMPLÉMENTAIRE

POUR L'EXÉCUTION DE LA LOI DU 10 AVRIL 1867 SUR L'ENSEIGNEMENT PRIMAIRE.

(30 juin 1867).

Monsieur le Préfet,

Ma circulaire du 12 mai dernier, en vous transmettant un certain nombre d'exemplaires de la loi du 10 avril 1867, vous faisait connaître dans quel sens le Gouvernement entendait que cette loi fût interprétée et les mesures préparatoires que vous aviez à prendre pour arriver à la mettre à exécution, du moins dans la mesure du possible, à partir du 1er janvier prochain.

Déjà plusieurs préfets ont appelé les conseils municipaux à délibérer sur les points qui doivent être préalablement soumis à ces assemblées locales; mais, comme les instructions dont je viens de parler plus haut ont pu arriver tardivement à quelques-uns de vos collègues, je crois devoir rappeler ici, très-succinctement, les questions qui tout d'abord doivent être examinées par les conseils municipaux, puis par les Conseils départementaux, afin que chaque préfet ait, en temps utile, les éléments du travail qu'il est appelé à mettre sous les yeux du Conseil général, et que ce dernier puisse, à son tour, voter les fonds nécessaires pour couvrir les dépenses que la loi du 15 mars 1850 et la loi nouvelle mettent à la charge des budgets départementaux.

Vous voudrez donc bien, Monsieur le Préfet, dès la réception de cette circulaire et si vous ne l'avez pas déjà fait, provoquer les délibérations des Conseils municipaux de votre département :

1° Sur le nombre d'écoles spéciales aux garçons, mixtes, spéciales aux filles, de hameau et de cours d'adultes qu'il y a lieu d'ouvrir ou de conserver dans chaque commune.

Si la population de la commune est supérieure à cinq cents âmes et que des raisons majeures puissent justifier une exception, qui d'ailleurs doit être fort rare, le conseil municipal pourra demander à être dispensé d'entretenir une école spéciale de filles;

2° Sur le chiffre du traitement à allouer aux directeurs et aux directrices des écoles de hameau, s'il doit y en avoir dans la commune;

3° Sur l'opportunité d'affecter une portion de la rétribution scolaire au traitement des instituteurs adjoints et des institutrices adjointes;

4° Sur le chiffre de l'indemnité à accorder aux directeurs et aux directrices des cours d'adultes communaux;

5° Sur l'établissement, s'il y a lieu, de la gratuité absolue dans les écoles publiques;

6° Sur la fixation du taux de rétribution destiné à déterminer le traitement éventuel de l'instituteur et de l'institutrice. Je saisis cette occasion pour rappeler que ce traitement éventuel, même lorsqu'il procure à l'instituteur ou à l'institutrice un émolument total supérieur aux *minima* garantis, leur est assuré pour l'année courante, comme ces *minima* eux-mêmes, par la commune, le département et l'État Qu'il s'agisse par exemple d'un instituteur pour lequel s'ajoutent au traitement fixe de 200 francs, 1° un produit de rétribution scolaire soldé par 34 élèves payants à 12 francs et égal à 408 francs, 2° un traitement éventuel qui, calculé à raison de 10 francs par élève gratuit en vertu d'une fixation faite par le préfet, qui peut la modifier chaque année, donnerait pour 36 gratuits, 360 francs : le total de ces émoluments, qui atteint 968, dépasse de 268 l'ancien *minimum* de 700 francs. Cet excédant, si la commune est pauvre, si les trois centimes spéciaux de la commune font défaut, sera garanti intégralement, comme le reste, par le département et l'État;

7° Sur la conversion, si le conseil municipal juge à propos de la demander, du traitement composé de l'instituteur et de l'institutrice en un traitement fixe. Cette conversion ne pourra être demandée qu'autant que la commune n'aura recours ni au département, ni à l'État, pour couvrir la dépense de ses écoles.

En vous transmettant les délibérations prises par leur conseil municipal, chacun de MM. les maires aura le soin de vous faire connaître celles des innovations consacrées par la loi du 10 avril 1867 qui ne pourraient, par un motif qu'on devra vous faire connaître, recevoir leur application à partir du 1er janvier.

Toutes ces questions, sauf celle inscrite sous le n° 4 et sur laquelle je statuerai après proposition de votre part, seront transmises sans aucun retard au Conseil départemental, qui prendra une décision sur les n°s 1 et 3, et donnera son avis sur les n°s 2, 5, 6 et 7.

Toutefois le Conseil départemental pourra être saisi dès à présent des questions suivantes :

1° Désignation des écoles libres dans lesquelles l'engagement décennal pourra être réalisé ;

2° Désignation des écoles dans lesquelles il devra y avoir un ou plusieurs adjoints ou adjointes.

Les délibérations des conseils municipaux et du Conseil départemental réunies entre vos mains, vous aurez à prendre les décisions que la loi laisse à votre autorité. En ce qui concerne la division en deux classes des institutrices communales et des instituteurs adjoints, M. l'inspecteur d'Académie vous fera des propositions écrites en s'inspirant des instructions du 12 mai dernier.

Quant aux délibérations du Conseil départemental qui doivent recevoir mon approbation, vous voudrez bien opérer de la manière suivante :

Les délibérations relatives au nombre d'écoles à ouvrir ou à maintenir dans chaque commune devront être résumées dans un état en double expédition, conforme au modèle ci-joint[1], comprenant : 1° le nom des communes ; 2° la population ; 3° le chiffre des écoles à ouvrir, avec indication, dans des colonnes différentes, du genre de chaque école. Une expédition de cet état, certifiée conforme aux délibérations du Conseil départemental, vous sera retournée revêtue de mon approbation.

Les délibérations relatives à la désignation des écoles dans lesquelles il y aura lieu de recevoir un ou plusieurs

---

1. Ces états, d'un intérêt purement administratif, ne sont pas insérés dans ce Recueil.

adjoints ou adjointes seront également résumées dans un état en double expédition, dont le modèle est également ci-joint, et qui fera connaître : 1° le nom de la commune ; 2° le chiffre d'élèves admis dans l'école ; 3° le nombre de maîtres ou de maîtresses à adjoindre à l'instituteur ou à l'institutrice titulaire. Expédition de cet état, certifiée par vous comme le précédent, vous sera également retournée avec mon approbation.

Les dossiers que vous aurez à me transmettre, pour les communes qui demanderont l'établissement de la gratuité absolue, devront être composés :

1° D'une délibération du conseil municipal votant en principe la mesure projetée;

2° D'une délibération du Conseil départemental portant avis de cette assemblée;

3° De la délibération portant vote de l'imposition extraordinaire de quatre centimes;

4° De votre avis personnel faisant connaître les charges qui incomberaient au département et à l'État.

Ma décision vous sera notifiée immédiatement.

Toutes ces formalités remplies, vous aurez par devers vous, Monsieur le Préfet, les éléments nécessaires pour établir votre travail des dépenses présumées de l'exercice 1868.

Ici trouve place une observation que je vous ai déjà faite dans ma circulaire du 12 mai, mais que je crois néanmoins utile de reproduire.

Beaucoup de communes, soit faute de locaux disponibles, soit par l'impossibilité dans laquelle vous serez de trouver immédiatement le nombre nécessaire d'institutrices, soit enfin par tout autre motif que vous aurez d'ailleurs à apprécier, ne pourront, dès la première année, se conformer aux prescriptions de la loi. Vous devrez donc tenir compte, dans vos prévisions de dépenses, des cas où forcément un délai devra être accordé aux communes pour remplir toutes leurs obligations légales.

Vos états de dépenses présumées seront établis, pour cette année et pour l'année prochaine, sur les formules ci-jointes, bien qu'elles soient destinées à servir de modèles pour l'impression des états de liquidation des dépenses d'après la loi nouvelle. A partir de 1869, l'état de liquidation de l'exercice précédent, auquel vous ajouterez s'il y a lieu une feuille supplémentaire indiquant les changements présumés, fera connaître au Conseil général le montant des dépenses de l'instruction primaire auxquelles il faudra pourvoir l'année suivante.

En plaçant sous les yeux du Conseil général l'état des dépenses à faire en 1868 et en l'invitant à voter, conformément à l'article 14 de la loi du 10 avril dernier, les trois centimes spéciaux destinés au service de l'instruction primaire, vous voudrez bien, Monsieur le Préfet, appeler l'attention de cette assemblée sur les services que cette loi doit rendre à nos populations et sur les efforts que chacun, dans la sphère d'action qui lui est dévolue, doit faire pour seconder les vues du Gouvernement de l'Empereur. Si les résultats à obtenir sont immenses, nous ne devons pas nous dissimuler que les obstacles sont nombreux et qu'au premier rang de ceux-ci il faut placer la question financière. Sans doute, en imposant aux départements le sacrifice d'un troisième centime, le législateur a créé, pour l'exécution de son œuvre, une ressource précieuse; mais il n'ignorait pas qu'elle serait loin d'être suffisante et il a surtout compté sur le bon esprit qui anime les Conseils généraux et sur leur dévouement aux populations qu'ils représentent pour assurer, avec le concours de l'État, à un service si digne de l'intérêt de tous, la dotation sans laquelle les efforts les plus persévérants resteraient peut-être stériles. Les assemblées départementales sont surtout appelées, dans la pensée du législateur, à contribuer par des prélèvements volontaires sur leurs ressources disponibles, 1° aux développements des cours d'adultes qui comportent, en dehors de l'indemnité garantie aux instituteurs, plusieurs dépenses accessoires; 2° la gratuité absolue des écoles primaires lorsqu'elle sera demandée par les conseils municipaux, conformément au vœu des populations, et acceptée par le Conseil départemental et l'Administration comme utile et opportune au double point de vue du dégrèvement des charges locales et du progrès de l'instruction.

Les cours d'adultes, Monsieur le Préfet, ont en ces derniers temps fait des progrès qui ont dépassé toutes les espérances et donné des résultats devant lesquels les plus incrédules ont dû s'incliner. Aussi l'entretien de ces cours, une fois créés conformément à la loi nouvelle, constitue-t-il désormais pour les communes, les départements et l'État, une dépense obligatoire au même titre que les dépenses des autres écoles publiques. Mais les ressources communales, départementales et législatives ne pourront faire face, dans un grand nombre de cas, à tous les frais d'un service qui a pris une si grande extension, et je ne doute pas que les Conseils généraux ne me mettent à même, par une allocation spéciale prise en dehors des trois centimes départementaux, de compléter l'œuvre si heureusement commencée, en accordant des subventions suffisantes pour les dépenses accessoires autres que celles dues aux maîtres et qui, bien que non prévues par l'article 14 de la loi, n'en sont pas moins indispensables.

Je vous serai obligé de m'accuser réception de cette circulaire et de vous occuper immédiatement des différents points qu'elle traite.

Recevez, Monsieur le Préfet, l'assurance de ma considération très-distinguée.

Le Ministre de l'instruction publique,
V. DURUY.

CIRCULAIRE SUR L'APPLICATION

DE L'ARTICLE 8 DE LA LOI DU 10 AVRIL 1867.

(2 août 1867.)

Monsieur le Préfet,

Au moment où les conseils municipaux vont se réunir pour délibérer, en ce qui les concerne, sur la mise à exécution de la loi du 10 avril 1867, relative à l'enseignement primaire, je dois ajouter à mes circulaires des 12 mai et 30 juin derniers une communication destinée à appeler tout particulièrement votre attention sur un point important qui touche à l'application de l'article 8 de cette loi.

Aux termes de cet article, toute commune qui veut profiter de la loi nouvelle pour établir la gratuité complète dans ses écoles peut voter, à cet effet, en sus des trois centimes spéciaux, *quatre centimes additionnels extraordinaires.*

Il doit être bien entendu que ces quatre centimes additionnels, autorisés par la loi elle-même, sont complétement en dehors du nombre *maximum* de centimes communaux extraordinaires que fixe chaque année le Conseil général, en vertu de l'article 4 de la loi du 18 juillet 1866 sur les Conseils généraux. Cet article 4 parle, en effet, des centimes affectés à des dépenses *extraordinaires*, et autorisés dans les conditions du droit commun. L'article 8 de la loi du 10 avril 1867, au contraire, crée une catégorie toute spéciale de centimes extraordinaires, affectés à une dépense ordinaire et autorisés d'avance d'une manière générale par la loi, dans la même forme que les trois centimes spéciaux.

Cette distinction est consacrée par le texte même de

la loi de finances de 1868. L'état B annexé à cette loi, et à la seconde partie duquel se réfère son article 9, qui autorise la perception des centimes additionnels affectés aux dépenses départementales et spéciales, porte, en effet, ce qui suit :

Fonds pour dépenses communales :

....

Centimes pour dépenses extraordinaires.......... (approuvés par des actes du Gouvernement, par des arrêtés des préfets ou votés par les conseils municipaux *dans la limite du maximum fixé par le Conseil général*).....

....

Centimes pour dépenses de l'instruction primaire { autorisés par la loi du 15 mars 1850 (maximum, 3 centimes); autorisés par l'article 8 de la loi du 10 avril 1867 (maximum, 4 centimes).

Veuillez, Monsieur le Préfet, pour aller au-devant des doutes qui pourraient se produire à cet égard dans le sein des conseils municipaux, faire publier la présente circulaire dans votre Bulletin de l'instruction primaire, ou, à son défaut, dans le Bulletin administratif de votre département.

Recevez, Monsieur le Préfet, l'assurance de ma considération très-distinguée.

Le Ministre de l'instruction publique,

V. DURUY.

NOUVELLES INSTRUCTIONS

POUR L'EXÉCUTION DE LA LOI DU 10 AVRIL 1867 SUR L'ENSEIGNEMENT PRIMAIRE.

(17 octobre 1867.)

Monsieur le Préfet,

Pour compléter les instructions que je vous ai adressées au sujet de l'exécution de la loi du 10 avril 1867 sur l'enseignement primaire, je dois vous entretenir, d'une part, de ce qui concerne spécialement la gratuité absolue; d'autre part, du classement qui doit être établi entre les dépenses obligatoires résultant de cette loi, au point de vue de leur imputation successive sur les ressources communales et départementales et sur les fonds de l'État.

Gratuité absolue.

Un certain nombre de communes, voulant assurer la gratuité absolue de leurs écoles, ont voté l'imposition extraordinaire de quatre centimes, prévue par l'article 8 de la loi du 10 avril 1867, et déjà quelques conseils départementaux ont donné un avis favorable à l'exécution de cette mesure; enfin, beaucoup de préfets constatent, dans leurs derniers rapports trimestriels, les vœux des populations en faveur de la gratuité, et plusieurs m'ont demandé s'ils devaient comprendre, dès maintenant, le montant des impositions votées à cet effet par les conseils municipaux dans les rôles qui seront mis en recouvrement à partir du 1er janvier prochain.

En se pénétrant de l'esprit de la loi du 10 avril dernier, on doit reconnaître que cette mise en recouvrement immédiat serait au moins prématurée dans les départements où les communes doivent recourir aux subventions de l'État, mais que rien ne s'oppose à ce que ces impositions soient mises en recouvrement là où elles suffiraient à la dépense, soit seules, soit avec l'aide des subventions votées à cet effet par le Conseil général. L'article 8 de ladite loi porte qu'en cas d'insuffisance des ressources affectées à la gratuité absolue de l'enseignement, *une subvention peut être accordée à la commune sur les fonds départementaux, et, à leur défaut, sur les fonds de l'État, dans les limites du crédit spécial porté annuellement à cet effet au budget du ministère de l'instruction publique.* Pour déterminer approximativement le chiffre de ce crédit, il fallait attendre le résultat des votes des conseils municipaux, et le budget du ministère de l'instruction publique, voté avant l'époque où ces conseils se sont réunis, ne pouvait contenir encore, pour 1868, aucun crédit spécial applicable à la gratuité absolue de l'enseignement; il ne me serait donc pas possible d'accorder, dès aujourd'hui, aux communes qui en auraient besoin, les subventions sur lesquelles elles devraient compter. J'espère que, lors de la présentation du budget rectificatif de 1868, cette lacune sera comblée, mais j'ignore encore dans quelle mesure, la loi laissant à cet égard tout pouvoir au législateur. Il convient néanmoins de préparer dès à présent l'exécution de la loi, de telle sorte que les crédits puissent être employés aussitôt qu'ils seront mis à ma disposition. Vous aurez donc soin, Monsieur le Préfet, de classer les communes qui ont déjà voté les quatre centimes et celles qui les voteront, soit dans leur session de novembre prochain, soit dans celle de février 1868, suivant l'importance de leurs besoins. C'est aux populations pauvres que la loi a voulu assurer le bénéfice de la gratuité de l'enseignement. C'est donc par les communes les plus intéressantes à ce point de vue, que nous commencerons la distribution de nos subsides.

Lorsque vous aurez ainsi classé les communes dans l'ordre de leurs besoins, et lorsque le Conseil départemental aura approuvé, non-seulement les demandes des conseils municipaux, mais encore le classement de ces demandes, vous voudrez bien m'envoyer le tableau que vous en aurez dressé et dont je vous communique ci-joint un modèle (Tableau A[1]). Je pourrai alors, aussitôt que je connaîtrai le montant du crédit voté par le Corps législatif, en faire la répartition entre tous les départements, et vous indiquer les communes qui devront y participer. Il va sans dire que les fonds de l'État ne doivent supporter cette dépense qu'à défaut des fonds départementaux, et que, par conséquent, les départements dont les Conseils généraux n'auraient voté que la portion des trois centimes spéciaux départementaux strictement nécessaire pour subvenir aux dépenses ordinaires d'entretien des écoles, et qui, bien qu'ayant ainsi à leur disposition les fonds libres provenant de ces trois centimes, auraient omis ou refusé de voter une subvention pour la gratuité absolue, pourraient se voir refuser l'avantage de participer au fonds spécial porté au budget de l'État en faveur de cette gratuité. Le bienfait de la gratuité, que la loi a pour but d'assurer aux populations pauvres, serait, il est vrai, ajourné, à mon grand regret, dans ces départements; mais la responsabilité de cet ajournement ne saurait remonter jusqu'à l'État; elle s'arrêterait nécessairement au Conseil général.

Je ne saurais trop vous recommander, Monsieur le Préfet, de donner une grande attention à l'ordre de classement des communes qui réclameront, en vue de la gratuité, les subsides de l'État. Si toutes ne peuvent être immédiatement secourues, il importe que les bienfaits de l'État viennent trouver celles qui en ont un plus pressant besoin, et que cette première répartition soit faite de telle sorte que les communes qui pourraient en être exclues n'aient, par comparaison, aucun motif légitime de plainte.

Dépenses ordinaires et obligatoires.

Après avoir ainsi préparé l'emploi du crédit spécial qui sera porté au budget rectificatif de 1868 pour assurer la gratuité absolue de l'enseignement là où elle sera accordée, je dois me préoccuper en même temps du

---

1. Ces tableaux, d'un intérêt purement administratif, ne sont pas insérés dans ce Recueil.

crédit nouveau nécessaire pour faire face à celles des dépenses obligatoires qui, dès 1868, peuvent et doivent être, conformément à la nouvelle loi, supportées par la commune, le département et l'État. Il y a des départements pour lesquels le concours de l'État ne sera pas réclamé en 1868 ; mais, pour beaucoup d'autres une subvention sera indispensable. Les 500 000 francs portés au budget de 1868, et votés en quelque sorte *pour mémoire*, ne permettront certainement pas d'organiser tous les services auxquels ils sont applicables, et, en vue du budget rectificatif, je chercherai, au moyen des éléments fournis par les préfets, à déterminer la mesure dans laquelle il serait urgent d'augmenter immédiatement ce crédit. Mais abstraction faite de toute augmentation ultérieure, et afin de retarder le moins possible l'exécution de la loi, il convient de déterminer ceux des services obligatoires auxquels il sera pourvu en premier lieu, soit dans la limite des ressources communales et départementales, soit subsidiairement dans les limites du crédit porté au budget de l'État. Tous les services améliorés ou créés par la loi ont un caractère également obligatoire, mais, ne pouvant tout organiser à la fois, il y a lieu de s'occuper aujourd'hui en première ligne de ceux de ces services qui ont, en outre, un caractère d'urgence et que nous sommes certains de pouvoir assurer à partir du 1er janvier prochain.

Compléments de traitements.

Et d'abord, il est de principe qu'avant de construire à nouveau, il faut consolider et entretenir ce qui existe. Commençons donc par consolider les établissements existants en assurant aux instituteurs et aux institutrices dont les revenus scolaires pourraient être affectés par l'admission d'un plus grand nombre d'élèves gratuits dans l'école payante, un traitement égal à la moyenne des émoluments scolaires légaux touchés par eux pendant les trois dernières années 1864, 1865 et 1866 ; il y a là une dette véritable, une question d'équité résolue par l'article 11 de la loi et qui domine toutes les autres. La loi de 1867 comporte l'application large et libérale du principe d'admission gratuite posé par la loi de 1850 ; tous les enfants pauvres et ceux des familles gênées pour lesquelles la rétribution scolaire est un pesant fardeau doivent être admis gratuitement dans les écoles; mais la loi de 1867 n'a pas voulu que ce fût aux dépens des instituteurs. Lorsqu'il s'agit de communes où l'instituteur n'atteint pas le minimum de 600 ou 700 francs, l'extension de la gratuité, grâce au jeu du complément légal, n'affecte pas la position de l'instituteur. Il doit en être de même dans les autres communes, et c'est pour cela que la loi accorde dorénavant à l'instituteur, en sus du produit de la rétribution scolaire payée par les parents, un traitement éventuel payé par la commune, le département ou l'État, et calculé à raison du nombre d'élèves gratuits qu'il reçoit dans son école; c'est pour cela encore qu'à titre de disposition transitoire, et au delà même du chiffre de ce traitement éventuel, la loi garantit aux instituteurs et institutrices en exercice au moment de la promulgation de la loi, un traitement égal à la moyenne des trois dernières années.

Il va sans dire cependant que cette moyenne n'est garantie à l'instituteur qu'autant que le dommage qu'il pourrait éprouver résulterait directement de l'exécution de la loi et qu'il resterait dans la même commune. Ainsi, qu'une école libre de garçons ou de filles ouverte dans la commune lui enlève un certain nombre d'élèves payants, l'instituteur éprouvera un dommage, mais ce dommage ne résultera ni de la création d'une école communale de filles, ni de celle d'une école de hameau, et, par conséquent, la loi nouvelle y sera étrangère. Mais si, par suite de ces circonstances, le dommage qu'il éprouve fait tomber son traitement au-dessous des *minima* de 600 et de 700 francs mentionnés dans le quatrième paragraphe de l'article 10 de la loi, l'instituteur ou l'institutrice aura droit, non plus à la moyenne de son traitement pendant les trois dernières années, mais au complément prévu par l'article précité et destiné à lui assurer l'un des *minima* déterminés. Qu'au contraire un instituteur qui recevait l'année dernière quarante élèves payants, soit contraint aujourd'hui d'en recevoir dix d'entre eux gratuitement, il pourra légitimement prétendre au bénéfice de l'article 11, puisque la transformation de dix élèves payants en dix élèves gratuits fera tomber son traitement au-dessous de la moyenne des trois dernières années. C'est à vous qu'il appartient d'apprécier équitablement toutes ces circonstances et de ne porter sur vos états de dépenses pour compléments de ce genre que les instituteurs qui y auront des droits incontestables.

La disposition transitoire de l'article 11, comme l'article 10 lui-même dont il va être parlé, ne doit s'appliquer qu'aux institutrices en exercice, au moment de la promulgation de la loi, dans les communes de 500 habitants et au-dessus.

Au même rang que l'application des dispositions transitoires de l'article 11, je place, en ce qui concerne les institutrices, l'application de l'article 10 de la loi, qui leur garantit un traitement d'au moins 400 francs. La création de nouvelles écoles de filles dans les communes de 500 âmes peut être entravée par différentes causes. Toute la sollicitude de l'Administration ne fera point, par exemple, que les maisons d'école nécessaires soient construites en quelques mois. Puisque la loi de 1850 n'est pas encore complétement exécutée à cet égard, nous ne pouvons espérer que celle de 1867 le soit au lendemain du vote. En attendant que les obstacles prévus disparaissent, obéissons du moins aux injonctions de l'article 10 en assurant, sur les ressources disponibles, aux institutrices titulaires communales en exercice *dans des communes de plus de 500 âmes* à la date du 10 avril 1867, le *minimum* qui leur est désormais garanti. C'est l'application de l'article 10 de la loi nouvelle. Ces institutrices doivent, aux termes de l'article 4, être divisées en deux classes, et je vous ai fait savoir par ma circulaire du 12 mai comment il me paraissait convenable de faire cette classification. Je n'ai donc ni à revenir sur ce point, ni à vous donner à ce sujet de nouvelles instructions. Je désire, toutefois, que vous m'adressiez l'état des écoles de filles en activité; cet état, conforme au modèle *B* ci-joint, contiendra d'abord les écoles de première classe, puis celles de seconde, et indiquera les motifs de la préférence donnée aux premières. Comme les dispositions de l'article 40 de la loi de 1850 sont applicables dans les limites des *minima* aux écoles communales de filles aussi bien qu'aux écoles communales de garçons ou mixtes, les mêmes règles leur seront appliquées. Il y a lieu cependant de remarquer que l'obligation d'entretenir une école spéciale de filles n'incombe qu'aux communes de plus de 500 âmes, et que les départements et l'État n'ont aucune obligation à l'égard des écoles déjà existantes dans les communes d'une population inférieure. Je chercherai volontiers, plus tard, à venir en aide à ces communes, si les ressources du budget le permettent, au moyen de quelques subventions, mais je ne puis prendre envers elles aucun engagement.

Cours d'adultes.

Notre attention et nos secours doivent se porter avec une vigilance égale sur les cours d'adultes, dont la dépense, désormais obligatoire, devra figurer immédiatement après les compléments de traitement. Les instituteurs ont conquis, par leur zèle et leur désintéressement, une place spéciale au budget pour ces établissements qui ont excité tant d'intérêt en France; une prévision du budget de 1868 consacre à l'entretien et au développement de ces cours, en sus des ressources communales et départementales indiquées par la loi de 1867, une somme de 500 000 francs, et l'article 7 de cette loi porte qu'une indemnité fixée par le Ministre de l'instruction publique, après avis du conseil municipal et sur la proposition du préfet, peut être accordée annuellement aux instituteurs et institutrices dirigeant une classe communale d'adultes, payante ou gratuite, consacrée par le vote du Conseil départemental, sur l'avis du conseil municipal.

Les indemnités dues aux instituteurs directeurs des cours d'adultes, une fois fixées par le Ministre, sont des dépenses nécessaires imputables, en vertu de l'article 14, sur les fonds de la commune, du département, de l'État, et notamment sur le troisième centime départemental obligatoire créé par la loi du 10 avril 1867 pour les dépenses ordinaires et permanentes de l'enseignement primaire.

Par ma lettre du 12 mai dernier, je vous ai fait savoir dans quel esprit il convient de mettre à exécution cette partie si importante de la loi; je dois vous entretenir aujourd'hui des moyens pratiques à employer pour y pourvoir d'urgence. En 1866, sur 595 506 élèves adultes, on en a compté 123 778 qui ont payé, pour les cours du soir, une rétribution volontaire de 414 940 francs. L'année suivante, au 1er avril 1867, le nombre des adultes payants n'était que de 81 846 sur 829 555, et la rétribution payée par eux est descendue à la somme de 285 185 francs.

Il faut reconnaître que dans un grand nombre de localités l'admission gratuite aux cours d'adultes est une condition nécessaire de leur fréquentation assidue. Ce fait constaté, de quelle manière convient-il d'organiser la rémunération de l'instituteur? L'indemnité promise et garantie par la loi doit-elle être un traitement éventuel calculé, comme pour l'école du jour, à raison du nombre d'élèves reçus gratuitement chaque mois dans l'école? Je ne l'ai pas pensé : les adultes qui viennent à la classe du soir peuvent avoir l'intention de suivre seulement un ou plusieurs cours; tel élève qui vient chercher à la classe du soir les leçons théoriques nécessaires pour la pratique de sa profession, ne peut être contraint d'assister aux leçons de lecture ou d'écriture; tel autre qui ne sait pas encore bien lire ou écrire ne peut être tenu d'assister à des leçons de géométrie ou de grammaire. Dans de petites communes, à raison du nombre des élèves, l'instituteur, privé d'adjoint, peut être obligé de les diviser en catégories pour les réunir à des jours différents. Je dois ajouter que ce mode de rémunération, appliqué d'une manière absolue à des adultes qui ne seraient à la classe du soir que des spectateurs oisifs, pourrait devenir une source d'abus.

Il résulte de ces considérations que l'allocation garantie, à laquelle aura droit le directeur d'un cours d'adultes communal régulièrement établi sous votre contrôle, devra consister dans une indemnité fixe. Quel en sera le montant? Cette allocation garantie devra se composer de deux éléments : le remboursement d'une dépense absolument indispensable et la rémunération personnelle de l'instituteur. Du jour où la loi a donné une existence légale aux cours d'adultes, elle a implicitement entendu que les moyens matériels de tenir la classe du soir seraient assurés.

Je ne puis donc m'empêcher de considérer au moins les frais d'éclairage de la salle comme devant être nécessairement remboursés à l'instituteur. Il m'a paru, d'un autre côté, quant à la rémunération personnelle, qu'il serait injuste d'adopter le même chiffre pour toutes les classes d'adultes, et qu'il convient, au contraire, d'avoir égard, d'une manière générale et par une appréciation d'ensemble, au nombre d'élèves qui suivent le cours, au nombre de mois et de jours par semaine pendant lesquels il s'ouvre, à l'objet, à l'étendue, à la qualité de l'enseignement, au zèle du maître, aux succès qu'il obtient. J'ajoute que l'indemnité ainsi accordée a beaucoup moins le caractère d'un traitement que celui d'un dédommagement ou d'une récompense publique. Tels sont les motifs qui me déterminent à poser en principe que cette portion de l'indemnité ne descendra pas au-dessous d'un minimum de 50 francs, et qu'elle pourra être portée, sur votre proposition, à un chiffre supérieur qui, toutefois, ne pourra pas dépasser 100 francs. Dans le cas où le cours serait payant, le produit de la rétribution scolaire s'imputerait sur l'indemnité garantie, et viendrait ainsi réduire, jusqu'à due concurrence, la somme due par la commune, le département et l'État. Bien que la loi réserve au Ministre la fixation de l'indemnité, il est évident que, ne pouvant songer à statuer par décision individuelle et isolément sur chacun des cours d'adultes auxquels la loi devra être appliquée, je devrai le plus souvent accepter dans leur ensemble les propositions faites par les préfets. Les observations qui précèdent devront vous servir de règle pour l'appréciation des droits des instituteurs. J'espère bien que ces allocations officiellement garanties n'auront pas pour effet de tarir la source des libéralités particulières, communales et départementales qui, pour 1867, se sont élevées au chiffre total de 1 337 441 francs, savoir : 1 145 304 francs votés par les conseils municipaux, 121 415 francs donnés par les particuliers, et 70 722 francs accordés par les Conseils généraux. Je dois répéter encore, au sujet de l'allocation garantie, que l'État n'intervenant, pour ce qui la concerne, qu'à défaut des ressources communales et départementales indiquées à l'article 14 de la nouvelle loi, vous devrez épuiser ces ressources avant de proposer le prélèvement de ces indemnités sur les fonds de l'État.

Vous trouverez ci-joint le modèle d'un tableau sur lequel vos propositions devront être consignées.

En suivant l'ordre que j'ai indiqué ci-dessus, nous trouvons en troisième lieu la création des emplois de maîtresses des travaux à l'aiguille dans les écoles mixtes. Pour les localités où il n'est pas possible de dédoubler immédiatement l'école mixte en créant une école spéciale de filles, il faut la perfectionner, c'est-à-dire y offrir aux familles non-seulement les moyens de donner aux jeunes filles l'habitude de la couture domestique si utile dans les ménages des campagnes, mais toute la sécurité que doit inspirer la présence d'une femme dans l'école. Les écoles mixtes doivent avoir une maîtresse des travaux à l'aiguille, et le traitement de ces maîtresses, fixé par vous, sera compris dans les dépenses générales d'entretien des écoles primaires, et imputable, après l'indemnité des directeurs de cours d'adultes, sur les ressources indiquées par l'article 14 de la loi. Si ces ressources avaient été déjà épuisées par les dépenses auxquelles elles doivent d'abord pourvoir, une subvention de l'État vous serait accordée à cet effet; vous voudrez bien dresser, sur un tableau spécial dont je vous envoie le modèle, la liste des emplois de maîtresses d'ouvrage à créer dans votre département. En outre, dans le cas où, par l'insuffisance des ressources du budget de l'État, je me verrais obligé de faire un choix entre les écoles mixtes où il conviendrait d'installer une maîtresse d'ouvrage, je vous prie d'inscrire en tête de votre liste les communes qui auront des droits réels à la préférence, ne perdant pas de vue que les autres seront dotées un peu plus tard.

Viendront ensuite, les écoles de filles à créer dans les communes au-dessus de cinq cents habitants. Je n'ai à cet égard aucune instruction particulière à vous donner, car il s'agit ici d'écoles communales pour lesquelles on devra procéder comme on l'a fait jusqu'à présent pour les écoles communales de garçons.

Nous aurons enfin à pourvoir à la création des emplois de maîtres adjoints et de maîtresses adjointes dans les écoles de garçons et de filles, à la création d'écoles de hameaux et d'écoles ordinaires nouvelles dans les communes qui en comportent deux ou plusieurs, et enfin à l'organisation des caisses des écoles. Je ne puis à cet égard que vous inviter à vous reporter à mes instructions du 12 mai dernier. J'attache la plus grande importance à ce que toutes ces dispositions de la loi puissent être promptement exécutées; mais, limités comme nous le sommes par le crédit porté au budget, nous devons diriger nos efforts vers les points où nos ressources nous permettent d'espérer un succès immédiat.

J'ai fait dresser néanmoins pour chacun de ces services des modèles de tableaux que je vous prie de me renvoyer avec les indications qu'ils sont destinés à recevoir, afin que je puisse connaître l'ensemble des dépenses auxquelles il y aura lieu de pourvoir, soit d'urgence, soit successivement.

Recevez, Monsieur le Préfet, l'assurance de ma considération très-distinguée.

Le Ministre de l'Instruction publique,
V. DURUY.

INSTRUCTION SUR L'APPLICATION

DES ARTICLES 17 ET 18 DE LA LOI DU AVRIL 1867
RELATIFS AUX ÉCOLES LIBRES.

(31 janvier 1868.)

MONSIEUR LE PRÉFET,

L'article 17 de la loi du 10 avril 1867 soumet à l'inspection complète, comme les écoles publiques, les écoles libres qui en tiennent lieu, et l'article 18 de la même loi charge le Ministre de l'instruction publique, après avis du Conseil départemental, de désigner parmi ces écoles celles dont les maîtres, directeurs ou adjoints, seront admis à contracter l'engagement de se vouer pendant dix ans au service de l'instruction publique et dans lesquelles cet engagement, qui procure la dispense du service militaire, pourra être réalisé.

Les demandes qui m'ont été adressées au sujet de l'application de cet article me donnent lieu de craindre que l'esprit de la loi n'ait pas été partout bien compris ; je crois donc devoir vous adresser à ce sujet quelques instructions.

Antérieurement à la loi du 10 avril 1867, et en présence d'abus qu'il ne m'était pas possible de tolérer, j'avais dû rappeler que, d'après l'article 79 de la loi du 15 mars 1850, la dispense du service militaire ne pouvait être accordée et maintenue qu'aux maîtres exerçant dans les écoles publiques, à l'exclusion de ceux qui sont employés dans les écoles libres.

L'étude des questions soulevées à l'occasion de l'article 79 de la loi du 15 mars 1850, pendant la préparation de la loi du 10 avril 1867, amena le Gouvernement et le Corps législatif à reconnaître, d'un commun accord, que cet article pouvait comporter certaines modifications. En exécution du § 4 de l'article 36 de la loi du 15 mars 1850, un certain nombre de communes ont été dispensées par les Conseils départementaux d'entretenir une école publique, à condition de pourvoir à l'enseignement primaire gratuit, dans une école libre, de tous les enfants indigents. La dispense dont il s'agit a été accordée, tantôt parce que la commune, manquant de ressources et ne pouvant établir une école publique, n'aurait eu, sans cette dispense, aucun moyen de faire donner l'instruction à ses enfants pauvres; tantôt parce qu'il y avait dans la commune une bonne école libre établie avec un caractère permanent par une fondation, ouverte gratuitement à tous les enfants, et qui pouvait tenir lieu d'une école publique. Il parut dès lors que les maîtres employés dans ces écoles libres y rendaient des services qu'on pouvait assimiler à ceux des instituteurs publics, et la loi décida, en conséquence, que l'engagement décennal pourrait être contracté et réalisé dans celles de ces écoles qui seraient désignées à cet effet. La loi accorde la même faveur à une autre catégorie d'établissements primaires; il existe, en effet, en dehors des écoles libres auxquelles s'applique le § 4 de l'article 36 de la loi du 15 mars 1850, certaines écoles libres subventionnées. Des écoles sont ouvertes, avec le concours des deniers publics, dans de grands établissements agricoles, industriels ou pénitentiaires; elles peuvent être assimilées aux écoles publiques quant à la surveillance de l'État et quant à la possibilité, soit d'y contracter, soit d'y réaliser l'engagement décennal.

Telle est la pensée de la loi; elle a voulu, dans un but d'équité, déduire une conséquence nouvelle du principe posé par l'article 79 de la loi du 15 mars 1850; mais elle n'a pas eu l'intention de conférer à des écoles libres qui ne tiendraient pas réellement la place d'écoles publiques, un privilége contraire à l'esprit de notre législation.

Il importe donc, Monsieur le Préfet, que les Conseils départementaux, appelés à donner leur avis sur les demandes qui pourraient être formées à ce sujet par les directeurs de quelques écoles libres, se pénètrent bien du vœu de la loi. Ce n'est pas pour favoriser tel ou tel établissement que la loi du 10 avril 1867 a permis d'étendre ainsi la dispense du service militaire; c'est uniquement pour assurer aux populations les avantages qu'elles retirent, d'une manière permanente et régulière, de la présence d'écoles libres revêtues d'un caractère spécial par une certaine assimilation aux écoles publiques. S'il en pouvait être autrement, si cette faveur exceptionnelle de la dispense du service militaire pouvait être accordée à une école libre sans consistance, placée hors des conditions qui en font l'équivalent d'une école publique, l'avantage ainsi octroyé abusivement pourrait un jour être retiré à cette école. Que deviendraient alors les maîtres qui y exerçaient? Leur position serait gravement compromise : car, cessant aussitôt d'appartenir à une école dispensée, ils seraient immédiatement repris pour le service militaire. Le Conseil départemental reconnaîtra donc la nécessité de ne donner un avis favorable qu'aux demandes formées en faveur d'établissements rendant les mêmes services que les écoles publiques.

L'article 17 de la loi soumet à l'inspection complète, non-seulement les écoles libres qui tiennent lieu d'écoles publiques, en vertu d'une délibération prise par le Conseil départemental, conformément au § 4 de l'article 36 de la loi du 15 mars 1850, mais encore celles qui reçoivent *une subvention de la commune, du département ou de l'État*. Ces subventions sont, en fait, bien plus souvent accordées aux écoles de filles qu'aux écoles de garçons; mais l'article 17 de la loi donne à cette circonstance, en ce qui touche ces dernières écoles, une importance considérable. C'est une raison pour que le Conseil départemental se rende un compte très-exact de la situation des choses. Il importe qu'il connaisse le chiffre de la subvention et surtout qu'il sache dans quel but elle a été accordée. S'agit-il seulement de venir en aide à un instituteur recommandable, d'encourager de louables efforts, de donner un témoignage d'intérêt et de sympathie par une subvention peu élevée? Il n'y aurait pas là un motif suffisant pour que l'école libre fût désignée comme pouvant procurer la dispense du service militaire aux maîtres qui y donnent l'enseignement à titre privé, recevoir et conserver des engagements décennaux. S'agit-il, au contraire, d'une école libre largement dotée par la commune, inscrite d'une manière permanente au budget municipal comme une indispensable auxiliaire de l'école publique? Cette école libre, subventionnée dans de pareilles conditions, pourra être assimilée à l'école publique au point de vue de l'engagement décennal.

En un mot, Monsieur le Préfet, la loi, en étendant à quelques écoles libres la dispense du service militaire accordée aux écoles publiques, ne déroge point aux principes consacrés par la législation antérieure; elle les applique, au contraire, d'une manière plus complète en étendant la dispense à l'exécution, même indirecte, d'un service public. Il ne s'agit donc ici ni d'une faveur ni d'une préférence accordée à des écoles libres privilégiées ou à telle ou telle catégorie d'instituteurs privés; notre but commun doit être de réserver les avantages d'une assimilation exceptionnelle aux écoles qui la comportent.

Lors donc qu'une demande de ce genre sera soumise au Conseil départemental, ce Conseil, avant de donner son avis, devra être mis en mesure de savoir :

1° S'il n'y a point d'école publique dans la commune ou si les écoles publiques n'y sont pas en nombre suffisant, et pourquoi la loi n'y a pas encore été exécutée (loi du 10 avril 1867, art. 2, § 1er);

2° Si l'école libre reçoit des enfants qui ne pourraient être admis dans aucune école publique ou libre, soit de la commune, soit d'une commune voisine, et quel est le nombre de ces enfants;

3° Si l'école libre supplée réellement à l'insuffisance des écoles publiques et si elle ne leur fait pas plutôt concurrence;

4° Combien l'école libre reçoit d'élèves gratuits;

5° Quel est le nombre des maîtres adjoints que l'école doit avoir? Au point de vue de la dispense du service militaire proprement dit et en tenant compte de la pratique habituelle, il convient d'admettre qu'un maître adjoint n'est indispensable dans une école que lorsqu'elle compte plus de 60 élèves, et qu'au-dessus de 120 élèves, un maître adjoint doit être admis pour chaque nouvelle fraction de 60 élèves au moins. Ce nombre n'a pas été fixé par la loi; mais un seul maître adjoint paraît suffisant pour une école de 60 élèves. La règle admise en ce qui concerne les dépenses relatives au service de la garde nationale mobile ne peut s'appliquer ici;

6° Quelle est la quotité de la subvention accordée à l'école libre par la commune ou le département;

7° Combien d'enfants de la commune ou du quartier ne vont pas à l'école, soit parce qu'ils n'y peuvent trouver place, soit pour toute autre cause.

Le Conseil départemental ne perdra pas de vue que la dispense d'entretenir une école publique, accordée en vertu de l'article 36 de la loi de 1850, pouvant toujours être retirée, la faveur concédée à une école libre, en ce qui touche l'engagement décennal, doit être essentiellement temporaire. D'un autre côté, on s'éloignerait complétement du but de la loi, si, par ce seul fait qu'une école libre aurait obtenu d'un conseil municipal une certaine subvention, elle pouvait se flatter d'obtenir, à titre permanent, la faculté de faire dispenser du service militaire les maîtres qu'elle attirerait par l'appât d'une semblable faveur, et si elle pouvait s'en faire ainsi un moyen de triompher d'écoles rivales. L'autorisation de conserver des dispensés doit être la consécration d'une situation tout à fait favorable et non pas un moyen de recruter, peut-être à bas prix, de jeunes maîtres, qui se trouveraient déjà presque suffisamment rémunérés par la dispense du service militaire et qui pourraient même ne pas remplir de fonctions d'enseignement. Les écoles libres, désignées en vertu de l'article 18 de la loi de 1867, ne devront jamais être considérées comme une sorte de refuge contre le service militaire.

Enfin, Monsieur le Préfet, il importe qu'aucun engagement contracté par un maître-adjoint dans une école libre ne soit soumis à l'acceptation de M. le Recteur qu'accompagné d'un certificat délivré par vous et attestant :

1° Que le contractant a été nommé à telle date maître-adjoint dans telle école, soit par l'instituteur, s'il s'agit d'une école laïque, soit par son supérieur, s'il s'agit d'une école de frères;

2° Que cette nomination vous a été soumise et que vous y avez donné votre agrément, conformément à l'article 34 de la loi du 15 mars 1850, rendu, à cet égard, applicable aux écoles libres par l'article 18 de la loi du 10 avril 1867;

3° Que le nombre des maîtres-adjoints dans cette école n'excède pas le nombre fixé par le Conseil départemental, conformément à la règle établie ci-dessus, et que ces maîtres remplissent des fonctions d'enseignement;

4° La date de la décision ministérielle qui autorise l'école libre à conserver des maîtres qui contracteront et y réaliseront leur engagement décennal;

5° L'indication de la destination donnée au maître qui a été remplacé dans l'école par le contractant.

J'envoie à M. le Recteur de l'académie dans le ressort de laquelle votre département est compris, une copie de cette lettre, et je l'invite à se conformer aux dispositions qu'elle contient, en se concertant avec vous pour en assurer l'exécution.

Recevez, Monsieur le Préfet, l'assurance de ma considération très-distinguée.

Le Ministre de l'Instruction publique,

V. DURUY.

CIRCULAIRE

RELATIVE A L'ENGAGEMENT DÉCENNAL DES INSTITUTEURS.

(20 mars 1868.)

Monsieur le Recteur,

Aux termes de la loi du 1er février 1868[1], les conseils de révision dispensent du service dans la garde nationale mobile : 1° les jeunes gens qui se trouvent dans l'un des

1. « Les conseils de révision dispensent également (du service dans la garde nationale mobile) les jeunes gens se trouvant dans l'un des cas de dispenses prévus par l'article 14 de la loi du 21 mars 1832, par l'article 70 de la loi du 15 mars 1850 et par l'article 18 de la loi du 10 avril 1867; — les jeunes gens qui auront contracté, avant le tirage au sort, l'engagement de rester dix ans dans l'enseignement primaire, et qui seront attachés, soit en qualité d'instituteur ou en qualité d'instituteur-adjoint, à une école libre existant depuis au moins deux ans, ayant au moins trente élèves. « La dispense ne peut s'appliquer aux instituteurs et aux instituteurs-adjoints d'une même école, que dans la proportion d'une par chaque fraction de trente élèves. — *Article 4.*

« L'engagement de rester dix ans dans l'enseignement, prévu par les lois de 1832, 1850 et 1867, pourra être pris au moment où il sera procédé à la formation de la garde nationale mobile en vertu des dispositions transitoires ci-dessus. » (Dispositions s'appliquant aux classes de 1866, 1865 et 1864.) — *Art. 44.*

(Extrait de la loi du 1er février 1868 sur le recrutement de l'armée et l'organisation de la garde nationale mobile.)

cas de dispense prévus par l'article 14 de la loi du 21 mars 1832, par l'article 79 de la loi du 15 mars 1850 et par l'article 18 de la loi du 10 avril 1867; 2° les jeunes gens qui auront contracté, avant le tirage au sort, l'engagement de rester dix ans dans l'enseignement primaire, et qui seront attachés, soit en qualité d'instituteur, soit en qualité d'instituteur-adjoint, à une école libre existant depuis au moins deux ans et ayant au moins trente élèves.

La dispense ne peut s'appliquer aux instituteurs et aux instituteurs-adjoints d'une même école, que dans la proportion d'une par chaque fraction de trente élèves (article 4).

Il importe d'établir d'une manière précise dans quelle forme devront être souscrits ces engagements de nouvelle espèce, combinés avec ceux qu'a prescrits ma circulaire du 14 février 1866 pour la dispense du service militaire. C'est le but de la présente circulaire.

Je n'ai aucune instruction à vous donner au sujet des dispositions de l'article 14, relatif aux classes de 1864, 1865 et 1866, les conseils de révision ayant statué sur ces classes. Toutefois, je me suis entendu avec mon collègue, M. le Ministre de la guerre, pour résoudre ultérieurement les difficultés particulières que vous me signaleriez au sujet des jeunes gens qui n'ont pu être régulièrement dispensés, faute d'avoir accompli, en temps utile, les formalités prescrites par la nouvelle loi. Il est bien entendu d'ailleurs, que les engagements décennaux, dont les signataires n'ont pas eu à faire usage parce qu'ils ont été libérés par leurs numéros, doivent revivre pour la dispense de la garde nationale mobile, à la condition que ces engagements n'ont pas été rompus par une interruption volontaire de service.

Je vous adresse (sous les numéros 1, 2, 3, 4 et 5) les formules : 1° de l'engagement que devront contracter les candidats à la dispense; 2° du certificat destiné à constater que les prescriptions de la loi sont observées; 3° du titre que vous aurez à délivrer et portant acceptation de l'engagement, selon la situation particulière des dispensés.

A partir de la classe 1867, les instituteurs publics adjoints, les élèves-maîtres des écoles normales, les membres ou novices des associations religieuses qui auront à contracter l'engagement décennal prévu par l'article 79 de la loi du 15 mars 1850 et qui voudront en même temps être dispensés du service de la garde nationale mobile, souscriront avant le tirage l'engagement ordinaire, conforme au modèle n° 1.

Quant aux jeunes gens appartenant aux mêmes catégories, qui, placés dans un cas d'exemption du service militaire ordinaire, veulent réclamer le bénéfice de la dispense en ce qui touche seulement le service de la garde nationale mobile, ils souscriront avant le tirage le même engagement (modèle n° 1), lequel pourra être réalisé soit dans l'enseignement public, soit dans l'enseignement libre.

La formule n° 2 s'applique exclusivement aux instituteurs libres titulaires ou adjoints qui se trouvent dans les conditions déterminées par l'article 4 de la loi du 1er février 1868.

Les membres de l'enseignement public et ceux de l'enseignement libre qui ont contracté l'engagement décennal sont tenus de le réaliser *à partir du jour de l'*ACCEPTATION.

Je vous rappelle, Monsieur le Recteur, que les engagements décennaux, de quelque nature qu'ils soient, doivent être souscrits, autant que possible, dans le courant du mois de décembre qui précède l'année du tirage et acceptés par vous dans la première quinzaine de janvier.

Vous voudrez bien m'adresser chaque année un rapport détaillé comprenant : 1° la liste exacte des certificats que vous aurez délivrés aux jeunes gens appartenant à l'enseignement public et qui auront été dispensés du service militaire et du service de la garde nationale mobile ; 2° la liste de ceux qui auront été seulement dispensés du service de la garde nationale mobile.

Recevez, Monsieur le Recteur, l'assurance de ma considération très-distinguée.

Le Ministre de l'Instruction publique,

V. DURUY.

N° 1.

Modèle de l'engagement décennal que doivent souscrire les instituteurs publics adjoints, les élèves-maîtres des écoles normales et les membres ou novices des associations religieuses, pour être dispensés à la fois du service militaire ordinaire et du service de la garde nationale mobile.

Je soussigné (*nom et prénoms*)
né à   , département d
le   [1]
appelé à satisfaire à la loi sur le recrutement de l'armée et compris dans la classe de   , déclare contracter devant M. le Recteur de l'Académie d
                          , conformément à l'article 79 de la loi du 15 mars 1850, l'engagement de me vouer pendant dix ans à l'enseignement public dans un établissement public d'instruction.
Fait à   , le   18   .

Je soussigné (*nom et prénoms*)
demeurant à   , département d
autorise par les présentes M. (*nom, prénoms, qualités, résidence*)   mon (*fils ou pupille*)
à contracter devant M. le Recteur de l'Académie d
                          , conformément à l'article 79 de la loi du 15 mars 1850, l'engagement de se vouer pendant dix ans à l'enseignement public dans un établissement public d'instruction.
Fait à   , le   18   .
          Vu pour la légalisation des signatures ci-dessus :

1. Indiquer la qualité du dispensé ; s'il est instituteur adjoint, la commune où il réside, la date de la décision du préfet ou de la nomination du supérieur et l'indication du traitement qu'il reçoit ; s'il est élève-maître, dans quelle école il accomplit son stage, ou à quelle école normale il appartient ; s'il est membre ou novice d'une congrégation religieuse, de quelle congrégation il fait partie, et depuis quelle époque.

N° 2.

*Modèle de l'engagement décennal que doivent souscrire
les instituteurs libres pour être dispensés du service de
la garde nationale mobile.*

Je soussigné (*nom et prénoms*)
né à   , département d
le   , appelé à satisfaire à la loi
sur le recrutement, exerçant les fonctions d
             dans l'école libre dirigée à
             , département d
par   , laquelle école existe depuis le
                              , ainsi qu'il résulte du certificat
ci-joint, déclare contracter devant M. le Recteur de l'A-
cadémie d   , conformément
à l'article 4 de la loi du 1ᵉʳ février 1868 sur le recrutement de l'armée, l'engagement de me vouer pendant dix
ans à l'instruction primaire dans une école libre ouverte
dans les conditions déterminées par ledit article.

Je soussigné   (*nom et prénoms*)
demeurant à   , département d
             autorise par ces présentes M.
             mon   , à con-
tracter devant M. le Recteur de l'Académie d
                              , conformément à la loi du 1ᵉʳ février
1868, l'engagement de se vouer pendant dix ans à l'instruction primaire dans les conditions déterminées par
ladite loi pour la dispense du service de la garde nationale mobile.
     Fait à   , le   18
          Vu pour légalisation des signatures ci-dessus :

N° 3.

*Modèle du certificat du maire attestant l'époque
à laquelle l'école libre a été fondée.*

Nous, maire soussigné de la commune d
          département d

certifions que l'école libre dirigée par M.

                , à

a été ouverte le   , en vertu
de la déclaration faite à la mairie le
               , conformément à l'article 27 de la loi du
15 mars 1850; qu'il n'a été fait aucune opposition à l'ouverture de cette école, et qu'elle n'a cessé de réunir annuellement depuis cette époque [1]
élèves au moins.
    Fait à   , le   18   .

<h2 style="text-align:center">N° 4.</h2>

*Modèle d'acceptation de l'engagement décennal souscrit
par les instituteurs publics adjoints, les élèves-maîtres
des écoles normales et les membres ou novices d'une
association religieuse, en vue d'obtenir à la fois la
dispense du service militaire ordinaire et la dispense
du service de la garde nationale mobile.*

Nous, Recteur de l'Académie d
Vu l'engagement contracté devant nous, le
      par M. *(nom, prénoms, qualités)*
Vu le certificat en date du   et les
pièces à l'appui constatant que ledit sieur
       est régulièrement en possession du titre
de
    ARRÊTONS :
Conformément à l'article 79 de la loi du 15 mars 1850,
est reçu l'engagement de se vouer, pendant dix ans, à
l'enseignement public dans un établissement public d'instruction, contracté le

           par le sieur *(nom et prénoms)*
né à   , département d
(qualité et résidence), appelé à satisfaire la loi sur le re-

---

[1]. Au point de vue des adjoints, il conviendra d'indiquer
si l'école, au lieu de 30 élèves, a réuni au moins 60, 90,
120 élèves ou plus, en procédant par fraction de 30.

crutement de l'armée et compris dans la classe de

Fait à   , le   18 .

Le Recteur de l'Académie,

Par le Recteur :

Le Secrétaire de l'Académie,

N° 5.

Modèle d'acceptation de l'engagement décennal souscrit par les instituteurs libres, titulaires ou adjoints, pour la dispense du service de la garde nationale mobile.

Le Recteur de l'Académie d

Vu l'engagement contracté devant nous le
        par M.   exerçant les fonctions
d   dans l'école libre dirigée à
           , département d   , par
M.   appelé à satisfaire à la loi sur le
recrutement;

Vu l'autorisation à lui donnée par M.
son   en date du

Vu également le certificat attestant que l'école de
                    existe depuis le   , et
qu'elle n'a cessé, depuis cette époque, de réunir annuellement trente élèves au moins et que le nombre des
maîtres adjoints n'y dépasse pas les limites fixées par
l'article 4 de la loi du 1er février 1868,

Arrête ce qui suit :

Est accepté l'engagement de se vouer, pendant dix
ans, au service de l'instruction primaire libre, contracté
le   par M.   , en
vertu de l'article 4 de la loi du 1er février 1868, sur le
recrutement de l'armée et la garde nationale mobile.

Fait à   , le   18 .

Le Recteur de l'Académie d

Par le Recteur :

Le Secrétaire de l'Académie,

CIRCULAIRE

RELATIVE AU TRAITEMENT ÉVENTUEL DES INSTITUTEURS ET DES INSTITUTRICES.

(31 mai 1869.)

MONSIEUR LE PRÉFET,

L'examen des liquidations des dépenses ordinaires des écoles communales de garçons et de filles, dans quelques départements, m'a donné lieu de remarquer que la question du traitement éventuel des instituteurs et des institutrices n'a pas reçu une solution conforme au sens littéral comme à l'esprit de la loi du 10 avril 1867.

L'article 10 de cette loi porte que le traitement des instituteurs et des institutrices se compose : 1° d'un traitement fixe de 200 francs; 2° du produit de la rétribution payée par les familles; 3° d'un traitement éventuel formé par les rétributions payées pour les élèves gratuits présents à l'école; 4° d'un supplément accordé aux instituteurs et aux institutrices, lorsque leur traitement fixe, joint au produit de la rétribution scolaire et au traitement éventuel, n'atteint pas les minima déterminés par la loi du 15 mars 1850, par le décret du 19 avril 1862 et par l'article 4 de la loi du 10 avril 1867. L'article 9 de cette dernière loi établit un système analogue en ce qui touche les écoles gratuites.

Le législateur a entendu, en s'exprimant ainsi, que les trois premiers éléments du traitement seraient payés intégralement. Il n'a fixé de minimum que pour le supplément à accorder, au cas où les trois parties principales de la rémunération scolaire n'atteindraient pas 400 et 500 francs pour les institutrices, et 600, 700, 800 et 900 francs pour les instituteurs.

Il s'ensuit que le traitement éventuel, quel que soit le chiffre atteint par le produit total du traitement fixe et de la rétribution scolaire, est acquitté ou complété au moyen des fonds de subvention, si les ressources légales de la commune, fondations, revenus et centimes spéciaux, ont déjà été absorbées par le traitement fixe.

Je cite des exemples à l'appui de cette explication.

PREMIER EXEMPLE.

Traitement de l'instituteur.

Traitement fixe.	200 fr.
Rétribution scolaire.	500
Traitement éventuel.	300
Total.	1000 fr.

Ressources.

Fondations.	» »
Revenus.	» »
3 centimes.	300 fr.
Rétribution scolaire.	500
Subvention du département ou de l'État. .	200
Total.	1000 fr.

Dans ce premier exemple, les frais de subvention payent les 200 francs de traitement éventuel, que les fonds communaux n'ont pu acquitter.

DEUXIÈME EXEMPLE.

(Instituteurs à 700 fr. après cinq ans de service.)

Traitement de l'instituteur.

Traitement fixe.	200 fr.
Rétribution.	200
Traitement éventuel.	200
Supplément.	100
Total.	700 fr.

Ressources.

Fondations.	» »
Revenus.	» »
Centimes.	200 fr.
Rétribution scolaire.	200
Subvention de l'État ou du département. .	300
Total.	700 fr.

Dans ce second exemple, la subvention paye les 200 francs du traitement éventuel et, en outre, 100 francs de supplément pour porter le traitement total à 700 francs.

Dans les écoles payantes et dans les écoles gratuites où, en vertu de l'article 13 de la loi du 10 avril 1867, le traitement déterminé par les articles 9 et 10 de la loi est remplacé par un traitement fixe payé par la commune, il va sans dire qu'il n'y a plus lieu à l'établissement du traitement éventuel.

Recevez, Monsieur le Préfet, l'assurance de ma considération très-distinguée,

Le ministre de l'Instruction publique,
V. DURUY.

CIRCULAIRE AUX PRÉFÉTS

UR LE SERVICE DE L'INSTRUCTION PRIMAIRE.

(2 avril 1870.)

MONSIEUR LE PRÉFET,

Parmi les différents services qui se rattachent au département ministériel auquel j'ai été appelé, il n'en est pas qui préoccupe plus vivement l'opinion et qui excite à un plus haut degré ma sollicitude que le service de l'instruction primaire.

Initier l'enfant, dans quelque condition que le sort l'ait placé, aux premiers éléments de l'enseignement et de l'éducation morale, le préparer ainsi aux rudes labeurs de la vie, c'est là une obligation qui, à raison même de la nature de nos institutions et des conditions de concurrence et de lutte où nous placent nos relations internationales, s'impose plus étroitement que jamais.

Depuis vingt années, d'énergiques efforts ont été faits en ce sens, des progrès considérables ont été obtenus; ce ne sera pas un des moindres titres à la reconnaissance publique pour l'Empereur qui les a voulus, pour les ministres qui l'y ont aidé et pour tous ceux qui, à un degré quelconque, y ont concouru.

Dans cette période, le chiffre de la fréquentation scolaire s'est augmenté de plus de 1 200 000 enfants; plus de 800 000 adultes fréquentent aujourd'hui les cours si généreusement ouverts par nos instituteurs; les maisons d'écoles se sont accrues de près de 20 000 constructions nouvelles; sous l'influence de la loi du 10 avril 1867, les écoles de filles et les écoles de hameau se construisent, les bibliothèques scolaires se multiplient et se développent; les traitements des inspecteurs et des instituteurs primaires ont été améliorés, et une première allocation de 1 500 000 francs, inscrite au budget de 1871, assure encore aux plus faibles traitements de nos instituteurs une amélioration nécessaire et désormais certaine.

Mais il ne faut pas se faire illusion; s'il a été beaucoup fait, il reste encore beaucoup à faire.

Certes, la fréquentation des écoles s'est considérablement accrue depuis vingt années; les enquêtes ont constaté que, dès la fin de 1856, le nombre des enfants dans les écoles primaires communales et libres s'élevait à plus de 4 500 000, en même temps que plus de 170 000 enfants étaient instruits à domicile ou en dehors de ces écoles; il n'en est pas moins vrai, et il faut le reconnaître avec tristesse, que près de 300 000 enfants de sept à treize ans ne fréquentent aucune école et restent plongés dans une profonde ignorance, et que, parmi ceux qui les ont fréquentées, près de 150 000 n'en emportent qu'une instruction première incomplète et bientôt oubliée.

Là est le mal, et c'est à le combattre que doivent s'employer tous les efforts.

Il est un premier point sur lequel j'appelle votre attention.

Sans examiner quant à présent la question de savoir si l'État doit ou peut prendre à sa charge les 22 millions de rétribution scolaire que les pères de famille payent aujourd'hui à l'école pour l'instruction de leurs enfants, je ne dois pas vous laisser ignorer que la volonté la plus absolue du Gouvernement est que l'école primaire soit toujours gratuitement ouverte à tout enfant dont les parents peuvent n'être pas en état de la payer; quel qu'en soit le nombre, aucune limitation, aucune restriction ne doit y être apportée : le Gouvernement entend et veut que les dispositions libérales de la loi reçoivent l'application la plus large, et qu'en cas de doute, la gratuité soit toujours acquise à l'enfant. C'est en ce sens, je le sais, que la loi s'exécute aujourd'hui; mais j'ai voulu de nouveau en affirmer l'application, afin que les autorités locales, les conseils municipaux, l'instituteur, l'inspecteur primaire, soient pénétrés des sentiments qui nous animent, et que, dans le cas où quelques réclamations viendraient à se produire, elles soient toujours vérifiées avec empressement et bienveillance et avec la ferme résolution d'y faire droit.

Mais il ne suffit pas que la gratuité soit aussi largement accordée pour amener tous les enfants à l'école.

L'éloignement de la maison d'école, la distance trop grande à parcourir par l'enfant pour
l'aller et le retour, quelquefois l'indifférence
des parents, et le plus souvent la nécessité absolue d'utiliser, pour vivre, même les plus faibles
services de l'enfant, telles sont les véri..bles
causes du déficit qui se produit encore aujourd'hui dans la fréquentation des écoles.

Il est manifeste que la gratuité ne peut supprimer ni les distances ni l'éloignement. Or,
pour se convaincre des conséquences qu'entraînent les distances trop grandes à parcourir
et l'éloignement des écoles, il suffira de constater que ce sont les départements où la population est disséminée sur de vastes espaces et où
la viabilité est incomplète qui fournissent le plus
large contingent au déficit de près de 400000
enfants constaté à la fin de 1866.

Aussi, est-ce à construire, à multiplier les
maisons d'école et les écoles de hameau, à les
rapprocher, autant que possible, des groupes de
population, qu'il faut, avant tout, employer les
efforts et les ressources. Ce n'est que par ce
moyen qu'on attaquera le mal à sa racine : tout
autre moyen y serait inefficace; et, tandis qu'il
en est qui demandent que les 22 millions de rétribution scolaire payés pour l'instruction de
leurs enfants par les pères de famille qui peuvent les payer soient mis à la charge de l'État,
je n'hésite pas à penser qu'un tel crédit s'emploierait bien plus utilement, dans l'intérêt de
la diffusion de l'enseignement, à construire et à
multiplier les maisons d'école.

Je ne saurais trop vous inviter, Monsieur le

Préfet, à appeler sur ce point l'attention des conseils municipaux et des conseils départementaux, et, de mon côté, c'est surtout à aider les communes par de larges subventions pour la construction de leurs maisons d'école que j'emploierai tous mes efforts et les premiers crédits dont il me sera possible d'obtenir l'inscription à mon budget.

Quant à l'indifférence ou à la pauvreté des parents qui motivent, il faut bien le reconnaître, pour une large part, même alors que la gratuité leur est offerte, l'absence ou l'inassiduité des enfants aux écoles, comment en conjurer les funestes effets ?

Pour vaincre l'indifférence, je n'hésite pas à faire appel, avant tout, au dévouement et à l'action des instituteurs. La fréquentation des écoles se produit presque toujours en proportion de leur vigilance et de leur mérite. Mais pour que leur action conserve toute sa valeur et son efficacité dans la commune, il faut que l'instituteur s'y fasse accepter sans distinction par les familles, et qu'il se concilie leur bienveillance ; qu'il se place et soit toujours laissé en dehors des luttes qui passionnent et divisent ; que, s'il reste libre, en tous cas, d'exercer ses droits de citoyen, jamais sa fonction ne soit engagée ni compromise en dehors des devoirs qui lui sont propres, et que, incessamment voué à l'instruction et à l'éducation morale des enfants qui lui sont confiés, il sache et apprenne à tous ceux au milieu desquels il vit, qu'il n'est aujourd'hui, pour le fonctionnaire à tous les degrés, qu'un moyen de servir utilement la politique du Gouvernement, c'est de remplir avec dévouement, au profit de tous, les fonctions qu'il exerce en son nom.

Dans de telles conditions, quand l'indifférence des parents tiendra seule les enfants en dehors de l'école, si l'instituteur, par son influence et par ses conseils, les invite à les y envoyer, qui peut douter que sa voix ne soit pas bien souvent entendue?

Vous appellerez, Monsieur le Préfet, chaque année, mon attention sur les instituteurs qui, par leur vigilance et leurs efforts, auront réduit le déficit de la fréquentation scolaire dans leurs écoles; ils peuvent être assurés à l'avance de toute ma bienveillance, et leurs services ne seront pas mis en oubli.

Mais jamais l'obstacle que l'indifférence des parents ou leur pauvreté opposent à la fréquentation des écoles ne sera complétement détruit tant qu'à côté de l'instituteur, et dans chaque commune, ne se produira pas l'action collective de ces associations charitables qui, sous le nom de bureaux scolaires, rendent à l'étranger de si grands services à l'enseignement. Leur mission ne serait pas seulement de surveiller l'école de leur commune, mais surtout d'en assurer la fréquentation. Avertis par l'instituteur de l'absence ou de l'inassiduité de l'enfant, les membres de ces bureaux scolaires en rechercheraient la cause et exerceraient auprès des parents que, dans les communes rurales, ils connaissent le plus souvent, une action bienfaisante; leur intervention se traduirait par de sages conseils et parfois aussi par de faibles secours qui tantôt seraient un encouragement, tantôt une récompense, et dont une caisse des écoles organisée, soit par l'initiative privée, soit dans les conditions indiquées en l'article 15 de la loi du 10 avril 1867, avec le concours des subventions de la commune, du département et de l'État, leur procurerait la disposition.

De telles créations, je le sais, ne s'improvisent pas. Ce n'est pas en les inscrivant dans les lois ni en les réglementant qu'on les obtient. Il faut avant tout les faire pénétrer dans les habitudes et dans les mœurs, il suffirait que, dans l'une des communes de chaque canton, un bureau scolaire pût s'organiser et fonctionner dans ces conditions pour qu'à raison des résultats obtenus, l'exemple fût bientôt suivi dans les autres communes.

Ne serait-il pas possible d'atteindre ce but en suscitant, dans celles des communes du canton qui sembleraient offrir plus particulièrement des chances de succès, l'initiative privée? Le maire, par ses désignations et par son intervention personnelle, l'inspecteur primaire, par ses démarches, l'instituteur lui-même, pourraient y concourir activement. Les encouragements ne manqueront pas à ceux qui s'emploieront à cette utile entreprise.

Je vous prie de me signaler les noms de tous ceux qui, par de telles créations, auront assuré dans leur commune la fréquentation des enfants à l'école.

Il faudra assurément encore beaucoup d'efforts pour amener tous les enfants de sept à treize ans à recueillir les bienfaits de l'instruction primaire, et pour conquérir aux écoles les

300 000 enfants environ qui ne les fréquentent pas encore. Mais on sait quels progrès considérables avaient déjà été obtenus dès la fin de 1866. La moyenne de progression dans la fréquentation des enfants à l'école n'a pas été moindre, par année, de 50 000 enfants. Ces progrès n'ont pu que se développer et s'étendre sous l'influence de la loi du 10 avril 1867, et on ne peut douter que, même sans recourir aux moyens extrêmes, le but ne soit bientôt atteint.

Pour l'atteindre sûrement, je fais appel à votre concours le plus actif et au dévouement de ces quarante mille instituteurs qui déjà en ont donné tant de preuves, et dont la situation si digne d'intérêt sera l'objet de ma constante sollicitude.

Tous nous ne saurions unir nos efforts pour une œuvre plus utile. Car, on l'a dit avec raison, l'ignorance est une faiblesse, et, dans les âpres luttes de la vie, qui dit faiblesse dit généralement infortune. L'instruction seule fortifie et forme les hommes : elle donne au pays d'habiles ouvriers et de bons citoyens.

Recevez, Monsieur le Préfet, l'assurance de ma considération très-distinguée.

Le Ministre de l'Instruction publique,
SEGRIS.

DÉCRET

RELATIF AUX PENSIONNATS PRIMAIRES.

(30 Décembre 1850.)

TITRE PREMIER.

Des Instituteurs libres.

Art. 1er. — Tout instituteur libre qui veut ouvrir un pensionnat primaire, devra justifier qu'il s'est soumis aux prescriptions des articles 27 et 28 de la loi du 15 mars 1850. Il devra, en outre, déposer entre les mains du maire la déclaration exigée par le paragraphe 1er de l'article 53 de ladite loi.

Cette déclaration doit être accompagnée :

1° De l'acte de naissance de l'instituteur, et, s'il est marié, de son acte de mariage ;

2° D'un certificat dûment légalisé, attestant que le postulant a exercé pendant cinq ans au moins, soit comme instituteur, soit comme maître, dans un pensionnat primaire ;

3° Du programme de son enseignement ;

4° Du plan du local dans lequel le pensionnat doit être établi ;

5° De l'indication du nombre maximum des pensionnaires qu'il se propose de recevoir ;

6° De l'indication des noms, prénoms, date et lieu de naissance des maîtres et employés qu'il s'est adjoints pour la surveillance du pensionnat.

Art. 2. — Tout Français qui, après avoir exercé pendant cinq ans comme maître dans un pensionnat primaire, voudra ouvrir à la fois une école libre et un pensionnat primaire, pourra accomplir simultanément les formalités prescrites par les articles 27 et 28 de la loi du 15 mars et par l'article 1er ci-dessus.

Art. 3. — Le maire inscrit sur un registre spécial la déclaration de l'instituteur.

Dans les trois jours qui suivent la déclaration, le maire, après avoir visité ou fait visiter le local destiné au pensionnat, vise en triple expédition la déclaration de l'instituteur et la lui remet avec son visa.

S'il refuse d'approuver le local, il fait mention de son opposition et des motifs sur lesquels elle est fondée, en marge de la déclaration.

Cette déclaration, accompagnée des pièces prescrites par l'article 1er du présent règlement, est transmise au Préfet (*Recteur de l'Académie*), au Procureur impérial (*de la République*) et au Sous-préfet par le postulant.

Art. 4. — Si le Préfet (*Recteur*) fait opposition à l'ouverture du pensionnat, soit dans l'intérêt de la moralité ou de la santé des élèves, soit pour inobservation des formes et conditions prescrites par la loi, il signifie son opposition à la partie par un arrêté motivé.

Trois jours au moins avant la séance fixée

pour le jugement de l'opposition, l'instituteur est appelé devant le Conseil départemental (*académique*).

Cette opposition est jugée par le Conseil départemental (*académique*), suivant les formes prescrites au chapitre II du règlement d'administration publique, en date du 29 juillet 1850 (art. 25, 27 et 28).

Copie de la décision du Conseil départemental (*académique*) est transmise par le Préfet (*Recteur*) au maire de la commune qui fait transcrire cette décision, en marge de la déclaration de l'instituteur, sur le registre spécial.

A défaut d'opposition à l'ouverture du pensionnat, et dans le cas où il est donné main-levée de l'opposition qui aurait été formée, le Conseil départemental (*académique*) détermine le nombre d'élèves qui peuvent être admis sans inconvénient dans le local affecté au pensionnat, et le nombre des maîtres et employés nécessaire pour la surveillance des élèves. Mention en est faite par le Préfet (*Recteur*) sur le plan du local. L'instituteur est tenu de représenter ledit plan aux autorités préposées à la surveillance des écoles, chaque fois qu'il en est requis.

TITRE II.

Des Instituteurs publics.

Art. 5. — Les dispositions des articles 1 et 3 du présent règlement sont applicables à l'instituteur public qui veut établir un pensionnat primaire.

La déclaration de l'instituteur est soumise par le maire au conseil municipal dans sa plus prochaine réunion.

Le conseil municipal, avant de donner son avis sur la demande, s'assure que le local est approprié à sa destination et que la tenue de l'école communale n'aura pas à souffrir de l'établissement projeté.

Art. 6. — L'autorisation donnée par le Conseil départemental (*académique*) mentionne le nombre des élèves pensionnaires que l'instituteur peut recevoir. Cette autorisation mentionne également le nombre des maîtres et employés qui devront partager avec l'instituteur la surveillance du pensionnat.

Le plan du local visé par le Préfet (*Recteur*) et l'autorisation délivrée par le Conseil départemental (*académique*) doivent être représentés par l'instituteur aux autorités préposées à la surveillance des écoles.

Art. 7. — Le régime intérieur des pensionnats primaires sera réglé par le Préfet (*Recteur*) en Conseil départemental (*académique*), sauf révision par le Ministre en Conseil impérial (*supérieur*) de l'instruction publique.

TITRE III.

Des conditions communes aux Instituteurs publics et libres.

Art. 8. — Si l'instituteur ne s'est pas conformé aux mesures prescrites par le Conseil départemental (*académique*), dans l'intérêt des mœurs et de la santé des élèves, il pourra être traduit devant ledit Conseil pour subir l'application des dispositions de l'article 30 de la loi du 15 mars 1850, s'il appartient à l'enseignement libre ; s'il est instituteur communal, il lui sera fait application des peines énoncées en l'article 33 de ladite loi.

Art. 9. — Tout instituteur qui reçoit des pensionnaires doit tenir un registre sur lequel il inscrit les noms, prénoms et l'âge de ses élèves pensionnaires, la date de leur entrée et celle de leur sortie.

Chaque année, il transmet, avant le 1er novembre, au Préfet (*Recteur de l'Académie*), un rapport sur la situation et le personnel de son établissement.

Art. 10. — Tout instituteur dirigeant un pensionnat, qui change de commune, ou qui, sans changer de commune, change de local ou apporte au local affecté à son pensionnat des modifications graves, doit en faire la déclaration au Préfet (*Recteur*) et au maire de la commune, et se pourvoir de nouveau devant le Conseil départemental (*académique*).

La nouvelle déclaration devra être accompagnée du plan du local et devra mentionner les indications énoncées au paragraphe 5 de l'article 4 du présent règlement.

Art. 11. — Il est ouvert, dans chaque pensionnat, un registre spécial destiné à recevoir les noms, prénoms, date et lieu de naissance des maîtres et employés, et l'indication des emplois qu'ils occupaient précédemment et des lieux où ils ont résidé, ainsi que la date des brevets, diplômes ou certificats de stage dont ils seraient pourvus.

Les autorités préposées à la surveillance de l'instruction primaire devront toujours se faire représenter ces registres quand elles inspecteront les écoles.

Art. 12. — Aucun pensionnat primaire ne pourra être établi dans des locaux dont le voisinage serait reconnu dangereux sous le rapport de la moralité et de la santé des élèves.

Art. 13. — Aucun pensionnat ne peut être annexé à une école primaire qui reçoit des enfants des deux sexes.

Art. 14. — Les dortoirs doivent être spacieux, aérés et dans des dimensions qui soient en rapport avec le nombre des pensionnaires.

Ils doivent être surveillés et éclairés pendant la nuit.

Une pièce spéciale doit être affectée au réfectoire.

DÉCRET ORGANIQUE

CONCERNANT LES SALLES D'ASILE.

(21 Mars 1855.)

TITRE PREMIER.

Dispositions générales concernant l'établissement des salles d'asile et le programme de l'enseignement.

Art. 1er. — Les salles d'asile, publiques ou libres, sont des établis-ements d'éducation où les enfants des deux sexes, de deux à sept ans, reçoivent les soins que réclame leur développement moral et physique.

Art. 2. — L'enseignement des salles d'asile, publiques ou libres, comprend :

1° Les premiers principes de l'instruction religieuse, de la lecture, de l'écriture, du calcul verbal et du dessin linéaire;

2° Des connaissances usuelles à la portée des enfants;

3° Des ouvrages manuels appropriés à l'âge des enfants;

4° Des chants religieux, des exercices moraux et des exercices corporels.

Les leçons et les exercices moraux ne durent

jamais plus de dix à quinze minutes, et sont toujours entremêlés d'exercices corporels.

Art. 3. — L'instruction religieuse est donnée sous l'autorité de l'Évêque, dans les salles d'asile catholiques.

Les ministres des cultes non catholiques reconnus président à l'instruction religieuse dans les salles d'asile de leur culte.

Art. 4. — Les salles d'asile sont situées au rez-de-chaussée ; elles sont planchéiées et éclairées, autant que possible, des deux côtés, par des fenêtres fermées avec des châssis mobiles.

Les dimensions des salles d'exercices doivent être calculées de manière qu'il y ait, au moins, deux mètres cubes d'air pour chaque enfant admis.

A côté de la salle d'exercice, il y a un préau destiné aux repas et aux récréations.

Art. 5. — Nulle salle d'asile ne peut être ouverte avant que l'inspecteur d'Académie n'ait reconnu qu'elle réunit les conditions de salubrité ci-dessus prescrites.

Art. 6. — Il y a dans chaque salle d'asile publique du culte catholique :
Un crucifix,
Une image de la sainte Vierge.

Art. 7. — Il y a dans toutes les salles d'asile un portrait de l'Impératrice, protectrice de l'institution.

Art. 8. — Le titre de *salle d'asile modèle* peut être conféré par le Ministre de l'instruction publique, sur la proposition du comité central de patronage, à celles des salles d'asile qui auraient été signalées, par les déléguées spéciales, pour la bonne disposition du local, l'état satisfaisant du mobilier, les soins donnés aux enfants, ainsi que pour l'emploi judicieux et intelligent des meilleurs moyens d'éducation et de premier enseignement.

Il y a, à Paris, un cours pratique avec pensionnat, destiné 1° à former, pour Paris et les départements, des directrices ou des sous-directrices de salles d'asile; 2° à conserver les principes de la méthode établie; 3° à expérimenter les nouveaux procédés d'éducation et de premier enseignement dont l'essai serait recommandé par le comité central de patronage.

Art. 9. — Un règlement arrêté par le Ministre de l'instruction publique, sur la proposition du comité central de patronage, déterminera, sous l'approbation de l'Impératrice, tout ce qui se rapporte aux procédés d'éducation et d'enseignement employés dans les salles d'asile publiques, ainsi qu'aux soins matériels qui doivent y être observés.

TITRE II.

De l'admission des enfants dans les salles d'asile.

Art. 10. — Aucun enfant n'est reçu, même provisoirement, par la directrice dans une salle d'asile publique ou libre, s'il n'est pourvu d'un certificat de médecin, dûment légalisé, constatant qu'il n'est atteint d'aucune maladie contagieuse, et qu'il a été vacciné.

L'admission des enfants dans les salles d'asile publiques ne devient définitive qu'autant qu'elle a été ratifiée par le maire.

Dans les huit jours qui suivent l'admission provisoire d'un enfant dans une salle d'asile publique, les parents sont tenus de présenter à la directrice un billet d'admission délivré par le maire.

Art. 11. — Les salles d'asile publiques sont ouvertes gratuitement à tous les enfants dont les familles sont reconnues hors d'état de payer la rétribution mensuelle.

Art. 12. — Le maire, de concert avec les ministres des différents cultes reconnus, dresse la liste des enfants qui doivent être admis gratuitement dans les salles d'asile publiques; cette liste est définitivement arrêtée par le conseil municipal.

Art. 13. — Les billets d'admission délivrés par les maires ne font aucune distinction entre les enfants payants et les enfants admis gratuitement.

TITRE III.

De la surveillance et de l'inspection des salles d'asile.

Art. 14.— Indépendamment des autorités instituées pour la surveillance et l'inspection des écoles par les articles 18, 20, 42 et 44 de la loi du 15 mars 1850, il peut être établi dans chaque commune où il existe des salles d'asile, et, à Paris, dans chaque arrondissement, un comité local de patronage nommé par le Préfet.

Ce comité local, dont le curé fait partie de droit, et qui est présidé par le maire, est composé de dames qui se partagent la protection des salles d'asile du ressort.

Art. 15. — Le comité local de patronage est chargé de recueillir les offrandes de la charité publique en faveur des salles d'asile de son ressort; de veiller au bon emploi des fonds alloués à ces établissements par la commune, le département ou l'État, et au maintien des méthodes adoptées pour les salles d'asile publiques. Il délibère sur tous les objets qu'il juge dignes de fixer l'attention du comité central.

Il se réunit au moins une fois par mois.

Art. 16. — Un ou plusieurs médecins, nommés par le maire, visitent au moins une fois par semaine les salles d'asile publiques.

Chaque médecin inscrit ses observations et ses prescriptions sur un registre particulier.

Art. 17. — Le Ministre de l'instruction publique et des cultes peut, suivant les besoins du service, déléguer pour l'inspection des salles d'asile, dans chaque Académie, une dame rétribuée sur les fonds de l'État.

Nulle ne peut être nommée déléguée spéciale si elle n'est pourvue d'un certificat d'aptitude.

Le Recteur de l'Académie détermine l'ordre des tournées des dames déléguées spéciales et en règle l'itinéraire. Il transmet au Ministre, avec son avis, les rapports généraux que les dames lui adressent. Le Ministre place ces rapports sous les yeux du comité central de patronage.

Les déléguées spéciales correspondent directement avec les comités de patronage de leur circonscription, et envoient à chaque inspecteur d'Académie un rapport spécial sur les salles d'asile du département.

Art. 18. — Il y a près du comité central de patronage des salles d'asile deux déléguées générales rétribuées sur les fonds de l'État et nommées par le Ministre de l'instruction publique.

Les déléguées générales sont envoyées par le Ministre de l'instruction publique partout où leur présence est jugée nécessaire; elles s'entendent avec les déléguées spéciales et provoquent, s'il y a lieu, les réunions des comités locaux de patronage, elles rendent compte au Ministre et au comité central, et ne décident rien par elles-mêmes.

TITRE IV.

Des conditions d'âge, de moralité et d'aptitude des directrices de salles d'asile.

Art. 19. — Les salles d'asile publiques ou libres seront à l'avenir exclusivement dirigées par des femmes.

Art. 20. — Nulle ne peut diriger une salle

d'asile publique ou libre avant l'âge de 24 ans accomplis, et si elle ne justifie d'un certificat d'aptitude.

Les lettres d'obédience délivrées par les supérieures des communautés religieuses régulièrement reconnues, et attestant que les postulantes ont été particulièrement exercées à la direction d'une salle d'asile, leur tiennent lieu de certificat d'aptitude.

Peuvent toutefois être admises à diriger provisoirement, dès l'âge de vingt et un ans, une salle d'asile publique ou libre qui ne reçoit pas plus de trente à quarante enfants les sous-directrices pourvues du certificat mentionné en l'article 31 du présent décret, et les membres de communautés religieuses pourvues d'une lettre d'obédience.

Art. 21. — Sont incapables de tenir une salle d'asile publique ou libre les personnes qui se trouvent dans les cas prévus par l'article 26 de la loi du 15 mars 1850.

Art. 22. — Quiconque veut diriger une salle d'asile libre doit se conformer préalablement aux dispositions prescrites par les articles 25 et 27 de la loi du 15 mars 1850, et 1, 2 et 3 du décret du 7 octobre 1850.

L'inspecteur d'Académie peut faire opposition à l'ouverture de la salle, dans les cas prévus par l'article 28 de la loi du 15 mars 1850 et par l'article 5 du présent décret. L'opposition est jugée par le Conseil départemental, contradictoirement et sans recours.

A défaut d'opposition, la salle d'asile peut être ouverte à l'expiration du mois.

Art. 23. — Les directrices des salles d'asile publiques sont nommées et révoquées par les Préfets, sur la proposition de l'inspecteur d'Académie; elles sont choisies, après avis du comité local de patronage, soit parmi les membres des congrégations religieuses, soit parmi les laïques, et, dans ce dernier cas, autant que possible, parmi les sous-directrices.

Art. 24. — Le Conseil départemental peut, dans les formes prescrites par les articles 30 et 33 de la loi du 15 mars 1850, interdire de l'exercice de sa profession, dans la commune où elle réside, une directrice de salle d'asile libre.

Il peut frapper d'interdiction absolue une directrice de salle d'asile libre ou publique, sauf appel devant le Conseil impérial de l'instruction publique.

Art. 25. — Dans toute salle d'asile publique, qui reçoit plus de quatre-vingts enfants, la directrice est aidée par une sous-directrice.

Art. 26. — Nulle ne peut être nommée sous-directrice dans une salle d'asile publique avant l'âge de vingt ans, et si elle n'est pourvue d'un certificat de stage délivré ainsi qu'il est dit à l'article 31 du présent décret.

Les sous-directrices dans les salles d'asile publiques sont nommées et révoquées par les maires, sur la proposition du comité de patronage.

Art. 27. — Il y a, dans chaque département, une commission d'examen chargée de constater l'aptitude des personnes qui aspirent à diriger les salles d'asile.

La commission tient une ou deux sessions par an.

Les membres de la commission d'examen sont nommés pour trois ans par le Préfet, sur la proposition du Conseil départemental de l'instruction publique.

La commission d'examen se compose :

De l'inspecteur d'Académie, président;

D'un ministre du culte professé par la postulante;

D'un membre de l'enseignement public ou libre;

De deux dames patronnesses des asiles;

D'un inspecteur de l'instruction primaire faisant fonction de secrétaire.

A Paris, la commission est nommée, sur la proposition du Préfet, par le Ministre de l'instruction publique, qui fixe le nombre des membres dont elle doit être composée.

Art. 28. — Les certificats d'aptitude sont délivrés au nom du Recteur par l'inspecteur d'Académie dans les départements, et, à Paris, par le Vice-Recteur.

Art. 29. — Nulle n'est admise devant une commission d'examen avant l'âge de vingt et un ans, et si elle n'a déposé entre les mains de l'inspecteur d'Académie, un mois avant l'ouverture de la session :

1° Son acte de naissance;

2° Des certificats attestant sa moralité et indiquant les lieux où elle a résidé et les occupations auxquelles elle s'est livrée depuis cinq ans au moins.

La veille de la session, l'inspecteur d'Acadé-

mie arrête, sur la proposition de la commission
d'examen, la liste des postulantes qui seront
admises à subir l'examen.

Art. 30. — L'examen se compose de deux
parties distinctes :

1° Un examen d'instruction ;

2° Un examen pratique.

L'examen d'instruction comprend l'histoire
sainte, le catéchisme, la lecture, l'écriture, l'orthographe, les notions les plus usuelles du calcul et du système métrique, le dessin au trait,
les premiers éléments de géographie, le chant,
le travail manuel.

L'examen pratique a lieu dans une salle
d'asile. Les postulantes sont tenues de diriger
les exercices de cette salle pendant une partie
de la journée.

Art. 31. — Sur la déclaration de la directrice
d'une salle d'asile modèle, visée par le comité
de patronage, l'inspecteur d'Académie délivre
aux postulantes qui ont suivi les exercices de
cette salle d'asile, pendant deux mois, au moins,
le certificat de stage mentionné en l'article 26 du
présent décret.

A Paris, le certificat de stage est délivré par
le Vice-Recteur de l'Académie, soit sur l'attestation de la directrice d'une salle d'asile modèle,
comme il est dit ci-dessus, soit sur l'attestation
de la directrice du cours pratique, certifiée par
la commission de surveillance de cet établissement.

TITRE V.

Du traitement des directrices et sous-directrices des salles d'asile publiques.

Art. 32. — Les directrices des salles d'asile publiques reçoivent sur les fonds communaux un traitement fixe, qui ne peut être moindre de 250 francs, et les sous-directrices un traitement dont le minimum est fixé à 150 francs.

Les unes et les autres jouissent, en outre, du logement gratuit.

Les dispositions de la loi du 9 juin 1853 sur les pensions civiles leur sont applicables.

Art. 33. — Une rétribution mensuelle peut être exigée de toutes les familles dont les enfants sont admis dans les salles d'asile publiques, et qui sont en état de payer le service qu'elles réclament.

Le taux de cette rétribution est fixé par le Préfet, en Conseil départemental, sur l'avis des conseils municipaux et des délégués cantonaux.

Art. 34. — La rétribution mensuelle est perçue, pour le compte de la commune, par le receveur municipal, et spécialement affectée aux dépenses de la salle d'asile.

En cas d'insuffisance du produit de la rétribution mensuelle, et à défaut de fondation, dons ou legs, il est pourvu aux dépenses des salles d'asile publiques, 1° sur les revenus ordinaires des communes; 2° sur l'excédant des trois centimes spéciaux affectés à l'instruction primaire, ou, à défaut, au moyen d'une imposition spécialement autorisée à cet effet.

Une subvention peut être accordée par les départements aux communes qui ne peuvent suffire aux dépenses ordinaires des salles d'asile qu'au moyen d'une imposition spéciale. Cette subvention est prélevée soit sur le restant disponible des deux centimes affectés à l'instruction primaire, soit sur des fonds spécialement votés à cet effet.

RÈGLEMENT

RELATIF AU RÉGIME INTÉRIEUR DES SALLES D'ASILE
PUBLIQUE.

(Arrêté du 22 Mars 1855.)

TITRE PREMIER.

De l'admission des enfants dans les salles d'asile publiques et des soins à leur donner.

Art. 1er. — Les salles d'asile publiques sont ouvertes, du 1er mars au 1er novembre, depuis sept heures du matin jusqu'à sept heures du soir ; du 1er novembre au 1er mars, depuis huit heures du matin jusqu'à six heures du soir.

Des exceptions à cette règle peuvent être autorisées, selon les circonstances locales, par le maire, sur la proposition du comité local de patronage.

Les salles d'asile sont fermées les dimanches et les jours fériés, savoir : le jour de la Toussaint, le jour de Noël, le 1er janvier, les jours de l'Ascension et de l'Assomption.

Il est interdit aux directrices de les fermer d'autres jours sans l'autorisation du comité local de patronage.

Art. 2. — Dans des cas d'urgence, les directrices doivent garder les enfants après les heures déterminées.

La surveillance et les soins particuliers auxquels cette exception doit donner lieu sont réglés par le comité local de patronage.

Les enfants qui n'ont pas été repris par leurs parents à l'heure où la salle d'asile doit être fermée sont conservés par la directrice, ou confiés en mains sûres pour être ramenés à leur demeure.

L'enfant n'est plus admis à la salle d'asile si les parents, après avoir été dûment avertis, retombent habituellement dans la même négligence. L'exclusion ne peut, toutefois, être prononcée que par le maire, sur la proposition du comité local de patronage.

Art. 3. — Lorsqu'un enfant est présenté dans une salle d'asile, la directrice fait connaître à la famille les conditions de propreté, de soins et de nourriture auxquelles elle devra se conformer en ce qui concerne son enfant.

Indépendamment du certificat de médecin prescrit par l'article 10 du décret du 21 mars 1855, la directrice doit exiger de la famille un petit panier pour les provisions de bouche de l'enfant, une éponge et un gobelet. Le comité local de patronage supplée, s'il y a lieu, à l'impossibilité où se trouveraient des familles de fournir ces objets.

Le panier, le gobelet et les éponges de chacun des enfants admis définitivement sont immédiatement marqués d'un numéro d'ordre.

Art. 4. — A l'arrivée des enfants à la salle d'asile, la directrice doit s'assurer par elle-même de leur état de santé et de propreté, de la quantité et de la qualité des aliments qu'ils apportent dans leurs paniers.

L'enfant amené à la salle d'asile dans un état de maladie n'est pas reçu; s'il devient malade dans le courant de la journée, il est aussitôt dirigé vers la demeure de ses parents et, en cas d'urgence, vers la demeure de l'un des médecins de l'établissement.

Les enfants fatigués ou incommodés sont déposés, soit sur le lit de camp ou hamac, soit dans le logement de la directrice, jusqu'à ce qu'on puisse les rendre à leur famille.

Art. 5. — En cas d'absence réitérée d'un enfant sans motif connu d'avance, la directrice s'informe des causes de cette absence. Elle en donne, dans tous les cas, avis au comité local de patronage, qui fait visiter, s'il y a lieu, cet enfant dans sa famille.

Art. 6. — A l'entrée et à la sortie de chaque classe, les enfants sont conduits en ordre aux lieux d'aisance; ils y sont toujours surveillés par la directrice elle-même.

A deux heures, avant la rentrée en classe, les enfants sont également conduits en ordre dans le préau couvert. En passant devant sa case, chacun d'eux reçoit son éponge des mains de la directrice et se présente à son rang devant la femme de service chargée du lavage des mains et de la figure. Après ce lavage, les enfants repassent dans le même ordre devant leur case, où leur éponge est déposée de nouveau par la directrice; ils rentrent ensuite en classe.

Art. 7. — Les enfants ne doivent jamais

être frappés. Ils sont toujours repris avec douceur.

Il ne peut être infligé aux enfants que les punitions suivantes :

Les faire lever et tenir debout pendant dix minutes au plus, lorsque leurs camarades sont assis;

Les faire sortir du gradin ;

Leur interdire le travail en commun ;

Leur faire tourner le dos à leurs camarades.

Des images et des bons points peuvent être donnés, à titre de récompense, aux enfants qui font preuve de docilité. Un certain nombre de bons points peut être échangé par le comité local de patronage contre un objet utile.

TITRE II.

De l'enseignement et des divers exercices.

Art. 8. — L'instruction religieuse, donnée conformément à l'article 3 du décret du 21 mars 1855, ne comporte point de longues leçons; elle comprend surtout les premiers chapitres du petit catéchisme; elle résulte aussi de réflexions morales appropriées aux récits de l'histoire sainte et destinées à présenter aux enfants des exemples de piété, de charité et de docilité, rendus plus clairs et plus attachants à l'aide d'images autorisées pour être mises sous leurs yeux.

Les exercices moraux comprennent des récits

d'histoire qui tendent constamment à inspirer aux enfants un profond sentiment d'amour envers Dieu, de reconnaissance envers l'Empereur et leur auguste protectrice, à leur faire connaître et pratiquer leurs devoirs envers leur père et leur mère et leurs supérieurs, à les rendre doux, polis et bienveillants entre eux.

Art. 9. — L'enseignement de la lecture comprend les voyelles et les consonnes, l'alphabet majuscule et minuscule, les différentes espèces d'accents, les syllabes de deux ou de trois lettres, les mots de deux syllabes.

Art. 10. — L'enseignement de l'écriture se borne à l'imitation des lettres sur l'ardoise.

Art. 11. — L'enseignement du calcul comprend la connaissance des nombres simples, leur représentation par les chiffres arabes, l'addition, la soustraction enseignées à l'aide du boulier-compteur, la table de multiplication apprise de mémoire à l'aide des chants, l'explication des poids et mesures donnée à l'aide de solides ou de tableaux.

Art. 12. — L'enseignement du dessin linéaire comprend la formation, sur le tableau et sur les ardoises, des plus simples figures géométriques et de petits dessins au trait.

Art. 13. — Les connaissances usuelles comprennent la division du temps, les saisons, les couleurs, les sens, les formes, la matière et l'usage des objets familiers aux enfants, des notions sur les animaux, sur les plantes, sur les industries simples, sur les éléments, sur la forme de la terre, sur ses principales divisions, les noms des principaux États de l'Europe avec leurs capitales, les noms des départements de la France avec leurs chefs-lieux et toutes les notions élémentaires propres à former le jugement des enfants.

Art. 14. — Les travaux manuels consistent en travaux de couture, de tricot, de parfilage et autres appropriés aux localités.

Art. 15. — Le chant comprend les premiers principes de la musique vocale, soit d'après la méthode de M. Duchemin-Boisjousse, soit d'après les autres méthodes qui pourraient être ultérieurement autorisées.

Art. 16. — Les leçons et les exercices religieux et moraux commencent et finissent par une courte prière; ils ont lieu, dans les salles d'asile publiques, de dix heures du matin à midi et de deux heures à quatre heures.

Art. 17. — Les exercices corporels se composent de marches, d'évolutions et de mouvements hygiéniques exécutés en mesure par tous les enfants à la fois, dans la salle et dans le préau. Ils se composent aussi, pendant les récréations, de jeux variés selon l'âge des enfants, organisés autant que possible, et dans tous les cas surveillés par la directrice.

Art. 18. — Il est interdit de surcharger la mémoire des enfants de dialogues ou scènes dramatiques, destinés à figurer dans des solennités publiques.

Art. 19. — Les directrices de salles d'asile doivent veiller à tous les besoins physiques, moraux et intellectuels des enfants, à leur langage et à leurs habitudes dans toutes les circonstances de la journée; elles s'assurent que la femme de service ne leur donne, sous ce rapport, que de bons exemples.

TITRE III.

Du local et du mobilier.

Art. 20. — Il y a dans chaque salle d'asile plusieurs rangs de gradins, au nombre de cinq au moins et de dix au plus. Ces gradins doivent garnir toute l'extrémité de la salle.

Il est réservé, au milieu et de chaque côté de ces gradins, un passage destiné à faciliter le classement et les mouvements des enfants.

Des bancs fixés au plancher sont placés dans le reste de la salle avec un espace vide au milieu pour les évolutions.

Dans la salle destinée aux repas, des planches sont disposées le long des murs, et des patères ou crochets sont fixés au-dessous pour recevoir les paniers des enfants et les divers objets à leur usage. Chaque planche est divisée, par une raie, en autant de cases qu'il y a d'enfants. Des numéros, correspondant aux numéros des paniers, sont peints au-dessous de chaque case.

Des lieux d'aisance, distincts pour chaque sexe, sont placés de manière à être facilement surveillés; ils doivent être aérés et disposés de telle sorte qu'il ne résulte de leur voisinage aucune cause d'insalubrité pour l'asile. Le nombre des cabinets est proportionné à celui des enfants. Chaque cabinet doit être clos par une porte sans loquet, ayant au plus 70 centimètres de hauteur et retombant sur elle-même.

La cour doit être spacieuse. Le sol en est battu et uni.

Art. 21. — Le mobilier des salles d'asile se compose de lits de camp sans rideaux ou de hamacs ; d'une pendule ; d'un boulier-compteur à dix rangées de dix boules chacune ; de tableaux et de porte-tableaux ; d'une planche noire sur un chevalet et de crayons blancs ; d'un porte-dessin ; de plusieurs cahiers d'images renfermés dans un portefeuille ; d'une table à écrire garnie d'un casier pour les registres ; d'une grande armoire ; de petites ardoises en nombre égal à celui des enfants, et de leurs crayons ; d'un poêle ; d'une grande fontaine ou d'un robinet alimenté par une concession d'eau, se déversant sur un grand lavabo à double fond ; d'autant d'éponges qu'il y a d'enfants dans la salle d'asile ; enfin, de tous les ustensiles nécessaires au soin des enfants et à la propreté du service, d'un claquoir et d'un sifflet.

Art. 22. — Les salles et préaux sont nettoyés et balayés tous les matins, au moins une demi-heure avant l'arrivée des enfants.

Le balayage est renouvelé après le repas et après la sortie des enfants. Le feu est allumé dans les poêles du préau et de la classe une heure avant l'arrivée des enfants.

Le préau est éclairé dès la chute du jour et aussi longtemps qu'il y reste des enfants.

TITRE IV.

Dispositions générales.

Art. 23. — Les directrices de salles d'asile publiques tiennent :

1° Un registre sur lequel sont inscrits les noms et la demeure des enfants admis provisoirement, le nom du médecin qui a délivré le certificat prescrit par l'article 10 du décret du 21 mars 1855, la date du jour où il a été provisoirement admis ;

2° Un registre sur lequel sont inscrits, jour par jour, sous une même série de numéros, les noms et prénoms des enfants admis définitivement, les noms, demeure et profession des parents ou tuteurs, et les conventions relatives aux moyens d'amener ou de reconduire les enfants ;

3° Un registre sur lequel le médecin inscrit ses observations ;

4° Un registre sur lequel les dames patronnesses chargées de la surveillance de la salle d'asile inscrivent leurs remarques sur la tenue de l'établissement au moment de leur visite ;

5° Un registre de présence des enfants.

Art. 24. — Il est interdit aux directrices, sous-directrices, ainsi qu'aux femmes de service, d'accepter des parents aucune espèce de cadeaux.

Art. 25. — La femme de service est choisie, dans chaque salle d'asile, par la directrice, avec l'approbation du comité local de patronage; elle est révoquée dans la même forme.

Art. 26. — Les salles d'asile publiques sont ouvertes aux personnes qui désirent les visiter.

Art. 27. — Il y a, dans chaque salle d'asile, un tronc destiné à recevoir les dons de la bienfaisance publique.

La clef du tronc est déposée entre les mains de l'une des dames patronnesses chargées de la surveillance de la salle d'asile.

L'emploi des deniers déposés dans ce tronc est réglé par le comité local de patronage.

Art. 28. — Un règlement, fixant l'emploi du temps pour chaque jour de la semaine dans les salles d'asile, est arrêté par le comité local de patronage.

Un exemplaire de ce règlement est toujours affiché dans la salle d'exercices.

APPENDICE.

———

LOI

SUR LES PENSIONS CIVILES.

(Extrait.)

(9 Juin 1853.)

M. H. FORTOUL,
MINISTRE DE L'INSTRUCTION PUBLIQUE.

TITRE PREMIER.

Liquidation des caisses de retraites supprimées.

Art. 1er. — Les caisses de retraites désignées au tableau n° 1¹ seront supprimées à partir du 1er janvier 1854.

1. Sur ce tableau figurent les deux caisses de retraites qui avaient été établies pour le corps enseignant : 1° la caisse de retraite des fonctionnaires et professeurs de l'Université et des employés des bureaux du Ministère; 2° la caisse de retraite des fonctionnaires et des principaux et régents des colléges communaux.

Leur actif sera acquis à l'État.

Art. 2. — Seront inscrites au grand-livre de la dette publique, à partir de la même époque :

1° Les pensions existantes ou en cours de liquidation à la charge des caisses supprimées, pour services terminés avant le 1er janvier 1854 ;

2° Les pensions et indemnités concédées pour cause de réforme, en vertu de l'article 4 de la loi du 1er mai 1822 et du décret du 2 mai 1848 ;

3° Les pensions et secours annuels qui seront concédés à titre de réversibilité aux veuves et aux orphelins des pensionnaires inscrits en vertu des deux paragraphes qui précèdent.

TITRE II.

Conditions du droit à pension pour les fonctionnaires qui entreront en exercice à partir du 1er janvier 1854.

Art. 3. — Les fonctionnaires et employés directement rétribués par l'État, et nommés à partir du 1er janvier 1854, ont droit à pension conformément aux dispositions de la présente loi, et supportent indistinctement, sans pouvoir les répéter dans aucun cas, les retenues ci-après :

1° Une retenue de cinq pour cent sur les sommes payées à titre de traitement fixe ou éventuel, de préciput, de supplément de traitement, de remises proportionnelles, de salaires, ou constituant, à tout autre titre, un émolument personnel ;

2° Une retenue du douzième des mêmes rétributions, lors de la première nomination ou dans le cas de réintégration, et du douzième de toute augmentation ultérieure ;

3° Les retenues pour cause de congés et d'absences, ou par mesure disciplinaire.

. . . .

Art. 4. — Les fonctionnaires de l'enseignement, rétribués, en tout ou en partie, sur les fonds départementaux et communaux, ou sur le prix des pensions payées par les élèves des lycées impériaux ont droit à pension conformément aux dispositions de la présente loi, et supportent, sur leur traitement et leurs différentes rétributions, la retenue déterminée par l'article 3.

Il en est de même des fonctionnaires et employés qui, sans cesser d'appartenir au cadre permanent d'une administration publique, et en conservant leurs droits à l'avancement hiérarchique, sont rétribués, en tout ou en partie, sur les fonds départementaux ou communaux, sur les fonds des compagnies concessionnaires, et même sur les remises et salaires payés par les particuliers.

Art. 5. — Le droit à la pension de retraite est acquis par ancienneté à soixante ans d'âge et après trente ans accomplis de services.

Il suffit de cinquante-cinq ans d'âge et de vingt-cinq ans de services pour les fonctionnaires qui ont passé quinze ans dans la partie active.

La partie active comprend les emplois et grades indiqués au tableau annexé à la présente loi sous le nº 2[1].

Aucun autre emploi ne peut être compris au service actif, ni assimilé à un emploi de ce service, qu'en vertu d'une loi.

Est dispensé de la condition d'âge établie aux deux premiers paragraphes du présent article, le titulaire qui est reconnu par le Ministre hors d'état de continuer ses fonctions.

Art. 6. — La pension est basée sur la moyenne des traitements et émoluments de toute nature soumis à retenues, dont l'ayant droit a joui pendant les six dernières années d'exercice.

Néanmoins, dans les cas prévus par l'article 4, la moyenne ne pourra excéder celle des traitements et émoluments dont le fonctionnaire aurait joui s'il eût été rétribué directement par l'État.

Art. 7. — La pension est réglée, pour chaque année de services civils, à un soixantième du traitement moyen.

En aucun cas, elle ne peut excéder ni les trois quarts du

---

1. La partie active comprend les emplois des douanes, des contributions indirectes et tabacs, des forêts de l'État, de la couronne et des postes.

traitement moyen, ni les maximum déterminés au tableau annexé à la présente loi sous le n° 3.

Art. 8. — Les services dans les armées de terre et de mer concourent avec les services civils pour établir le droit à pension et seront comptés pour leur durée effective, pourvu toutefois que la durée des services civils soit au moins de douze ans dans la partie sédentaire, ou de dix ans dans la partie active.

Si les services militaires de terre ou de mer ont été déjà rémunérés par une pension, ils n'entrent pas dans le calcul de la liquidation. S'ils n'ont pas été rémunérés par une pension, la liquidation est opérée d'après le minimum attribué au grade par les tarifs annexés aux lois des 11 et 18 avril 1831.

Art. 9. — Les services des employés des préfectures et des sous-préfectures rétribués sur les fonds d'abonnement sont réunis, pour l'établissement du droit à pension et pour la liquidation, aux services rémunérés conformément aux dispositions de la présente loi, pourvu que la durée de ces derniers services soit au moins de douze ans dans la partie sédentaire et de dix ans dans la partie active.

Art. 10. — Les services civils rendus hors d'Europe par les fonctionnaires et employés envoyés d'Europe par le Gouvernement français sont comptés pour moitié en sus de leur durée effective, sans, toutefois, que cette bonification puisse réduire de plus d'un cinquième le temps de service effectif exigé pour constituer le droit à pension.

Le supplément accordé à titre de traitement colonial n'entre pas dans le calcul du traitement moyen.

Après quinze années de services rendus hors d'Europe, la pension peut être liquidée à cinquante-cinq ans d'âge.

À l'égard des agents extérieurs du département des affaires étrangères et des fonctionnaires de l'enseignement, le temps d'inactivité durant lequel ils ont été assujettis à la retenue est compté comme service effectif; mais il ne peut être admis dans la liquidation pour plus de cinq ans.

Art. 11. — Peuvent exceptionnellement obtenir pension, quels que soient leur âge et leur activité :

1° Les fonctionnaires et employés qui auront été mis hors d'état de continuer leur service, soit par suite d'un acte de dévouement dans un intérêt public, ou en expo-

sant leurs jours pour sauver la vie d'un de leurs conci-
toyens, soit par suite de lutte ou combat soutenu dans
l'exercice de leurs fonctions ;

2° Ceux qu'un accident grave, résultant notoirement de
l'exercice de leurs fonctions, met dans l'impossibilité de
les continuer.

Peuvent également obtenir pension, s'ils comptent cinquante ans d'âge et vingt ans de services dans la partie
sédentaire, ou quarante-cinq ans d'âge et quinze ans de
services dans la partie active, ceux que des infirmités
graves, résultant de l'exercice de leurs fonctions, mettent
dans l'impossibilité de les continuer, ou dont l'emploi
aura été supprimé.

Art. 12. — Dans les cas prévus par le paragraphe 1er de
l'article précédent, la pension est de la moitié du dernier traitement, sans pouvoir excéder les maximum déterminés au tableau n° 3.

Dans le cas prévu par le paragraphe 2°, la pension est
liquidée, suivant que l'ayant droit appartient à la partie
sédentaire ou à la partie active, à raison d'un soixantième ou d'un cinquantième du dernier traitement pour
chaque année de service civil ; elle ne peut être inférieure
au sixième dudit traitement.

Dans les cas prévus par les deux derniers paragraphes de l'article précédent, la pension est également
liquidée à raison d'un soixantième ou d'un cinquantième
du traitement moyen pour chaque année de service
civil.

Art. 13. — A droit à pension la veuve du fonctionnaire
qui a obtenu une pension de retraite en vertu de la présente loi, ou qui a accompli la durée de service exigée par
l'article 5, pourvu que le mariage ait été contracté six
ans avant la cessation des fonctions du mari.

La pension de la veuve est du tiers de celle que le mari
avait obtenue ou à laquelle il aurait eu droit. Elle ne peut
être inférieure à cent francs, sans, toutefois, excéder
celle que le mari aurait obtenue ou pu obtenir.

Le droit à pension n'existe pas pour la veuve dans le
cas de séparation de corps prononcée sur la demande du
mari.

Art. 14. — Ont droit à pension :

1° La veuve du fonctionnaire ou employé qui, dans
l'exercice ou à l'occasion de ses fonctions, a perdu la vie

16

dans un naufrage ou dans un des cas spécifiés au paragraphe 1er de l'article 11, soit immédiatement, soit par suite de l'événement;

2° La veuve dont le mari aura perdu la vie par un des accidents prévus au paragraphe 2° de l'article 11, ou par suite de cet accident.

Dans le premier cas, la pension est des deux tiers de celle que le mari aurait obtenue ou pu obtenir par application de l'article 12 (premier paragraphe).

Dans le second cas, la pension est du tiers de celle que le mari aurait obtenue ou pu obtenir en vertu dudit article (deuxième paragraphe).

Dans les cas spécifiés au présent article, il suffit que le mariage ait été contracté antérieurement à l'événement qui a amené la mort ou la mise à la retraite du mari.

Art. 15. — Dans le cas où un employé, ayant servi alternativement dans la partie active et dans la partie sédentaire, décède avant d'avoir accompli les trente années de service exigées pour constituer le droit à pension de sa veuve, un cinquième de son temps de service dans la partie active est ajouté fictivement en sus du service effectif pour compléter les trente années nécessaires. La liquidation ne s'opère, néanmoins, que sur la durée effective des services.

Art. 16. — L'orphelin ou les orphelins mineurs d'un fonctionnaire ou employé ayant obtenu sa pension, ou ayant accompli la durée de services exigée par l'article 5 de la présente loi, ou ayant perdu la vie dans un des cas prévus par les paragraphes 1er et 2° de l'article 14, ont droit à un secours annuel lorsque la mère est ou décédée, ou inhabile à recueillir la pension, ou déchue de ses droits.

Ce secours est, quel que soit le nombre des enfants, égal à la pension que la mère aurait obtenue ou pu obtenir conformément aux articles 13, 14 et 15. Il est partagé entre eux par égales portions, et payé jusqu'à ce que le plus jeune des enfants ait atteint l'âge de vingt et un ans accomplis, la part de ceux qui décéderaient ou celle des majeurs faisant retour aux mineurs.

S'il existe une veuve et un ou plusieurs orphelins mineurs provenant d'un mariage antérieur du fonctionnaire, il est prélevé sur la pension de la veuve, et sauf réversibilité en sa faveur, un quart au profit de l'orphelin du premier lit s'il n'en existe qu'un en âge de minorité, et la moitié s'il en existe plusieurs.

Art. 17. — Les pensions et secours annuels qui seront accordés conformément aux dispositions du présent titre sont inscrits au grand-livre de la dette publique.

TITRE III.

Dispositions transitoires applicables aux fonctionnaires et employés en exercice au 1er janvier 1854.

Art. 18. — Les fonctionnaires et employés en exercice au 1er janvier 1854 sont soumis aux retenues déterminées par l'article 3, et sont retraités d'après les règles ci-après :

Ceux qui étaient tributaires de caisses de retraite supprimées et ceux qui obtenaient pension sur fonds généraux sont liquidés dans les proportions et aux conditions réglées par la présente loi pour leurs services postérieurs au 1er janvier 1854; et pour les services antérieurs, conformément, soit aux règlements spéciaux, soit aux loi et décret des 22 août 1790 et 13 septembre 1806, qui régissaient respectivement leur situation, sans que les maximum déterminés par la présente loi puissent être dépassés.

Toutefois, les pensions des fonctionnaires et employés qui, au 1er janvier 1854, auront accompli la durée de service exigée par les règlements spéciaux, loi et décret précités, sont liquidées conformément à ces règlements, loi ou décret.

Les fonctionnaires et employés qui, antérieurement, ne subissaient pas de retenues et n'étaient pas placés sous le régime des loi et décret des 22 août 1790 et 13 septembre 1806, sont admis à faire valoir la totalité de leurs services admissibles pour constituer leur droit à pension; toutefois, cette pension n'est liquidée que pour le temps pendant lequel ces fonctionnaires auront subi la retenue, et n'est réglée qu'à raison d'un cent vingtième du traitement moyen par chaque année de services civils; mais le montant de la pension ainsi fixé est alors augmenté d'un trentième pour chacune des années liquidées : cette base exceptionnelle cesse lorsque le titulaire se trouve dans les conditions voulues par l'article 5.

TITRE IV.

Dispositions d'ordre et de comptabilité.

Art. 19. — Aucune pension n'est liquidée qu'autant que le fonctionnaire aura été préalablement admis à faire valoir ses droits à la retraite par le Ministre au département duquel il ressortit.

Art. 20. — Il ne peut être concédé annuellement de pension, en vertu de la présente loi, que dans la limite des extinctions réalisées sur les pensions inscrites. Dans le cas, toutefois, où cette limite devrait être dépassée, par suite de l'accroissement de liquidation auquel donneront lieu les nouvelles catégories de fonctionnaires soumis à la retenue et appelés à la pension par l'article 3, l'augmentation de crédit nécessaire sera l'objet d'une loi spéciale.

Art. 21. — Il sera rendu compte annuellement, lors de la présentation de la loi du budget, des pensions de retraite concédées et inscrites en vertu de la présente loi, en distinguant les charges antérieures et celles postérieures au 1er janvier 1854.

Art. 22. — Toute demande de pension est adressée au Ministre du département auquel appartient le fonctionnaire. Cette demande doit, à peine de déchéance, être présentée avec les pièces à l'appui dans le délai de cinq ans à partir de la promulgation de la présente loi, pour les droits ouverts antérieurement, et, pour les droits qui s'ouvriront postérieurement, à partir, savoir : pour le titulaire, du jour où il aura été admis à faire valoir ses droits à la retraite, ou du jour de la cessation de ses fonctions, s'il a été autorisé à les continuer après cette admission, et, pour la veuve, du jour du décès du fonctionnaire.

Les demandes de secours annuels pour les orphelins doivent être présentées dans le même délai à partir de la promulgation de la présente loi, ou du jour du décès de leur père ou de celui de leur mère.

Art. 23. — Les pensions sont liquidées d'après la durée des services, en négligeant sur le résultat final du décompte les fractions de mois et de franc.

Les services civils ne sont comptés que de la date du premier traitement d'activité et à partir de l'âge de vingt ans accomplis. Le temps de surnumérariat n'est compté dans aucun cas.

Art. 24. — La liquidation est faite par le Ministre compétent, qui la soumet à l'examen du Conseil d'État avec l'avis du Ministre des finances.

Le décret de concession est rendu sur la proposition du Ministre compétent. Il est contre-signé par lui et par le Ministre des finances.

Il est inséré au Bulletin des lois.

Art. 25. — La jouissance de la pension commence du jour de la cessation du traitement, ou du lendemain du décès du fonctionnaire; celle du secours annuel, du lendemain du décès du fonctionnaire ou du décès de la veuve.

Il ne peut, en aucun cas, y avoir lieu au rappel de plus de trois années d'arrérages antérieurs à la date de l'insertion au Bulletin des lois du décret de concession.

Art. 26. — Les pensions sont incessibles. Aucune saisie ou retenue ne peut être opérée du vivant du pensionnaire, que jusqu'à concurrence d'un cinquième pour débet envers l'État, ou pour des créances privilégiées, aux termes de l'article 2101 du Code Napoléon, et d'un tiers dans les circonstances prévues par les articles 203, 205, 206, 207 et 214 du même Code.

Art. 27. — Tout fonctionnaire ou employé démissionnaire, destitué, révoqué d'emploi, perd ses droits à la pension. S'il est remis en activité, son premier service lui est compté.

Celui qui est constitué en déficit pour détournement de deniers ou de matières, ou convaincu de malversation, perd ses droits à la pension, lors même qu'elle aurait été liquidée ou inscrite.

La même disposition est applicable au fonctionnaire convaincu de s'être démis de son emploi à prix d'argent, et à celui qui aura été condamné à une peine afflictive ou infamante. Dans ce dernier cas, s'il y a réhabilitation, les droits à la pension seront rétablis.

Art. 28. — Lorsqu'un pensionnaire est remis en activité

dans le même service, le payement de sa pension est suspendu.

Lorsqu'il est remis en activité dans un service différent, il ne peut cumuler sa pension et son traitement que jusqu'à concurrence de quinze cents francs.

Après la cessation de ses fonctions, il peut rentrer en jouissance de son ancienne pension, ou obtenir, s'il y a lieu, une nouvelle liquidation basée sur la généralité de ses services.

Art. 29. — Le droit à l'obtention ou à la jouissance d'une pension est suspendu par les circonstances qui font perdre la qualité de Français, durant la privation de cette qualité.

La liquidation ou le rétablissement de la pension ne peut donner lieu à aucun rappel pour les arrérages antérieurs.

TITRE V.

Dispositions applicables aux pensions de toute nature.

Art. 30. — Les pensions et secours annuels sont payés par trimestre; ils sont rayés des livres du Trésor après trois ans de non réclamation, sans que leur rétablissement donne lieu à aucun rappel d'arrérages antérieurs à la réclamation.

La même déchéance est applicable aux héritiers ou ayants cause des pensionnaires qui n'auront pas produit la justification de leurs droits dans les trois ans qui suivront la date du décès de leur auteur.

Art. 31. — Le cumul de deux pensions est autorisé dans la limite de six mille francs, pourvu qu'il n'y ait pas double emploi dans les années de service présentées pour la liquidation.

La disposition qui précède n'est pas applicable aux pensions que des lois spéciales ont affranchies des prohibitions du cumul.

DÉCRET

SUR LES PENSIONS CIVILES.

(9 Novembre 1853.)

(Extrait.)

. . . .

TITRE II.

Perception des retenues.

Art. 5. — Les traitements ou allocations passibles de retenues, qui sont acquittés par les comptables du Trésor, sont portés pour le brut dans les ordonnances et mandats, et il y est fait mention spéciale des retenues à exercer pour pension.

Les comptables chargés du payement de ces ordonnances ou mandats les imputent en dépense pour leur montant intégral, et ils constatent en recette les retenues opérées au crédit du budget de chaque exercice et à un compte distinct intitulé : *Retenues sur traitements pour le service des pensions civiles.*

. . . .

Art. 7. — Les retenues afférentes aux traitements tant fixes qu'éventuels des fonctionnaires des lycées sont précomptées chaque mois ou chaque trimestre, à l'instant du payement, par l'économe, et par lui versées à la caisse du receveur des finances.

A l'appui de chaque versement et comme titre de perception, l'économe fournit au receveur une expédition des états de traitements certifiée par le proviseur et visée par le Recteur.

Art. 8. — Les retenues à exercer sur les traitements des fonctionnaires des Écoles secondaires de médecine et de pharmacie, et des colléges communaux en régie, au compte des villes, sont précomptées de la même manière par le receveur municipal et par lui versées dans la caisse du receveur des finances, auquel il remet, comme titre de perception, une expédition des états de traitement certifiée par le directeur de l'École ou par le principal, et visée par le Recteur.

Art. 9. — A l'égard des colléges communaux où le pensionnat est au compte des principaux, le montant des retenues est précompté par le receveur municipal sur les différents termes de la subvention allouée par la ville à l'établissement. A cet effet, le principal remet au receveur, chaque mois ou chaque trimestre, selon que les traitements sont acquittés mensuellement ou trimestriellement, un état des traitements dressé en double expédition, certifié par lui et visé par le Recteur. Le traitement attribué au principal, pour le décompte de la retenue qu'il doit subir, sera calculé sur le traitement du régent le mieux rétribué, augmenté d'un quart.

Une des deux expéditions est produite par le receveur municipal au receveur des finances pour justifier le versement des retenues.

Dans les colléges auxquels la ville n'alloue pas de subvention, les retenues sont précomptées par le principal et versées directement par lui dans la caisse du receveur des finances, à qui il remet une expédition de l'état des traitements, certifiée comme il a été dit ci-dessus.

Art. 10. — Les retenues acquises au Trésor sur le traitement des instituteurs communaux, quelle que soit l'origine des rétributions dont ce traitement se compose, sont prélevées par le receveur municipal lors du payement, lequel a lieu sur la production de mandats délivrés par le maire et indiquant le montant brut des rétributions, les retenues à exercer et le net à payer.

Lorsque l'instituteur est autorisé à percevoir lui-même la rétribution scolaire, conformément au deuxième paragraphe de l'article 41 de la loi du 15 mars 1850, il remet le vingtième de cette rétribution au receveur municipal, qui le verse, avec les autres retenues acquises au trésor, dans la caisse du receveur des finances.

A l'appui des versements effectués, le receveur municipal produit des copies des mandats de payement, et, en outre, lorsque la rétribution scolaire a été perçue par l'instituteur, une copie du rôle de rétribution.

Art. 11. — Indépendamment des pièces mentionnées à l'article précédent, le receveur municipal adresse tous les trois mois au receveur des finances, pour être transmis au Sous-Préfet, un bordereau récapitulatif des sommes recouvrées dans le cours du trimestre pour traitement de l'instituteur, et des retenues dont elles ont été frappées au profit du Trésor.

Le Sous-Préfet, après avoir, de concert avec l'inspecteur des écoles primaires, opéré le rapprochement de l'état des mutations du personnel avec les bordereaux remis par le receveur des finances, arrête et transmet au Préfet, en double expédition, un tableau général des traitements et rétributions de toute nature afférents aux instituteurs communaux de l'arrondissement, et des retenues qui ont été exercées sur ces traitements et rétributions pendant le trimestre écoulé.

Ce tableau est vérifié par le Préfet, qui en adresse une expédition, visée de lui, au Ministre de l'instruction publique et des cultes.

Art. 12. — Tous les trois mois, le Ministre de l'instruction publique fait parvenir au Ministre des finances un état récapitulatif, par catégorie de fonctionnaires, des retenues acquises au Trésor pour tous les services de l'instruction publique.

Cet état indique le total brut des traitements qui ont été payés et le montant des retenues qui ont dû être précomptées par les payeurs ou versées dans les caisses des receveurs des finances.

En ce qui concerne les instituteurs communaux, cette production n'a lieu que tous les six mois. L'état est dressé par arrondissement.

Art. 13. — Les fonctionnaires et employés rétribués sur d'autres fonds que ceux de l'État, qui ont néanmoins droit à pension conformément au dernier paragraphe de l'article 4 de la loi du 9 juin 1853, supportent la retenue sur l'intégralité de leurs rétributions.

Ceux qui sont placés en France et en Algérie doivent effectuer le versement de cette retenue, par trimestre et dans les premiers jours du trimestre qui suit le trimestre échu, à la caisse du receveur des finances ; ils transmettent la déclaration de ce versement au Ministre du département auquel ils ressortissent. Ceux qui résident à l'étranger sont tenus de faire acquitter, pour leur compte, les retenues qui les concernent, et de faire faire en même temps la déclaration ci-dessus prescrite : ils sont autorisés à faire un seul versement par année.

Les Ministres transmettent chaque trimestre au Ministre des finances des états nominatifs par département desdits fonctionnaires et employés; ces états, indiquant le traitement applicable à chaque agent et la retenue à exercer, sont transmis, comme titre de perception à recouvrer, aux receveurs des finances.

Art. 15. — Le compte général des retenues exercées pour le service des pensions civiles, établi par Ministères et administrations, est annexé au compte définitif des recettes publié par le Ministre des finances pour chaque exercice.

Art. 16. — Les fonctionnaires et employés ne peuvent obtenir chaque année un congé ou une autorisation d'absence de plus de quinze jours sans subir une retenue. Toutefois, un congé d'un mois sans retenue peut être accordé à ceux qui n'ont joui d'aucun congé et d'aucune autorisation d'absence pendant trois années consécutives.

Pour les congés de moins de trois mois, la retenue est de la moitié au moins et des deux tiers au plus du traitement.

Après trois mois de congé consécutifs ou non, dans la même année, l'intégralité du traitement est retenue, et le temps excédant les trois mois n'est pas compté comme service effectif pour la pension de retraite.

Si, pendant l'absence de l'employé, il y a lieu de pourvoir à des frais d'intérim, le montant en sera précompté, jusqu'à due concurrence, sur la retenue qu'il doit subir.

La durée du congé avec retenue de la moitié au moins et des deux tiers au plus du traitement peut être portée à quatre mois pour les fonctionnaires et employés exerçant hors de France, mais en Europe ou en Algérie, et à six mois pour ceux qui sont attachés au service colonial ou aux services diplomatique et consulaire hors d'Europe.

Sont affranchies de toute retenue les absences ayant pour cause l'accomplissement d'un des devoirs imposés par la loi.

En cas d'absence pour cause de maladie dûment constatée, le fonctionnaire ou l'employé peut être autorisé à conserver l'intégralité de son traitement pendant un temps qui ne peut excéder trois mois. Pendant les trois mois suivants, il peut obtenir un congé avec la retenue de la moitié au moins et des deux tiers au plus du traitement.

Si la maladie est déterminée par l'une des causes exceptionnelles prévues aux premier et deuxième paragraphes de l'article 11 de la loi du 9 juin 1853, le fonctionnaire peut conserver l'intégralité de son traitement jusqu'à son rétablissement ou jusqu'à sa mise à la retraite.

Il n'est dérogé par le présent article ni. . . . .
ni aux règles spéciales concernant la mise en activité

des fonctionnaires de l'enseignement.

Art. 17. — Le fonctionnaire ou l'employé qui s'est absenté ou qui a dépassé la durée de ses vacances ou de son congé, sans autorisation, peut être privé de son traitement pendant un temps double de celui de son absence irrégulière.

Une retenue qui ne peut excéder deux mois de traitement peut être infligée, par mesure disciplinaire, dans le cas d'inconduite, de négligence ou de manquement au service.

Les dispositions du présent article ne sont applicables ni. . . . .
ni aux membres du corps enseignant, qui restent soumis aux articles 33 de la loi du 15 mars 1850, et 3 du décret du 9 mars 1852.

Art. 18. — La retenue prescrite par les deux articles précédents s'exerce sur les rétributions de toute nature constituant l'émolument personnel passible de la retenue de 5 pour 100 aux termes du paragraphe 2 de l'article 3 de la loi du 9 juin 1853.

Art. 21. — Sont affranchies des retenues prescrites par l'article 3 de la loi du 9 juin 1853, les sommes payées à titre d'indemnité pour frais de représentation et de stations navales, de gratifications éventuelles, de salaires de travail extraordinaire, d'indemnités pour missions extraordinaires, d'indemnités de perte, de frais de voyage, d'abonnements et d'allocations pour frais de bureau, de régie, de table et de loyer, de supplément de traitement colonial et de remboursement de dépenses.

Art. 25. — Le fonctionnaire démissionnaire, révoqué

ou destitué, s'il est réadmis dans un emploi assujetti à la retenue, subit de nouveau la retenue du premier mois de son traitement et celle du premier douzième des augmentations ultérieures.

Celui qui, par mesure disciplinaire ou par mutation volontaire d'emploi, est descendu à un traitement inférieur, subit la retenue du premier douzième des augmentations ultérieures.

Le fonctionnaire placé dans la situation indiquée par le dernier paragraphe de l'article 10 de la loi du 9 juin 1853 est assujetti à la retenue sur son traitement d'inactivité; mais il ne subit pas la retenue du premier douzième lorsqu'il est rappelé à un emploi actif.

COMPOSITION DU TRAITEMENT MOYEN.

Art. 26. — . . . .
A l'égard des principaux des colléges communaux qui administrent le pensionnat à leur compte, le traitement moyen est réglé sur le traitement du régent le mieux rétribué, surévalué d'un quart.

Art. 27. — A l'égard des agents extérieurs du département des affaires étrangères et des fonctionnaires de l'enseignement qui sont admis à la retraite dans la position d'inactivité prévue par le quatrième paragraphe de l'article 10 de la loi du 9 juin 1853, le traitement moyen s'établit sur les six années de services qu'ils ont rendus, comme titulaires d'emploi, avant leur mise en inactivité.

Art. 28. — Le traitement moyen des agents qui sont rétribués par des salaires ou remises variables sujettes à liquidation est établi sur les six années antérieures à celle dans le cours de laquelle cesse l'activité.

TITRE III.

Justification du droit à pension, mode de liquidation.

Art. 29. — L'admission du fonctionnaire à faire valoir ses droits à la retraite est prononcée par l'autorité qui, aux termes des règlements, a qualité pour prononcer sa révocation.

L'acte d'admission à la retraite spécifie les circonstances qui donnent ouverture au droit à la pension, et indique les articles de la loi applicables au fonctionnaire.

Art. 30. — Lorsque l'admission à la retraite a lieu avant l'accomplissement de la condition d'âge imposée par l'article 5 de la loi du 9 juin 1853, cette admission est prononcée dans les formes suivantes :

Si l'impossibilité d'être maintenu en activité résulte pour le fonctionnaire d'un état d'invalidité morale inappréciable pour les hommes de l'art, sa situation est constatée par un rapport de ses supérieurs dans l'ordre hiérarchique.

Si l'incapacité de servir est le résultat de l'invalidité physique du fonctionnaire, l'acte prononçant son admission à la retraite doit être appuyé, indépendamment des justifications ci-dessus spécifiées, d'un certificat des médecins qui lui ont donné leurs soins, et d'une attestation d'un médecin désigné par l'administration et assermenté, qui déclare que le fonctionnaire est hors d'état de continuer utilement l'exercice de son emploi.

Art. 31. — Le fonctionnaire admis à la retraite doit produire, indépendamment de son acte de naissance et d'une déclaration de domicile,

1° Pour la justification des services civils :

Un extrait dûment certifié des registres et sommiers de l'administration ou du ministère auquel il a appartenu, énonçant ses nom et prénoms, sa qualité, la date et le lieu de sa naissance, la date de son entrée dans l'emploi avec traitement, la série de ses grades et services, l'époque et les motifs de leur cessation et le montant du traitement dont il a joui pendant chacune des six dernières années de son activité.

Lorsqu'il n'aura pas existé de registres, ou que tous les services administratifs ne se trouveront pas inscrits sur les registres existants, il y sera suppléé, soit par un certificat du chef ou des chefs compétents des administrations où l'employé aura servi, relatant les indications ci-dessus énoncées, soit par un extrait des comptes et états d'émargement certifié par le greffier de la Cour des comptes.

Les services civils rendus hors d'Europe sont constatés par un certificat distinct délivré par le Ministre compétent.

. . . .

A défaut de ces justifications, et lorsque, pour cause de destruction des archives dont on aurait pu les extraire ou du décès des fonctionnaires supérieurs, l'impossibilité de les produire aura été prouvée, les services pourront être constatés par acte de notoriété.

. . . .

Les services des employés de préfectures et de sous-préfectures sont justifiés par un certificat du Préfet ou du Sous-Préfet, constatant que le titulaire a été rétribué sur des fonds d'abonnement, et ce certificat doit être visé par le Ministre de l'intérieur.

Art. 32. — Les veuves prétendant à pension fournissent, indépendamment des pièces que leur mari aurait été tenu de produire :

1° Leur acte de naissance ;

2° L'acte de décès de l'employé ou du pensionnaire ;

3° L'acte de célébration du mariage ;

4° Un certificat de non-séparation de corps, et, si le mariage est antérieur à la loi du 8 mai 1816, un certificat de non-divorce ;

5° Dans le cas où il y aurait eu séparation de corps, la veuve doit justifier que cette séparation a été prononcée sur sa demande.

Les orphelins prétendant à pension fournissent, indépendamment des pièces que leur père aurait été tenu de produire :

1° Leur acte de naissance ;

2° L'acte de décès de leur père ;

3° L'acte de célébration de mariage de leurs père et mère ;

4° Une expédition ou un extrait de l'acte de tutelle ;

5° En cas de prédécès de la mère, son acte de décès.

En cas de séparation de corps, expédition du jugement qui a prononcé la séparation ou un certificat du greffier du tribunal qui a rendu le jugement ;

En cas de second mariage, acte de célébration.

Les veuves ou orphelins prétendant à pension produisent le brevet délivré à leur mari ou père, lorsqu'il est décédé en jouissance de pension, ou une déclaration constatant la perte de ce titre.

Art. 33. — Si le fonctionnaire a été justiciable direct de la Cour des comptes, soit en deniers, soit en matières, il doit produire un certificat de la comptabilité générale des finances ou du Ministère, constatant, sauf justification ultérieure du quitus de la Cour des comptes, que la vérification provisoire de sa gestion ne révèle aucun débet à sa charge.

Si le prétendant à pension n'est pas justiciable direct de la Cour des comptes, sa situation en fin de gestion est constatée par un certificat du comptable supérieur duquel il relève.

Art. 34. — Les enfants orphelins des fonctionnaires décédés pensionnaires ne peuvent obtenir des secours à titre de réversion qu'autant que le mariage dont ils sont issus a précédé la mise à la retraite de leur père.

Art. 35. — Dans les cas spécifiés aux paragraphes 1er et 2e de l'article 11, 1er et 2e de l'article 14 de la loi du 9 juin 1853, l'événement donnant ouverture au droit à pension doit être constaté par un procès-verbal en due forme dressé sur les lieux et au moment où il est survenu. A défaut de procès-verbal, cette constatation peut s'établir par un acte de notoriété rédigé sur la déclaration des témoins de l'événement ou des personnes qui ont été à même d'en connaître et d'en apprécier les conséquences. Cet acte doit être corroboré par les attestations conformes de l'autorité municipale et des supérieurs immédiats du fonctionnaire.

Dans le cas d'infirmités prévu par le troisième paragraphe de l'article 11 de la loi du 9 juin, ces infirmités et leurs causes sont constatées par les médecins qui ont donné leurs soins au fonctionnaire et par un médecin désigné par l'administration et assermenté. Ces certificats doivent être corroborés par l'attestation de l'autorité municipale et celle des supérieurs immédiats du fonctionnaire.

Art. 36. — Dans les cas exceptionnels prévus par les premier et deuxième paragraphes dudit article 11, il est tenu compte à l'employé de ses services militaires de terre et de mer, suivant le mode spécial de rémunération réglé par l'article 8 de la loi, indépendamment de la liquidation déterminée pour les services civils par les deux premiers paragraphes de l'article 12.

La liquidation s'établit, dans les mêmes cas, sur le traitement moyen, lorsqu'il est plus favorable à l'employé que le dernier traitement d'activité.

. . . .

TITRE IV.

Dispositions d'ordre et de comptabilité.

. . . .

Art. 41. — Les décrets de concession mentionnent les nom, prénoms, grade, date et lieu de naissance du pensionnaire, la nature et la durée de ses services, la date des lois, décrets et ordonnances réglementaires en vertu desquels la pension a été liquidée, la quotité du traitement qui a servi de base à la liquidation, la part de rémunération afférente aux services militaires et celle afférente aux services civils, la limitation au maximum, la quotité de la pension, la date d'entrée en jouissance et le domicile de la partie. Ces décrets indiquent en outre la date de l'avis rendu par la section des finances, et, s'il y a lieu, celle de l'avis du Conseil d'État.

Lorsque ces décrets sont collectifs, ils doivent être divisés en deux catégories, comprenant distinctement les pensions pour services terminés avant le 1er janvier 1854 et celles concédées pour services terminés postérieurement à cette date.

Art. 42. — La date de la présentation de la demande en liquidation est constatée par son inscription sur un registre spécial tenu dans chaque Ministère. Un bulletin de cette inscription est délivré à la partie intéressée.

Art. 43. — Lorsqu'un fonctionnaire dont la pension est liquidée ou inscrite se trouve dans l'un des cas prévus par les deux derniers paragraphes de l'article 27 de la loi du 9 juin 1853, sa perte du droit à la pension est prononcée par un décret rendu sur la proposition du Ministre des finances, après avoir pris l'avis du Ministre liquidateur et après avoir consulté la section des finances du Conseil d'État.

Art. 44. — Lorsqu'un pensionnaire est remis en activité, il en est immédiatement donné avis par le Ministre compétent au Ministre des finances, pour que le payement de la pension soit suspendu ou pour qu'il soit fait application des dispositions de l'article 31 de la loi du 9 juin relatives au cumul.

Art. 45. — Lorsqu'un fonctionnaire a disparu de son domicile, et que plus de trois ans se sont écoulés sans qu'il ait réclamé les arrérages de sa pension, sa femme ou les enfants qu'il a laissés peuvent obtenir, à titre provisoire, la liquidation des droits de réversion qui leur seraient ouverts par les articles 13 et 16 de la loi du 9 juin 1853 en cas de décès dudit pensionnaire.

Art. 46. — Tout titulaire d'une pension inscrite au Trésor doit produire, pour le payement, un certificat de vie délivré par un notaire, conformément à l'ordonnance du 6 juin 1839, lequel certificat contient, en exécution des articles 14 et 15 de la loi du 15 mai 1818, la déclaration relative au cumul.

La rétribution fixée par le décret du 21 août 1806 et l'ordonnance du 20 juin 1817, pour la délivrance des certificats de vie, est modifiée ainsi qu'il suit :

Pour chaque trimestre à percevoir :

De 600 francs et au-dessus.......	0f 50c
De 600 à 301 francs.............	0 35
De 300 à 101 francs	0 25
De 100 à 50 francs.............	0 20
Au-dessous de 50 francs..........	0 00

Art. 47. — Lorsque l'intérêt du service l'exige, le fonctionnaire admis à faire valoir ses droits à la retraite peut être maintenu momentanément en activité, sans que la prolongation de ses services puisse donner lieu à un supplément de liquidation. Dans ce cas, la jouissance de sa pension part du jour de la cessation effective du traitement.

SOCIÉTES

DE SECOURS MUTUELS.

CIRCULAIRE AUX PRÉFETS.

(31 août 1863.)

Monsieur le Préfet,

La Commission instituée pour juger le concours des Instituteurs, ouvert le 10 mars 1862, a exprimé le désir de voir se multiplier les sociétés de secours mutuels entre les Instituteurs et les Institutrices publics d'une même circonscription. Déjà, sur un grand nombre de points, l'initiative privée avait devancé le vœu de la Commission. Le Gouvernement impérial s'est empressé de donner à ces utiles fondations l'approbation qu'exige le décret du 26 mars 1852. Quelques Conseils généraux ont eu à cœur de témoigner leur sympathie pour des existences consacrées à l'éducation populaire, en dotant les Sociétés dès leur naissance. Dans chaque département, elles ont reçu l'offrande des hommes les plus considérables, inscrits comme membres honoraires, et le Ministère de l'instruction publique s'est efforcé de concourir à leur prospérité par des subventions distribuées dans la mesure de ses ressources.

Aujourd'hui que le temps a éprouvé l'œuvre, il est à désirer, Monsieur le Préfet, que votre département suive le mouvement donné dans une grande partie de la France. L'esprit qui anime les sociétés de secours mutuels, la vue des misères soulagées par leurs soins est un appui moral qui raffermit les courages. Le fonds commun, produit des souscriptions particulières, permet de secourir les instituteurs que les maladies ou les infirmités contraignent au repos, et ceux qui, chargés de famille, ne peuvent momentanément suffire a des devoirs trop lourds. La mort même du titulaire n'est pas le terme des bienfaits de l'association : elle vient en aide aux veuves, et contribue, dans certaines limites, à l'éducation des jeunes enfants. Enfin, quand la situation financière est favorable, une retraite est donnée aux membres que l'âge écarte de leurs fonctions, et, s'ajoutant à la pension de l'État, diminue les soucis de leur vieillesse. C'est ainsi que le Comité de secours mutuels de la Seine fait à ses membres une retraite annuelle de 300 francs.

Je n'ose pas espérer, Monsieur le Préfet, que d'aussi heureux résultats soient obtenus partout et du premier coup ; mais, grâce à une expérience déjà assez longue, j'ai pu dresser le modèle de statuts ci-joint, qui indique, avec la meilleure organisation, suivant moi, les améliorations immédiatement réalisables. Voici, en conséquence, la marche que je vous prie de suivre : vous voudrez bien vous entendre avec M. l'inspecteur d'Académie et inviter les principaux instituteurs de votre département à former une Commission provisoire. Cette Commission aura pour but de recueillir les adhésions et de faire subir aux statuts proposés une première discussion. J'ai lieu de penser que, dans le délai de deux mois, elle aura pu s'organiser et terminer les travaux préparatoires. Aussitôt que le résultat vous en sera connu, je vous serai obligé de me le transmettre.

Recevez, Monsieur le Préfet, l'assurance de ma considération la plus distinguée.

Le Ministre de l'instruction publique,

V. DURUY.

ENVOI AUX PRÉFETS

D'UN MODÈLE DE STATUTS.

(19 mars 1866.)

Monsieur le Préfet,

En appelant, par ma circulaire du 31 août 1863, toute votre sollicitude sur la création de sociétés de secours mutuels entre les instituteurs et institutrices d'un même département, je vous adressais un modèle de statuts à adopter par les associations futures. Ces statuts ayant donné lieu à quelques difficultés dans leur application, j'ai dû, de concert avec Son Excellence M. le Ministre de l'Intérieur, dans les attributions duquel se trouvent lesdites sociétés, procéder à une révision du modèle dont il s'agit, et j'ai l'honneur de vous adresser, sous ce pli, le résultat de ce travail commun aux deux administrations.

Ces nouveaux statuts devront donc, afin d'éviter tout embarras dans l'avenir, servir de types aux sociétés qui se créeront désormais; celles déjà existantes pourront examiner s'il ne convient pas de ramener leurs statuts actuels au modèle que je vous envoie.

Je n'ajouterai rien, Monsieur le Préfet, aux pressantes recommandations contenues dans la circulaire précitée. Elle faisait suffisamment ressortir, à tous les points de vue, l'utilité de ces sociétés et les avantages qui en découlent pour les instituteurs qui en font partie. Aussi ne sais-je à quelle cause attribuer le nombre assez considérable de départements encore privés de cette institution. Un coup d'œil jeté sur les quatre tableaux ci-annexés vous fera connaître quels résultats heureux ont été obtenus dans les quarante-quatre départements où les instituteurs, guidés par les conseils de MM. les préfets et inspecteurs d'Académie, sont arrivés à constituer une société de secours mutuels. Ces résultats sont d'autant plus appréciables que les associations auxquelles ils se rapportent ne comptent que quelques années d'existence.

Le Gouvernement de l'Empereur attache la plus grande importance à tout ce qui peut contribuer à l'amélioration du sort des instituteurs et des institutrices publics. C'est vous dire qu'il compte sur le concours empressé de MM. les préfets pour arriver à constituer pour ces maîtres, partout où elles font encore défaut, des sociétés de secours mutuels. MM. les inspecteurs d'Académie ne manqueront pas, j'en suis persuadé, de diriger dans tous ses détails l'œuvre d'organisation dont je vous prie, Monsieur le Préfet, de vouloir bien prendre, s'il y a lieu, l'initiative dans votre département.

Je serai heureux d'apprendre que vos efforts ont été couronnés de succès.

Recevez, Monsieur le Préfet, l'assurance de ma considération très-distinguée.

Le Ministre de l'instruction publique,
V. DURUY.

STATUTS.

TITRE PREMIER.

Art. 1er. — Une société de secours mutuels est établie entre les instituteurs communaux et les institutrices communales du département d

Elle a pour but :

1° D'accorder des secours aux instituteurs et institutrices sociétaires atteints de maladie ou de blessures accidentelles les obligeant à cesser temporairement leurs fonctions ;

2° De leur venir en aide, par une indemnité temporaire, dans le cas où soit l'âge, soit les infirmités ne leur permettraient plus l'exercice de leurs fonctions avant le règlement de leur retraite ;

3° De pourvoir aux frais funéraires de ses membres ;

4° De secourir leurs veuves et leurs enfants en bas âge, s'ils se trouvent dans le besoin ;

Enfin la société pourra aussi, quand ses ressources le permettront, assurer à ses membres une pension de retraite.

TITRE II.

Des sociétaires.

Art. 2. — La société se compose de membres participants et de membres honoraires. Les membres participants ont seuls droit aux secours de la société.

Art. 3. — Sont membres participants de la société tous les instituteurs communaux et toutes les institutrices communales, les instituteurs adjoints dans les écoles publiques, qui auront pris l'engagement de se conformer aux présents statuts et qui ne seraient pas âgés de plus de cinquante ans.

Art. 4. — Sont membres honoraires de la société toutes les personnes qui verseront à la caisse une somme annuelle de..... francs au moins. Les instituteurs communaux et les institutrices communales en exercice ne peuvent pas être membres honoraires.

Art. 5. — Tout membre participant qui viendrait à cesser ses fonctions dans le département conservera néanmoins son titre de membre et tous ses droits, pourvu qu'il continue de remplir les obligations que lui impose cette qualité.

Art. 6. — Cesseront de faire partie de la société :

1º Les membres qui, depuis deux ans, n'auront pas versé leur cotisation;

2º Ceux qui auront été révoqués de leurs fonctions; néanmoins, leur réintégration dans l'enseignement public leur donnera le droit de rentrer dans la société;

3º Ceux qui, à la suite de leur démission des fonctions d'instituteur communal ou d'institutrice communale, renonceront, par lettre au président, aux titres et aux droits de membres de la société.

Art. 7. — La radiation sera prononcée en conseil administratif, et le sociétaire qui en sera l'objet n'aura droit à aucun remboursement.

Art. 8. — Tout membre qui, pour un motif quelconque, aura cessé de faire partie de l'association, ne pourra y être admis de nouveau qu'à la condition de payer sa cotisation à partir de l'époque où sa radiation aura été prononcée, sauf dispense du conseil administratif.

TITRE III.

Administration de la société.

Art. 9. — La société est administrée par un conseil administratif qui la représente légalement en toutes circonstances. Ce conseil, dont les fonctions sont gratuites, est composé, non compris le président, de douze membres élus en assemblée générale, choisis parmi les membres honoraires et les membres participants, mais de manière que la majorité soit prise dans ces derniers.

Art. 10. — Conformément au décret du 26 mars 1852, le président de la société est nommé par l'Empereur.

Art. 11. — La société nomme, parmi les membres du conseil, un vice-président, un secrétaire, un secrétaire adjoint et un trésorier.

Art. 12. — Les membres du conseil, ainsi que le vice-président, le secrétaire, le secrétaire adjoint et le trésorier, sont nommés pour trois ans; ils conservent leurs fonctions jusqu'à leur remplacement. Ils peuvent être réélus.

Art. 13. — Les instituteurs membres participants de chaque canton se réunissent, chez l'un d'eux désigné à l'avance par le président, à l'effet d'élire un délégué du canton et un vice-délégué pris parmi eux et chargé de les représenter dans les assemblées générales. Ces nominations ont lieu à la majorité absolue des suffrages des membres présents. Le procès-verbal de la nomination des délégués est adressé immédiatement au président.

Les fonctions de délégué de canton durent trois ans. Les mêmes membres peuvent être réélus.

Art. 14. — Une commission d'apurement, composée de trois membres nommés par le conseil, vérifie l'exactitude des comptes fournis par le trésorier; elle est saisie des registres et pièces de comptabilité un mois avant la séance générale du conseil.

Art. 15. — Une commission permanente, composée du président, du secrétaire, du trésorier et de deux autres membres désignés par le conseil, est autorisée à traiter toutes les affaires urgentes qui peuvent survenir entre deux séances du conseil, sauf à faire approuver ces décisions par le conseil à la première séance.

TITRE IV.

Finances.

Art. 16. — Le fonds social de secours et de réserve se compose :

1° Des cotisations des membres participants, fixées pour chacun d'eux, et par an, à la somme de.......... francs payable par trimestre et d'avance ;

2° Des cotisations versées par les membres honoraires et des sommes données par tous autres ;

3° Des recettes que la société pourrait faire à quelque titre que ce fût.

Art. 17. — Les fonds de la société restent entre les mains du trésorier jusqu'à concurrence de 100 francs.

Art. 18. — Le trésorier verse, au nom de la société, à la caisse d'épargne ou à la caisse des dépôts et consignations, conformément aux articles 13 et 14 du décret du 26 mars 1852, toute somme de 50 francs excédant le chiffre ci-dessus.

Il a seul qualité pour faire les demandes de remboursement et donner quittance.

Toutefois les demandes de remboursement ne seront faites valablement par le trésorier que sur autorisation motivée du président du conseil, donnée par écrit.

Le livret donné par la caisse d'épargne ou par la caisse des dépôts et consignations est soumis au visa du président, autant de fois que celui-ci le réclame.

Art. 19. — Le délégué de chaque canton perçoit au moyen d'un livre à souche la cotisation annuelle des membres participants et honoraires qui y résident; il peut également recevoir tous les dons en argent faits à la société. Si la somme versée donne au déposant la qualité de membre honoraire, avis en est adressé immédiatement au président.

Art. 20. — Du 1er au 31 décembre, les délégués de canton adressent au président les bordereaux des cotisations et versent au trésorier, qui en délivre quittance à souche, toutes les sommes dont ils sont comptables. Le montant des secours provisoires qu'ils ont payés, conformément à l'article 26, est pris pour comptant et porté en recettes par le trésorier, moyennant la remise des pièces justificatives qu'il emploie en dépenses.

Art. 21. — Le trésorier reçoit aussi, en se conformant à l'article précédent et aux lois sur la matière, tous les dons faits à la société et toutes les sommes versées à quelque titre que ce soit.

Art. 22. — La société adressera chaque année, à M. le Préfet, un compte rendu de sa situation morale et financière.

TITRE V.

Secours.

Art. 23. — Des secours calculés par journées de maladie sont accordés par le conseil, suivant les ressources disponibles de la société et sans pouvoir excéder les neuf dixièmes des recettes annuelles, aux membres participants dont la maladie excéderait trois jours; mais si la maladie prend un caractère chronique, après trois mois, le bureau avisera.

Dans le cas où une retenue serait exercée sur le traitement de l'instituteur pour payer les émoluments d'un suppléant, une indemnité de. . . . par jour lui sera accordée pendant trois mois.

Les frais funéraires des membres participants sont supportés par la société.

Tout sociétaire malade doit faire connaître sa situation au délégué du canton et au président de la société.

Nul n'a droit aux secours s'il ne fait partie de la société depuis six mois au moins.

La société pourra, si ses ressources le lui permettent, accorder des secours temporaires :

1° Aux membres participants dont l'âge ou les infirmités seraient un obstacle à l'exercice de leurs fonctions;

2° Aux veuves des membres participants;

3° Aux enfants en bas âge des membres participants décédés. Le secours accordé à ces derniers est versé entre les mains du père ou de la mère ou du tuteur.

La société sollicite en outre, et s'il y a lieu, l'admission gratuite de ces orphelins dans les écoles publiques des communes où ils résident, et les délégués de canton s'assurent qu'ils les fréquentent régulièrement.

Art. 24. — Les demandes de secours sont faites par les intéressés eux-mêmes ou par un tiers en leur nom; elles sont adressées directement au président, qui les transmet au délégué du canton de la résidence du réclamant pour avoir l'avis des membres participants du canton.

Art. 25. — Sur l'invitation du président, le délégué du canton réunit les membres participants du canton, il préside l'assemblée et s'adjoint pour composer le bureau le vice-délégué et, à son défaut, le plus âgé et le plus jeune des membres présents. Il consigne dans un procès-verbal, que signent tous les membres présents, le résultat de la délibération; copie en est aussitôt envoyée au président.

Dans aucun cas, le délégué du canton ne peut permettre qu'on s'occupe de questions étrangères à l'objet de la réunion.

Art. 26. — S'il y a urgence, et si l'avis est favorable à la demande, il peut être accordé un secours provisoire de 40 francs. Ce secours est remis par le délégué du canton sur la simple autorisation du président.

Art. 27. — Toute délibération des réunions cantonales, prise sans l'autorisation préalable et par écrit du président de la société, est nulle.

Art. 28. — L'instituteur résidant hors du département, et qui a conservé la qualité de membre participant, n'est admis à participer aux secours qu'en justifiant de ses besoins par un certificat de l'inspecteur d'académie de la circonscription à laquelle appartient le lieu de sa résidence et l'avis des membres participants associés du canton où il demeurait avant de quitter le département.

TITRE VI.

Caisse de retraite.

Art. 29. — Un fonds de retraite est créé, conformément au décret du 26 avril 1852, et placé à la caisse des dépôts et consignations.

Art. 30. — Ce fonds se compose :

Des prélèvements faits par la société sur l'excédant des recettes ;

Des subventions spéciales accordées par l'État, le département ou les communes;

Des dons et legs faits à la société, avec affectation spéciale au service des pensions.

Art. 31. — Conformément à l'article 6 du décret du 26 avril 1852, la quotité de la pension sera fixée sur la proposition du bureau en assemblée générale, dans les limites déterminées par l'article 8 du même décret.

Art. 32. — Pour être présenté à l'assemblée générale comme candidat à la pension, le sociétaire doit avoir 55 ans d'âge et faire partie de la société depuis au moins dix ans en qualité de membre participant.

TITRE VII.

Fonctions du conseil.

Art. 33. — Le conseil administratif est convoqué par le président dans le premier trimestre de chaque année. Il peut être convoqué extraordinairement toutes les fois que le président le juge nécessaire aux intérêts de la société.

Art. 34. — Le président ouvre et lève les séances, dirige les discussions, pose les questions, les met aux voix et proclame le résultat des votes.

Art. 35. — En l'absence du président, ses fonctions sont remplies par le vice-président ou, à défaut, par le plus âgé des membres présents du conseil. La présence de sept membres au moins est nécessaire pour prendre une délibération.

Art. 36. — Le conseil statue à la majorité absolue des suffrages; en cas de partage, la voix du président est prépondérante.

Art. 37. — Le président fait, à la société qui se réunit chaque année en assemblée générale, un rapport sur la situation administrative et morale de la société, sur les opérations du conseil et de la commission permanente. La commission d'apurement donne lecture du procès-verbal de la vérification des écritures du trésorier.

Art. 38. — Le trésorier ne siége pas au conseil lorsque celui-ci reçoit et arrête ses comptes.

Art. 39. — Le procès-verbal de la séance générale est rédigé par le secrétaire ou, à défaut, par le secrétaire adjoint. Il renferme le résumé des documents mentionnés en l'article 32 des décisions prises par l'assemblée générale; les noms des membres honoraires et participants décédés dans le courant de l'année qui a précédé l'époque de la session y sont inscrits. Ce procès-verbal est imprimé et adressé par le président aux participants et honoraires.

Art. 40. — Le président est dépositaire des procès-verbaux et autres pièces qui émanent de la société, et qui ne font pas partie du dossier du trésorier.

TITRE VIII.

Dispositions générales.

Art. 41. — Un service annuel funèbre est célébré dans chaque canton pour le repos des âmes des membres décédés. Les membres honoraires résidant dans le canton y sont invités.

Ce service a lieu alternativement dans chacune des communes classées d'après leur ordre alphabétique, ou dans la commune désignée d'avance par les sociétaires du canton, qui fixent aussi l'époque à laquelle le service sera célébré, et prennent pour limite depuis le mois de juillet jusqu'au mois de novembre.

Les élèves de la commune désignée sont conduits à l'office.

Les sociétaires délégués des cantons profitent de cette réunion pour réclamer les cotisations et demander l'avis des sociétaires sur les demandes de secours. Ils envoient sans retard au président les listes des membres participants présents avec l'indication de ceux qui ont payé la cotisation.

Art. 42. — Les dispositions qui précèdent ne pourront être modifiées qu'en assemblée générale, après avis des délégués des cantons et sur l'avis du conseil administratif. Les modifications devront être approuvées par l'administration supérieure.

CIRCULAIRE AUX PRÉFETS.

(30 mai 1868.)

Monsieur le Préfet,

Quelques-uns de vos collègues m'ont demandé s'il y aurait lieu d'ouvrir aux sociétés de secours mutuels entre les instituteurs et les institutrices un compte courant chez les Trésoriers Payeurs généraux, qui feraient opérer sans frais par les receveurs particuliers et les percepteurs le payement des dépenses et le recouvrement des cotisations des sociétaires.

J'ai soumis cette question à M. le Ministre des finances, et je m'empresse de vous adresser les observations auxquelles cette communication a donné lieu.

Mon collègue des finances ne pense pas pouvoir imposer cette obligation à MM. les Trésoriers Payeurs généraux, parce qu'elle pourrait créer contre le Trésor des recours qui ne peuvent s'exercer que pour des faits de charge et d'intérêt public; mais il me fait remarquer que ces comptables sont, par l'essence même de leur institution, autorisés à recevoir des particuliers ou établissements privés des dépôts de fonds en compte courant, à leurs risques et périls, à des conditions librement débattues de part et d'autre.

« Je ne m'oppose nullement, ajoute M. le Ministre des
« finances, à ce que les sociétés de secours mutuels de-
« mandent au Trésorier Payeur général de leur départe-
« ment de leur ouvrir un compte courant, avec ou sans
« intérêts, mais à la condition qu'il s'agira d'une entente
« locale, de faits qui ne créeront aucun recours contre le
« Trésor, en un mot, d'opérations qui ne se traduiront pas

« dans les écritures officielles, mais seulement dans les
« écritures des *fonds particuliers* de la Trésorerie géné-
« rale. »

J'ai l'honneur de vous prier, Monsieur le Préfet, de
communiquer la présente circulaire à M. le Président de
la société de secours mutuels établie entre les instituteurs
et les institutrices de votre département, et d'examiner
avec lui s'il y aurait lieu de recourir à un mode de recouvrement et de payement qui me semble très-propre à
faciliter le service financier des sociétés de secours mutuels dont les membres se trouvent répandus sur toute la
surface d'un département.

Recevez, Monsieur le Préfet, l'assurance de ma considération très-distinguée.

Le Ministre de l'instruction publique,
V. DURUY.

ENSEIGNEMENT AGRICOLE.

PROGRAMME

DE L'ENSEIGNEMENT AGRICOLE POUR LES ÉCOLES PRIMAIRES RURALES ET LES ÉCOLES NORMALES.

(30 décembre 1867.)

Article 1ᵉʳ. — Le programme de l'enseignement agricole dans les écoles primaires rurales et dans les écoles normales primaires est adopté ainsi qu'il suit :

1º *Végétation, terres, climats.*

1. Aperçu général sur la végétation ; durée des végétaux, modes divers de reproduction, par graines, boutures, etc.
2. Des terres, leur nature et leurs propriétés physiques.
3. Régions agricoles ; influence du climat.

2º *Opérations principales de l'agriculture.*

4. Substances fertilisantes, amendements, engrais. Écobuage.
5. Culture du sol ; instruments de culture.
6. Enlèvement des eaux nuisibles à la culture. Drainage.

7. Irrigation et arrosage.
8. Semailles et transplantations.
9. Récoltes, conservation des divers produits.
10. Influence de la chaleur et de la lumière sur les végétaux cultivés. Exposition. Abris.
11. Défrichements.
12. Clôtures, chemins vicinaux, voitures.
13. Constructions rurales.

3° *Végétaux qui intéressent la culture française.*

14. Céréales.
15. Légumes secs ou verts.
16. Plantes oléagineuses, textiles, tinctoriales, à produits divers.
17. Plantes fourragères ; prairies naturelles et artificielles, fenaison.
18. Racines alimentaires ou industrielles; sucre et alcools.
19. Plantes parasites et animaux nuisibles aux récoltes; moyens préservatifs; animaux destructeurs des animaux nuisibles.
20. Végétaux ligneux; notions générales.
21. Multiplication, pépinières, greffe, éducation, plantation et entretien des arbres.
22. Arbres fruitiers, conduite et taille; variétés principales cultivées en France.
23. Arbres à produits industriels; vignes et vins; pommiers et cidre, mûriers, etc.
24. Plantation, conduite, exploitation des arbres destinés à fournir des bois d'œuvre ou de chauffage.

4° *Animaux domestiques utiles à l'agriculture.*

25. Économie du bétail; principes généraux.
26. Espèce bovine, chevaline, ovine, porcine, etc.
27. Oiseaux de basse-cour.
28. Vers à soie, abeilles.

5° *Économie agricole.*

29. Capitaux agricoles, fermier, métayer, propriétaire; achat et location d'un domaine.
30. Assolement ou succession des cultures; jachère, repos, organisation des travaux agricoles.
31. Influence de diverses circonstances sur les systèmes agricoles; début de l'entreprise; comptabilité agricole.

6° *Culture des jardins.*

32. Division de l'horticulture en trois parties.
33. Jardin fruitier.
34. Jardin potager.
35. Jardin d'agrément.
36. Végétaux parasites des plantes de jardin; animaux nuisibles à l'horticulture et moyens de les détruire.

INSTRUCTION

SUR L'ORGANISATION DE L'ENSEIGNEMENT AGRICOLE.

(31 décembre 1867.)

MONSIEUR LE PRÉFET,

Je vous ai déjà fait connaître les diverses mesures proposées par la Commission qui a été chargée de préparer l'organisation et le développement de l'enseignement agricole dans les écoles normales, les classes d'adultes et les écoles primaires rurales,

J'ai soumis au Conseil impérial de l'instruction publique, dans sa dernière session, celles de ces propositions sur lesquelles, avant de statuer, je devais prendre son avis.

Je vais successivement passer en revue les propositions de la Commission et vous indiquer les solutions qui leur sont données.

1° Modifier le règlement des écoles primaires, de telle sorte que dans chaque commune on puisse, par la fixation des heures de classe et de l'époque des vacances, concilier les exercices classiques avec les travaux des champs.

Cette proposition a été unanimement approuvée. Le Conseil impérial a pensé qu'en l'adoptant on parviendrait facilement à établir un certain accord entre l'enseignement classique donné par l'instituteur rural, et cette éducation agricole pratique si importante, dont la direction appartient naturellement au père de famille. Or, voici comment cet accord pourrait se faire.

Pendant les six mois d'hiver où les travaux de la culture sont le moins urgents, l'école serait ouverte, pour tous les enfants du village, le matin et l'après-midi. Le reste de l'année, les deux classes par jour prescrites par le règlement ne seraient suivies que par les enfants les plus jeunes, les moins capables d'un labeur sérieux. Les autres, plus âgés et par conséquent plus propres à un travail utile, n'auraient par jour, durant l'été, qu'une seule de ces classes, dont l'heure, fixée par le conseil départemental, s'accordera le mieux avec les ouvrages de la campagne. Le reste de la journée, ces enfants seraient à la disposition de leur famille pour les travaux de l'agriculture. Aucune règle générale ne saurait être tracée d'avance à ce sujet; mais les autorités locales seront toujours consultées afin que le conseil départemental puisse prendre, en parfaite connaissance, les mesures qui se concilieront le mieux avec les besoins de la culture dans chaque pays.

Je vous adresse une ampliation de l'arrêté que j'ai pris en Conseil impérial pour modifier dans ce sens le règlement actuel des écoles publiques.

La mesure proposée par plusieurs préfets pour combattre dans nos villages la désertion des classes de l'enseignement primaire pendant l'été nécessitera de la part des conseils départementaux, la désignation officielle des écoles qui, se trouvant surtout fréquentées par des enfants de cultivateurs et d'ouvriers agricoles, devront être soumises aux règlements ruraux; quant aux écoles peuplées d'enfants issus d'ouvriers industriels et d'artisans, elles auront aussi leur régime spécial, qui pourra varier selon les besoins des localités.

Il a été constaté, à l'Exposition universelle, que ce système est appliqué en Prusse et en Saxe avec le plus grand succès. C'est même, en partie, au moyen de semblables dispositions, que, dans ces contrées, l'enseignement primaire a pu se généraliser au point de réduire à 1 p. 100 le nombre de ceux qui ne savent ni lire ni écrire.

L'article 77 de la loi du 15 mars 1850 permet au conseil départemental de dispenser du brevet et des autres prescriptions légales les personnes qui, au lieu de fonder des écoles primaires libres proprement dites voudraient seulement ouvrir des cours primaires. Le préfet peut même, en cas d'urgence, autoriser provisoirement. Grâce à cette disposition, les manufacturiers peuvent créer, dans leurs usines, un enseignement à la fois technique et général, approprié aux besoins des apprentis et des ouvriers. On voit que, pour les cours de toute nature comme pour les écoles communales, la législation en vigueur ne gêne par aucune entrave les combinaisons nouvelles réclamées par l'agriculture et l'industrie.

2° Fixer un programme général d'enseignement agricole, qui sera approprié, dans chaque département, aux conditions de la culture locale.

Une des principales causes qui s'opposent à l'introduction de l'agriculture dans nos classes, c'est l'absence de programme déterminé s'appliquant à cet enseignement.

Si l'on examine les nombreux ouvrages qui traitent de l'agriculture, on voit combien, dans le vaste champ de la science agricole, les auteurs diffèrent sur les principes qu'il convient de présenter à l'étude des enfants et des jeunes gens de la campagne. Les questions données par l'un comme fondamentales sont à peine indiquées par un autre; un troisième les passe complétement sous silence. Celui-ci insiste sur la culture des plantes sacchariféres, celui-là sur les mûriers, un autre sur telle ou telle fourragère plus ou moins connue. Les uns se placent à un point de vue spécial, et alors l'ouvrage ne peut être utile que dans des circonstances particulières ou dans une localité déterminée; les autres se placent à un point de vue tellement général qu'en voulant parler de tout, ils ne peuvent rien dire de véritablement pratique.

D'un autre côté, tous les instituteurs n'ont pas fait de l'agriculture une étude spéciale, de manière à pouvoir l'enseigner, et l'état actuel des choses à cet égard ne eut guère les décider à entreprendre une étude dont es principes ne sont pas encore fixés comme matière d'enseignement.

En leur présentant un ensemble de principes certains, renfermés dans un programme déterminé, ils seront bientôt en état de faire un cours utile et qui produira des résultats avantageux.

Comment procède-t-on dans les établissements d'instruction spéciale organisés par l'État ou par les villes en vue de favoriser les progrès de telle ou telle industrie? On commence par inscrire au programme les lois fondamentales de la science que l'on veut enseigner; puis, choisissant, parmi les applications, celles qui ont un rapport direct avec l'industrie pour laquelle l'établissement est créé, on les étend, on les développe et l'on forme ainsi des jeunes gens qui, ajoutant l'expérience aux principes acquis, peuvent devenir des hommes utiles à eux-mêmes et à la société.

Telle est la marche à suivre pour l'enseignement de l'agriculture. Donner d'abord les principes fondamentaux, vrais partout et toujours : la connaissance des terrains, des amendements, des engrais, des assolements, etc.; puis laisser aux autorités scolaires le soin de compléter le programme par les faits particuliers à l'agriculture de chaque localité. Voilà dans quel esprit a été rédigé le programme de l'enseignement agricole que j'ai soumis à l'examen du Conseil impérial et dont je vous transmets un exemplaire. Ce programme servira de base à l'enseignement donné dans les écoles normales et dans les écoles primaires rurales, après qu'on y aura fait, pour chaque localité, les additions ou les retranchements jugés nécessaires par le conseil départemental, sur l'avis des sociétés d'agriculture.

Pour l'enseignement dans nos écoles rurales, il est très-essentiel qu'en traitant chaque question, l'instituteur évite les termes scientifiques complétement étrangers aux enfants; il faut que chaque phénomène soit exposé de la manière la plus simple, la plus pratique; mais tout en évitant l'appareil scientifique, on peut faire pénétrer, dans nos campagnes, les règles et les habitudes d'une culture perfectionnée dont la science a pu souvent établir les principes et que l'expérience a confirmée. Le succès de l'enseignement agricole dans les écoles rurales primaires dépendra donc bien plus de la mesure dans laquelle il sera fait, de la forme sous laquelle il sera présenté, que de la série des questions qui y seront traitées, et ce résultat ne pourra être obtenu que par de bons ouvrages élémentaires servant de développements à ce programme général, surtout appropriés aux besoins de chaque localité. Vous ne sauriez donc, Monsieur le Préfet, trop recommander à votre conseil général d'encourager, comme on l'a fait déjà dans quelques départements, la publication de petits traités ayant cette destination simple et pratique.

3° Organiser immédiatement, partout où les circonstances le permettront un cours d'agriculture et d'hor-

ticulture approprié au département, dans celles des écoles normales où ce cours n'a pu être encore régulièrement établi.

Pour que les instituteurs ruraux puissent s'occuper utilement de l'enseignement agricole, il faut qu'ils y soient préparés eux-mêmes, dès l'école normale, par un cours d'agriculture et par des leçons pratiques d'horticulture.

Une ou deux fois par semaine, un professeur donnera dans l'amphithéâtre, aux élèves réunis de deux ou trois divisions, une leçon d'agriculture et en exigera la rédaction, qui sera considérée comme exercice de composition française. De plus, afin de joindre au précepte l'exemple pris sur le terrain, il accompagnera les élèves dans la promenade du jeudi et leur fera visiter les fermes les plus intéressantes des environs.

Voilà pour l'enseignement agricole proprement dit.

Quant aux exercices d'horticulture, le professeur ou un maître adjoint y consacrera une partie des récréations dans le jardin de l'école normale.

Il est impossible de renfermer dans un cadre tout à fait déterminé le programme d'agriculture que les écoles normales devront adopter. Ce programme, dont je vous adresse le modèle, sera arrêté par le Conseil départemental, sur l'avis de la société d'agriculture ou du comice agricole du département. L'enseignement comprendra, suivant les cas, les éléments de l'agriculture, de l'horticulture, de l'arboriculture et de la sylviculture théoriques et pratiques; chacune de ces parties recevra plus ou moins de développement, selon que le département est agricole, horticole, arboricole ou sylvicole, ou pourrait le devenir avec avantage. Des notions de botanique, de physique et de chimie feront partie des cours, mais en appuyant principalement sur leurs applications à l'hygiène et à la salubrité des habitations des hommes et des animaux, malheureusement si méconnues dans nos villages. La partie des mathématiques qui y est déjà enseignée devra être surtout appliquée à l'arpentage, au nivellement, à l'irrigation et au drainage; les estimations des terres et des récoltes ne seront point négligées, car elles sont d'une utilité journalière.

Il y a tout lieu d'espérer que, si cet enseignement est donné par des professeurs pénétrés de la nécessité de se conformer aux besoins des localités, les intérêts de l'agriculture et des populations rurales seront pleinement satisfaits en peu d'années.

4° Créer, dans chaque département, un emploi de professeur d'agriculture, qui sera chargé de l'enseignement agricole dans l'école normale, le lycée ou le collège, et des conférences qui pourront être faites aux instituteurs et aux cultivateurs; assurer au titulaire de cet emploi un traitement convenable, payé, dans des proportions déterminées, sur les fonds du Ministère de l'instruction publique et sur ceux du Ministère de l'agriculture; choisir les professeurs d'agriculture parmi les candidats qui seront dès à présent jugés dignes, et, afin de les recruter pour l'avenir, choisir, parmi les meilleurs élèves de la troisième année des écoles normales, ceux qui auront une aptitude spéciale pour cet enseignement, les envoyer pendant deux ou trois ans dans une école d'agriculture.

La création d'un emploi de professeur d'agriculture dans chaque département est une mesure des plus importantes; elle doit être l'objet de nos plus vives préoccupations, car, de la solution de cette question, dépendent, en grande partie, le succès et l'avenir de l'enseignement agricole.

Pour remplir dignement et utilement leur mandat, il est indispensable que les professeurs d'agriculture joignent l'expérience à la science, la pratique à la théorie.

Ils auront le titre de professeurs départementaux et seront choisis principalement parmi les élèves diplômés sortis des écoles régionales d'agriculture, où quelques-uns de nos meilleurs élèves-maîtres pourront être envoyés dans ce but; cependant, on pourra, après examen, admettre des hommes qui, ayant étudié les sciences, les ont appliquées à l'agriculture de leur pays et sont devenus des hommes agricoles. Vous voudrez bien me faire connaître à cet égard les ressources de votre département. Je serais heureux que le Conseil général s'associât à ce projet en votant une partie du traitement du professeur d'agriculture : car, ce n'est qu'en combinant les efforts et les ressources des départements et de l'État que nous pourrons arriver promptement à un résultat utile.

L'enseignement agricole ne doit pas se borner à l'école

normale : il doit encore suivre les instituteurs sortis de cette école, afin de réveiller le zèle de quelques-uns, de remettre en mémoire les matières que plusieurs auraient oubliées et de les tenir tous au courant des progrès de la science.

A cet effet, le professeur départemental organisera, sous votre direction et avec le concours et la surveillance de l'inspecteur d'académie ou des inspecteurs primaires, des cours publics ou des conférences dans les chefs-lieux d'arrondissement, de canton et dans les communes importantes, où seront convoqués les instituteurs de la circonscription; il choisira de préférence les jours de foires et de marchés ou les dimanches, de manière à avoir, outre les instituteurs, le plus grand nombre d'auditeurs possible. Dans ces cours, il traitera, soit de l'application générale de la science, soit un sujet spécial intéressant plus particulièrement les agriculteurs de la localité ou ayant un intérêt d'actualité, en terminant toujours par l'indication des meilleurs journaux et ouvrages pouvant être lus avec le plus de fruit.

Au moment des travaux de moisson, de labour et d'ensemencement, il leur exposera les avantages des machines, instruments et outils nouveaux dont l'emploi est le plus économique.

Je m'occupe en ce moment, de concert avec mon collègue de l'Agriculture, de l'organisation de ce service, au sujet duquel je vous adresserai prochainement de nouvelles instructions.

5° Provoquer et encourager l'annexion d'un jardin aux écoles normales et aux écoles primaires rurales qui n'en possèdent pas encore, afin d'exercer les enfants à la pratique de l'horticulture; instituer des promenades agricoles une fois par semaine avec un objet d'études qui corresponde aux travaux de la saison.

On est unanime pour demander l'annexion d'un jardi à toutes les écoles normales et à toutes les écoles primaires rurales qui n'en possèdent pas encore.

Ce projet ne semble soulever aucune difficulté sérieuse; car une location d'un demi-hectare (100 200 francs de dépense) suffirait pour chaque école normale, et une location de 10 ares (20 à 30 francs de dépense annuelle) pour chaque école primaire rurale. Dan beaucoup de communes, le jardin de l'école pourra être établi à peu de frais sur quelque terrain public inoccupé.

Afin d'assurer l'exécution de ces dispositions, j'ai décidé qu'à l'avenir aucun plan d'école rurale ne sera accepté, si ce plan ne présente pas de jardin, soit annexé à l'école, soit en dehors de la commune, mais à portée du maître et des élèves.

En ce qui concerne les promenades agricoles, il n'y a pas lieu d'exiger qu'elles aient lieu rigoureusement toutes les semaines; mais il convient de les recommander et de les encourager d'une manière toute spéciale.

6° Recommander aux instituteurs des communes rurales de donner, par le choix des dictées, des lectures et des problèmes, une direction agricole à leur enseignement, soit dans la classe du jour, soit dans celle du soir; enfin, leur recommander de faire de temps en temps, dans leurs cours d'adultes, après les leçons ordinaires d'écriture, de calcul et d'orthographe, des lectures agricoles accompagnées d'explications et de conseils.

Ce système de fusionnement de l'enseignement agricole avec toutes les branches de l'enseignement primaire, au moyen de dictées, de lectures, de problèmes parfaitement appropriés, est le seul favorable et le seul utile.

En prenant la direction de cet enseignement, l'instituteur se gardera bien de se poser en professeur d'agriculture. Vainement dirait-il qu'il a reçu, soit à l'école normale, soit ailleurs, un enseignement approprié aux leçons qu'il doit donner, les cultivateurs se mettraient en garde contre des nouveautés dont l'utilité ne leur serait pas d'abord démontrée. C'est en commençant par leur citer des exemples bien choisis que l'instituteur les préparera à en accepter la théorie et à en faire l'expérience. Beaucoup d'instituteurs ont échoué dans leur mission pour n'avoir pas su la remplir avec modestie et pour être sortis du cadre qu'elle leur traçait.

L'instruction primaire agricole sera d'autant plus efficace qu'ils l'enseigneront avec plus de sens pratique et le plus simplement possible. Aussi leurs soins devront-ils porter particulièrement, tant sur la connaissance des lois générales de l'industrie agricole que sur les intérêts moraux et matériels qui s'y rattachent, c'est-à-dire sur ce que l'on peut appeler l'éducation agricole, plutôt que sur la science proprement dite.

Dans quelques départements, les instituteurs ont établi des conférences qui ont lieu le soir à la maison communale, une fois ou deux par semaine en hiver. Dans ces réunions, l'instituteur fait des lectures agricoles et provoque, de la part des assistants, la communication des faits intéressants qu'ils ont observés. Lui-même, sans se poser en professeur, ajoute, à l'occasion, quelques explications scientifiques élémentaires; il résout aussi des problèmes d'arithmétique appliqués à l'agriculture. Enfin la soirée se termine par les chants de l'orphéon. J'appelle votre attention sur l'organisation de ces conférences.

Du reste, il ne peut y avoir là rien que de facultatif, et même cette œuvre doit être soumise aux mesures de prudence qu'exige la tenue des classes d'adultes.

7° Recommander aux préfets de placer, autant que possible, les instituteurs possédant des connaissances spéciales d'agriculture dans les contrées où ces connaissances peuvent être particulièrement utilisées.

Je n'ai rien, Monsieur le Préfet, à ajouter à cette recommandation. Il convient que vous encouragiez les efforts des instituteurs qui se sont occupés de l'agriculture, en les plaçant dans les postes les mieux rétribués et où ils pourront mettre en pratique leurs études spéciales.

8° Provoquer et encourager des concours annuels entre les élèves, soit des écoles primaires, soit des cours d'adultes, et, indépendamment des questions ordinaires de l'enseignement classique, leur donner en même temps à résoudre des questions agricoles; s'efforcer d'assurer aux instituteurs, pour ce dernier objet et en dehors des récompenses honorifiques ordinaires, une rémunération réglée d'après le nombre des élèves admis au concours et d'après le degré et le nombre des récompenses obtenues par eux.

Pour que les maîtres soient mis en situation de propager l'enseignement agricole, la première des conditions est, je vous l'ai dit, que les écoles soient pourvues d'un jardin ou d'un champ. L'état des finances communales, les répugnances et les préjugés locaux présentent des obstacles qu'avec le temps et le concours de l'Etat et des départements, on parviendra à vaincre, si les expériences faites et si les exemples donnés sur certains points, dans les écoles des communes qui auront pris l'initiave de ce mouvement, obtiennent quelque retentissement.

En vue de donner à ces exemples un éclat susceptible d'exciter l'émulation des autres communes, il est désirable que le conseil départemental introduise l'élément agricole au sein des délégations cantonales instituées par la loi du 15 mars 1850. Les lauréats des concours régionaux pourront, à cet égard, fournir à l'Administration un précieux concours, ne fût-ce qu'en invitant, comme ils le feraient, je n'en doute pas, les enfants des communes voisines à visiter leur exploitation sous la direction de leur instituteur.

Les hommes dont je parle sont avant tout des hommes pratiques. Ayant obtenu leurs succès par le développement ou l'amélioration des cultures spéciales au pays, ils ne sauront passer, aux yeux des cultivateurs, pour des théoriciens ou des rêveurs; et le contrôle qu'ils exerceront sur l'enseignement agricole des instituteurs sera de nature à surmonter la défiance instinctive que les habitants de la campagne professent pour ceux qui ne vivent pas de leur vie et ne partagent pas leurs travaux.

L'établissement de concours annuels entre les élèves, soit des écoles primaires, soit des classes d'adultes, paraît aussi devoir produire d'heureux résultats. Il me suffira de vous citer, comme exemple, ce qui a été fait à ce sujet dans quelques départements et notamment dans le canton de Beaulieu (Corrèze).

Chaque année, l'un des derniers jeudis de l'année scolaire, un concours général a lieu sous la direction et la surveillance du comice agricole cantonal. Les six meilleurs élèves de chaque école, choisis par l'instituteur, sont appelés à y prendre part. L'épreuve est orale et écrite. Elle se fait devant un jury désigné à cet effet par le comice agricole, auquel se joignent les maires du canton et toutes les personnes notables qui veulent bien assister à ces exercices. Pendant que, sous la surveillance de quelques membres du jury, les concurrents rédigent leur composition écrite sur des questions choisies le matin même par la commission, chacun d'eux est appelé successivement dans une pièce voisine et subit un exa-

men oral devant le jury, auquel sont adjoints les instituteurs avec voix délibérative. Les questions ont aussi
été choisies le matin et sont les mêmes pour tous. Des
numéros conventionnels de 1 à 10, indiquant le mérite
comparatif des réponses, sont attribués à chacune d'elles.
Les compositions écrites sont corrigées d'après le même
système, sans qu'on connaisse le nom du concurrent.

Il résulte de cette double opération un chiffre total
pour chaque concurrent et, pour chaque école, un chiffre total aussi, se composant de tous les numéros attribués aux six élèves de chaque école.

Les trois instituteurs dont l'école obtient ainsi les trois
numéros les plus élevés reçoivent un diplôme d'honneur
et une prime de 100 fr., de 50 fr. et de 25 fr.

Les six élèves qui ont obtenu les numéros les plus
élevés reçoivent chacun un diplôme, un bon ouvrage
d'agriculture et une prime de 10 fr. En dehors de ces
primes, un premier et un second prix, dits *prix d'école*,
sont décernés dans chaque école aux deux élèves qui
ont obtenu les meilleurs numéros après les six lauréats
du concours général. Ces prix consistent en un bon ouvrage d'agriculture.

Afin de perpétuer pour ainsi dire les avantages de
cette institution, en favorisant la continuation des études agricoles chez les adultes, le comice agricole ouvre
encore un concours spécial, dans les mêmes conditions,
à tous les lauréats des précédents concours, quel qu'en
soit le nombre, qu'ils suivent ou non les cours de l'école.

Celui d'entre eux qui obtient le numéro de mérite le
plus élevé reçoit le *prix d'honneur des vétérans*. Il consiste en un diplôme, une médaille en argent grand mo-
dule, un bon ouvrage d'agriculture et une prime de
10 fr.

Celui qui obtient le numéro 2 reçoit un diplôme, un
bon ouvrage d'agriculture et une prime de 10 fr.

Les quatre vétérans qui se rapprochent le plus des
deux premiers reçoivent chacun un bon ouvrage d'agriculture. Ils peuvent concourir indéfiniment.

Tous les concurrents n'appartenant pas à la commune
chef-lieu sont hébergés aux frais du comice.

La distribution de toutes ces primes et distinctions se
fait, aussi solennellement que possible, à la fête agricole.

Le comice de Beaulieu obtient d'excellents résultats

de cette organisation. Depuis plusieurs années, les concurrents font preuve, pour la plupart, de connaissances agricoles pratiques parfaitement raisonnées; plusieurs présentent même aux examinateurs les registres de la comptabilité agricole de leur petite propriété, tenus conformément aux principes expliqués dans l'ouvrage qu'ils ont entre les mains, et résolvent de vive voix et sans hésitation les problèmes les plus ardus de cette partie si essentielle de l'art agricole.

Si de semblables concours s'établissaient dans votre département, je m'efforcerais de mettre un certain nombre de prix à votre disposition.

Permettez-moi, Monsieur le Préfet, d'insister en terminant sur celles des mesures qui doivent avant tout fixer votre attention :

1° Restreindre l'enseignement agricole populaire, en le spécialisant d'après les cultures dominantes dans chaque localité;

2° Inviter le conseil départemental à formuler un programme spécial à votre département ou aux principales régions agricoles qui le composent;

3° Faire entrer ce programme dans celui des matières qui seront enseignées à l'école normale du département et sur lesquelles devra porter l'examen pour le brevet de capacité, quand les aspirants exprimeront le désir d'être interrogés sur l'agriculture et l'horticulture;

4° Admettre, dans la pratique, que le maître dont les aptitudes pour cet enseignement auront été constatées obtiendra, sur tous les autres, un rang de priorité, et sera de préférence désigné pour la direction des meilleures écoles;

5° Agir sur les communes en vue d'obtenir qu'elles annexent à la maison d'école un jardin, un champ suffisant, pour que le maître puisse y donner cet enseignement;

6° Donner des auxiliaires efficaces aux instituteurs en introduisant l'élément agricole au sein des délégations cantonales, au moyen des lauréats des concours agricoles et notamment des concours régionaux.

Telles sont, Monsieur le Préfet, les mesures dont vous aurez d'abord à vous préoccuper. Le reste viendra ensuite.

Je vous prie de me tenir exactement au courant de ce que vous aurez fait pour organiser, d'après mes instructions, l'enseignement agricole dans les établissements publics d'instruction primaire de votre département et des résultats qui auront été obtenus.

Vous voudrez bien m'accuser réception de la présente circulaire.

Recevez, Monsieur le Préfet, l'assurance de ma considération très-distinguée.

Le Ministre de l'instruction publique,
V. DURUY.

BIBLIOTHÈQUES SCOLAIRES.

ARRÊTÉ

RELATIF A L'ORGANISATION DES BIBLIOTHÈQUES SCOLAIRES DANS LES ÉCOLES PRIMAIRES PUBLIQUES.

(1ᵉʳ juin 1862.)

Article premier. — Il sera établi dans chaque école primaire publique une bibliothèque scolaire.

Art. 2. — Cette bibliothèque sera placée sous la surveillance de l'instituteur dans une des salles de l'école dont elle est la propriété.

Les livres seront rangés dans une armoire-bibliothèque conforme au modèle annexé à la circulaire du 31 mai 1860.

Art. 3. — La bibliothèque scolaire comprendra :

1° Le dépôt des livres de classes à l'usage de l'école ;

2° Les ouvrages concédés à l'école par le Ministre de l'instruction publique ;

3° Les livres donnés par les préfets au moyen de crédits votés par les conseils généraux ;

4° Les ouvrages donnés par les particuliers ;

5° Les ouvrages acquis au moyen des ressources propres à la bibliothèque (art. 7).

Art. 4. — Aucune concession de livres ne pourra être faite par le Ministre à une bibliothèque scolaire si la commune ne peut justifier :

1° De la possession d'une armoire-bibliothèque ;

2° De l'acquisition des livres de classe en quantité suffisante pour les besoins des élèves gratuits.

Art. 5. — Les livres de classe seront prêtés aux moments convenables pour les exercices à tous les enfants portés sur la liste des admissions gratuites dressée conformément à l'article 45 de la loi du 15 mars 1850.

Les livres seront également mis entre les mains des élèves payants dont les parents auront souscrit la cotisation *volontaire* indiquée à l'article 7 du présent arrêté.

Les ouvrages mentionnés aux paragraphes 2, 3, 4 et 5 de l'article 3 pourront être prêtés aux familles, lesquelles prendront l'engagement de les rendre en bon état ou d'en restituer la valeur.

Art. 6. — Aucun des ouvrages mentionnés aux paragraphes 2, 3, 4 et 5 de l'article 3, ne peut être placé dans les bibliothèques scolaires, soit qu'il provienne d'acquisitions, soit qu'il provienne de dons faits par les particuliers, sans l'autorisation de l'inspecteur d'académie.

L'acquisition des livres de classe sera faite par les instituteurs sur une liste préparée chaque année, pour toutes les écoles du ressort, par le conseil académique et arrêtée par le Ministre. Cette liste ne devra comprendre que les ouvrages approuvés par le Conseil impérial de l'instruction publique.

Art. 7. — Les ressources de la bibliothèque scolaire se composent :

1° Des fonds spéciaux votés par les conseils municipaux;

2° Des sommes portées au budget pour fourniture de livres aux enfants indigents, et que les conseils municipaux consentiraient à appliquer à la nouvelle fondation;

3° Du produit des souscriptions, dons ou legs destinés à ladite bibliothèque;

4° Du produit des remboursements faits par les familles pour pertes ou dégradations de livres prêtés;

5° D'une cotisation volontaire fournie par les familles des élèves payants, et dont le taux sera fixé chaque année par le conseil départemental, après avis du conseil municipal.

Art. 8. — L'instituteur communal tiendra trois registres conformes aux modèles ci-annexés :

1° Catalogue des livres (modèle n° 2) ;

2° Registre des recettes et des dépenses (modèle n° 3) ;

3° Registre d'entrée et de sortie des livres prêtés au dehors de l'école.

Ces registres, cotés et parafés par le maire, seront visés par l'inspecteur de l'instruction primaire lors de l'inspection de l'école.

Ils seront communiqués aux autorités scolaires à toute réquisition.

Art. 9. — L'instituteur conservera et classera, dans un ordre méthodique, les mémoires, quittances, lettres et toutes les pièces de correspondance relatifs à la bibliothèque scolaire.

Art. 10. — Chaque année, au 31 décembre, l'instituteur dresse, en présence du maire, la situation de la bibliothèque, ainsi que celle de la caisse. Le procès-verbal constatant cette double opération est adressé à l'inspecteur d'académie par l'intermédiaire de l'inspecteur primaire (modèle n° 4).

Art. 11. — A chaque changement d'instituteur, le procès-verbal de récolement et de situation de la caisse est signé par l'instituteur sortant et par son successeur.

L'instituteur sortant n'est déchargé de toute responsabilité qu'après avoir obtenu de l'inspecteur de l'instruction primaire un certificat constatant que les formalités sus-indiquées ont été remplies et la prise en charge par son successeur.

Art. 12. — A leur passage dans l'école, les inspecteurs de l'instruction primaire vérifient les divers registres énumérés à l'article 8. Ils s'assurent que l'acquisition des ouvrages a été faite conformément aux prescriptions de l'article 6, et que la bibliothèque ne contient aucun livre donné ou légué dont l'acceptation n'aurait pas été autorisée par l'inspecteur d'académie; ils contrôlent les recettes et les dépenses, et constatent, s'il y a lieu, les irrégularités.

Art. 13. — A la fin de chaque année, l'inspecteur d'académie adresse au Ministre de l'instruction publique, par l'intermédiaire du recteur, un rapport sur la situation des bibliothèques scolaires.

Art. 14. — Les recteurs, les préfets, les inspecteurs d'académie et les inspecteurs primaires sont chargés, chacun en ce qui le concerne, de l'exécution du présent règlement qui sera affiché dans toutes les écoles publiques.

CIRCULAIRE AUX RECTEURS,

RELATIVE A L'ORGANISATION DES BIBLIOTHÈQUES SCOLAIRES.

(24 juin 1862.)

MONSIEUR LE RECTEUR,

J'ai l'honneur de vous envoyer ampliation d'un arrêté en date du 1er juin courant, concernant les bibliothèques scolaires.

Par ma circulaire du 31 mai 1860, j'ai fait part à MM. les Préfets de l'intérêt tout particulier que j'attache à la création de ces petites bibliothèques, et je les ai invités à en favoriser, autant que possible, l'établissement dans les écoles primaires.

Cette recommandation a été entendue, et déjà, dans un grand nombre de communes, il a été fait acquisition du corps de bibliothèque-armoire destiné à renfermer les livres dont la bibliothèque devra être composée.

Le moment est donc venu de prescrire les mesures d'ordre qui doivent assurer le succès définitif de ce projet.

Ainsi que vous le verrez, j'ai rattaché à la formation de la bibliothèque scolaire la fourniture des livres de classe pour tous les élèves. Une cotisation volontaire ou plutôt un abonnement souscrit par les familles aisées permettra non-seulement de fournir aux enfants de ces familles les livres nécessaires pour qu'ils puissent suivre utilement les exercices de la classe, mais encore de mettre, à titre de prêt, des ouvrages de même nature entre les mains des enfants reçus gratuitement dans les écoles. Ce résultat ne pourra, toutefois, être atteint que si la cotisation volontaire est fixée de telle sorte que, sans surcharger les

familles, la bibliothèque, au profit de qui elle sera perçue,
puisse y trouver les moyens de subvenir à cette dépense.
Le conseil départemental devra prendre cette nécessité
en considération lorsque, après avis du conseil municipal,
il fixera, chaque année, le taux de la cotisation. Déjà,
dans quelques départements, cette cotisation a été établie,
et Son Exc. le Ministre des finances a bien voulu autoriser MM. les Receveurs municipaux à la percevoir en
même temps et dans la même forme que la rétribution
scolaire. Il y a lieu d'espérer que les excellents effets de
cette mesure se feront bientôt sentir dans tous les départements, et que les enfants pauvres, trop souvent privés
de livres dans les écoles de campagne, participeront désormais dans de meilleures conditions à l'enseignement
public.

Je n'ignore pas, Monsieur le Recteur, que, par la nature
de vos attributions, vous avez peu de relations directes,
soit avec les conseils municipaux, soit avec MM. les percepteurs. Je n'hésite point, cependant, à vous recommander expressément la formation et la surveillance des
bibliothèques scolaires. Vous êtes chargé par les lois et
les règlements du maintien des bonnes méthodes, et rien
ne me paraît plus propre à favoriser cette influence sur
la direction de l'enseignement primaire que le droit conféré au conseil académique de dresser sous votre présidence la liste des livres de classe qui devront être placés
dans les bibliothèques, et dont, par conséquent, l'usage
sera seul autorisé dans les écoles publiques du ressort. La
liste dont il s'agit devra comprendre non-seulement des
méthodes de lecture, mais des livres de lecture courante,
de petits traités d'arithmétique, des livres élémentaires
d'histoire et de géographie, enfin tous les ouvrages indispensables pour la bonne direction des études primaires.
Cette liste devra contenir un petit nombre d'ouvrages de
même nature, mais elle sera dressée cependant de manière à n'alarmer aucun intérêt particulier en ayant soin
de ne créer nulle part une sorte de monopole. Il serait
fâcheux que, dans l'usage qu'il fera de cette faculté, le
conseil académique pût être soupçonné de favoriser telle
ou telle personne, fonctionnaire ou autre, avec qui MM. les
membres de ce conseil pourraient se trouver en relation
d'affaires ou d'affection. Il serait injuste, cependant, de
repousser un livre dont le mérite serait incontestable, par
cela seul que l'auteur exercerait des fonctions publiques

dans l'enseignement, et je me garderais bien de décourager ainsi les membres du corps enseignant, de qui émanent généralement les meilleurs livres d'éducation; mais, entre ces deux écueils, le conseil académique saura suivre la voie la plus sûre et arriver, d'une part, à établir autant que possible l'uniformité des livres dans les écoles du ressort, et, d'autre part, à fournir ainsi à MM. les Inspecteurs primaires des termes de comparaison qui ne pourront que tourner au profit de la jeunesse.

Vous verrez par l'article 6 qu'aucun ouvrage ne pourra être placé dans les bibliothèques scolaires sans l'autorisation de l'Inspecteur d'académie. Il est presque inutile de rappeler ici les considérations qui s'opposent à ce qu'il en soit autrement. La bibliothèque scolaire est formée, avant tout, dans l'intérêt des enfants; mais, aux termes de l'article 5, des livres pourront être prêtés aux familles. Ce sera pour elles, dans les longues veillées d'hiver, un excellent moyen d'échapper aux dangers de l'oisiveté, et l'expérience a prouvé que, dans les campagnes surtout, la lecture à haute voix, faite le soir au sein de la famille, a des attraits tout-puissants, et c'est précisément afin de prévenir les funestes conséquences de choix imprudents ou mauvais qu'il a paru nécessaire de réglementer le colportage. Que ne doit-on pas attendre, dès lors, d'une mesure qui, satisfaisant à un besoin incontestable, doit le faire tourner au profit de la morale publique! Il importe donc que MM. les Inspecteurs d'académie examinent avec le plus grand soin les livres qui seraient offerts aux bibliothèques scolaires ou dont l'acquisition serait projetée. Sans proscrire impérieusement les ouvrages de pure imagination, ils ne les laisseront entrer dans les bibliothèques scolaires qu'autant qu'ils reconnaîtront que les populations auront quelque chose à gagner à leur lecture; ce ne sera pas une vaine satisfaction de curiosité qu'ils devront y trouver, mais de bons et salutaires exemples. Les livres d'histoire devront être également choisis avec soin, et MM. les Inspecteurs ne devront accorder leur autorisation que lorsqu'il s'agira d'ouvrages destinés à donner aux lecteurs des idées vraies et sages. Ces lecteurs n'auront ni le temps ni les moyens de vérifier et de contrôler les assertions de l'historien; ils accepteront les faits tels qu'ils leur seront présentés, et les conséquences qu'ils en tireront seront plus ou moins justes, selon que l'historien aura été plus ou moins véridique. Les livres qu'on devra placer dans les bibliothèques scolaires devront donc avant tout être empreints d'un véritable sentiment national et d'une grande impartialité; on aura soin d'en écarter tous ceux qui, écrits sous l'impression d'idées préconçues, s'efforceraient de faire tourner l'histoire au profit d'opinions qui doivent chaque jour s'effacer en présence d'un Gouvernement dont la pensée ne tend qu'à la satisfaction légitime de tous les intérêts populaires.

Les bibliothèques devant être placées dans la classe même, sous la surveillance de l'instituteur communal, il importait de prescrire les mesures propres à assurer la conservation des livres. Tel est le but des articles 7, 8, 9, 10, 11 et 12; c'est surtout à MM. les instituteurs primaires qu'il appartient de veiller à leur exécution. Mais j'appelle toute votre attention sur l'article 13. Je tiens beaucoup à ce que MM. les Inspecteurs d'académie s'y conforment. Les rapports que ces fonctionnaires auront à m'adresser chaque année par votre intermédiaire devront me faire connaître si les bibliothèques sont bien tenues; si les livres de classe y sont déposés, et si les conseils municipaux, comprenant l'utilité de cette mesure, en ont rendu, par leurs votes, l'exécution plus facile et plus efficace; si les prêts aux familles ont été fréquents, et si cette disposition tend à se généraliser; enfin, si des dons ont été faits aux bibliothèques et quelle est la nature des ouvrages donnés. Ils s'attacheront aussi à me faire savoir d'une manière générale, et en groupant les faits suivant leur importance, ce qu'il y aurait lieu de modifier ou d'ajouter aux dispositions de mon arrêté. Si l'expérience venait à révéler quelques besoins que je n'aurais pas prévus, je m'empresserais d'y satisfaire.

Veuillez donner communication de mon arrêté du 1er juin courant et des présentes instructions à MM. les Inspecteurs d'académie. J'écris directement à MM. les Préfets pour les prier de concourir, en ce qui les concerne, à la prompte formation des bibliothèques scolaires.

Recevez, Monsieur le Recteur, l'assurance de ma considération très-distinguée.

Le Ministre de l'instruction publique et des Cultes.

ROULAND.

CIRCULAIRE AUX PRÉFETS

RELATIVE A L'ORGANISATION DES BIBLIOTHÈQUES SCOLAIRES.

(24 juin 1862.)

MONSIEUR LE PRÉFET,

J'ai l'honneur de vous envoyer ampliation d'un arrêté en date du 1er juin courant, concernant les bibliothèques scolaires. J'y joins une copie de la lettre que je viens d'adresser sur le même objet à M. le Recteur de l'académie.

Il importe, Monsieur le Préfet, que l'administration académique, à qui appartiendra nécessairement la direction morale de ces bibliothèques, trouve dans l'administration départementale le concours, sans lequel ses efforts seraient impuissants. M. le Recteur peut, en conseil académique, donner tous ses soins à la composition de la bibliothèque, et surtout au choix des livres de classe, qui devront être employés dans les écoles primaires; mais c'est à vous qu'il appartient d'exciter le zèle des conseils municipaux, pour la propagation d'une œuvre dont l'utilité ne peut être contestée. Veuillez donc rappeler aux conseils municipaux ma circulaire du 31 mai dernier, et les inviter à faire l'acquisition d'une bibliothèque-armoire partout où ce meuble n'aurait pas encore été placé dans les écoles.

L'attention de ces conseils devra être appelée d'une manière toute particulière sur la nécessité de la cotisation volontaire mentionnée en l'article 7 de mon arrêté. Vous leur ferez remarquer qu'au moyen de cette cotisation les enfants de familles aisées recevront les livres dont ils auront besoin, et qu'en outre les mêmes ouvrages seront prêtés aux enfants de familles indigentes, qui étaient trop souvent dépourvus de cet élément d'instruction. Ce sera un moyen de plus de faire pénétrer dans les écoles le principe d'égalité qui est dans nos institutions, et de mettre les plus pauvres en état de tirer parti de leur intelligence. Je ne doute pas que les conseils municipaux n'apprécient cette disposition, et qu'ils ne s'efforcent de seconder en cette circonstance les efforts du Gouvernement de l'Empereur. Le conseil départemental devra, dans tous les cas, apporter, dans l'examen de cette question, tout l'intérêt qu'elle mérite. Il y aura lieu aussi de signaler au conseil général de votre département les résultats qu'on est en droit d'espérer, non-seulement pour l'instruction des enfants, mais encore pour la moralisation de leurs familles, des prêts de livres qui pourront leur être faits. J'espère que le conseil général voudra bien encourager cette œuvre par l'allocation de quelques fonds.

Aucun livre, ainsi que le prescrit l'article 6 de l'arrêté, ne pourra être placé dans les bibliothèques sans l'autorisation de l'Inspecteur d'académie. En fait, il sera utile, avant de faire l'acquisition de livres, de vous concerter préalablement avec ce fonctionnaire.

Je vous prie, en outre, de vous entendre, avec M. l'Inspecteur d'académie, pour qu'au fur et à mesure de l'établissement d'une bibliothèque scolaire, chaque instituteur soit pourvu des registres et des imprimés dont vous trouverez ci-joints des modèles. Ces imprimés vous seront fournis, pour la première fois, au compte de mon ministère; MM. les instituteurs pourront plus tard se les procurer, par telle voie que vous jugerez convenable, aux frais de la bibliothèque scolaire.

Ces registres, dont l'établissement emploiera une ou deux heures au plus, n'exigeront, par la suite, que bien peu de temps pour être tenus au courant; mais il est indispensable qu'il en soit ainsi : l'institution des bibliothèques scolaires ne saurait se soutenir, si on laissait le désordre s'y introduire, et si, par conséquent, MM. les Inspecteurs de l'instruction primaire n'y veillaient avec la plus grande exactitude.

Je n'insisterai pas davantage à ce sujet; vous verrez, par ma lettre à M. le Recteur, par quelles puissantes considérations je tiens au succès d'une œuvre que je considère comme importante au point de vue de la moralisation publique, et je vous saurai gré de tout ce que vous ferez pour en assurer le succès.

Recevez, Monsieur le Préfet, l'assurance de ma considération très-distinguée.

Le Ministre de l'instruction publique et des Cultes.

ROULAND.

INSTRUCTIONS

A MM. LES RECTEURS, RELATIVES AUX BIBLIOTHÈQUES SCOLAIRES.

(8 octobre 1867.)

Monsieur le Recteur,

L'augmentation rapide du nombre des bibliothèques scolaires doit être la conséquence du développement des cours d'adultes et du progrès général de l'instruction primaire. Le merveilleux élan des populations et l'admirable dévouement de nos instituteurs aboutiraient à une déception si l'adulte à qui l'on vient d'apprendre à lire ne trouvait pas près de lui et à portée de sa main le moyen d'utiliser et de développer encore la faculté qui lui a été si heureusement donnée.

Le complément nécessaire d'un cours d'adultes est une collection de bons livres propres à entretenir les sentiments généreux, à répandre les notions utiles, à faire aimer le travail. Ces livres ne seront pas là seulement pour être mis à la disposition de l'adulte aux jours de loisirs : dans les classes du soir, une lecture bien choisie couperait agréablement les exercices, et, tout en reposant l'élève, fournirait une occasion de lui apprendre beaucoup de choses utiles par les réflexions et les commentaires qui, naturellement, accompagneraient la lecture du maître.

L'œuvre des bibliothèques scolaires a déjà produit d'excellents résultats : dix mille bibliothèques environ offrent aux cultivateurs et aux ouvriers des lectures saines et instructives; mais il faudrait en porter le nombre de dix mille à trente-sept mille pour que chaque cours d'adultes eût la sienne; et, en admettant qu'une somme de

100 francs, au minimum, fût suffisante pour fonder la bibliothèque scolaire d'un village, la dépense totale, pour les vingt-sept mille créations de ce genre, s'élèverait à près de 3 millions. Un crédit annuel de 200 000 fr., s'il était inscrit au budget, ne permettrait d'atteindre le but désiré qu'après beaucoup d'années. Mais il me semble, Monsieur le Recteur, qu'au moyen d'une combinaison fort simple, la création si utile d'une bibliothèque annexée à chaque cours d'adultes peut avoir lieu très-rapidement cette année même. C'est par l'accord de l'initiative individuelle et de l'action gouvernementale que se réalisent en France un grand nombre d'améliorations nécessaires. Si, dans chacune de nos classes du soir, l'instituteur ouvrait en même temps que les cours, une souscription pour fonder la bibliothèque, peu d'élèves hésiteraient à lui apporter leur modeste offrande. Ces élèves, en effet, ne sont pas, comme ceux de l'école du jour, des enfants encore à la charge de leur famille : ce sont des hommes qui savent gagner leur vie et pour lesquels il ne serait pas difficile de prélever dans l'année sur leur salaire un franc ou deux, ou seulement quelques centimes par mois pour constituer à leur profit commun une bibliothèque. Le dernier hiver a vu huit cent trente mille auditeurs se presser dans les classes du soir; il faudrait demander bien peu à chacun pour arriver à dépasser le chiffre de un million de francs.

Veuillez donc, Monsieur le Recteur, donner des instructions à MM. les Inspecteurs d'académie pour que les instituteurs soient avisés de ce projet dès la rentrée des classes et invités à y prêter leur concours. Je ne doute pas qu'il ne se trouve dans beaucoup de communes des hommes amis du progrès qui voudront, par une contribution personnelle, encourager une œuvre aussi morale.

L'argent réuni, il restera à acheter les livres; j'en ai fait examiner beaucoup et je vous enverrai la liste de ceux que la commission, formée à cet effet au Ministère, a jugés les plus utiles. Cette liste n'est ni complète ni irrévocable. L'expérience fera peut-être découvrir dans quelques-uns de ces ouvrages des défauts qui engageront à les effacer du catalogue, tandis qu'il s'ouvrira à d'autres que nous pouvons avoir oubliés, ou qui paraîtront dans la suite. Depuis longtemps, en effet, j'ai invité la librairie à publier en petits volumes à bas prix des ouvrages sains de pensée et de forme, enseignant par des exemples et des récits le respect de la loi, l'amour du pays, le sentiment du devoir, tout ce qui élève l'esprit en un mot et rapproche l'âme de son Créateur. Je considère aussi comme utiles à placer dans les bibliothèques scolaires des traités renfermant des conseils profitables à l'ouvrier des champs ou de la ville, à quelque industrie qu'il appartienne, et des renseignements dont chacun profitera pour tirer un parti meilleur de son travail, apporter plus de bien-être au foyer domestique et s'élever dans sa condition.

Bon nombre d'ouvrages de ce genre ont été publiés ; d'autres le seront, surtout si la librairie voit ce nouveau débouché s'ouvrir devant elle. Alors, au lieu d'une littérature parfois malsaine et vivant de scandale, où jetant l'esprit au milieu d'aventures et d'idées qui ne sont ni de notre temps ni de nos mœurs, les personnes vouées au travail manuel auront des livres bien appropriés à leurs besoins moraux et professionnels, et la plupart de ces livres n'en seront pas moins intéressants ou utiles pour d'autres lecteurs. L'Allemagne et l'Angleterre ont déjà cette littérature populaire qui nous fait encore défaut ; de petits traités économiques jetés à profusion au sein des classes laborieuses, en leur faisant comprendre leurs véritables intérêts, ont préservé de plus d'une émeute certains comtés d'Angleterre, et le contraire ne s'est vu que là où cet enseignement a manqué.

Je pourrai ensuite servir aux instituteurs d'intermédiaire auprès des éditeurs ; et la librairie, à peu près certaine d'avoir à livrer un chiffre considérable d'exemplaires de chaque ouvrage indiqué sur le catalogue recommandé, pourra me les livrer pour le compte des bibliothèques à des prix inférieurs à ceux qui sont fixés pour un exemplaire pris isolément. Plusieurs éditeurs m'ont déjà donné l'assurance qu'ils étaient prêts à entrer dans cette voie. Chaque école bénéficierait ainsi des avantages qui ne peuvent être accordés qu'aux achats en gros.

La plupart des livres dont je viens de parler sont d'une utilité générale ; mais il en faut qui répondent aussi aux besoins locaux. Les instituteurs, les inspecteurs primaires d'arrondissement, les inspecteurs d'académie, devront vous signaler les livres qui, suivant les localités, seraient plus particulièrement utiles. Vous me soumettriez, Monsieur le Recteur, ces indications. C'est ainsi que la Société de belles-lettres et d'agriculture de Mont-de-Marsan va mettre au concours la composition d'un petit livre sur l'*économie rurale* des Landes, laquelle diffère absolument de l'économie rurale de la Beauce ou de l'Auvergne. Cet ouvrage, lu l'hiver prochain dans les deux cents cours d'adultes du département, répandra nécessairement parmi les cinq mille ouvriers ruraux qui s'y pressent une foule de notions dont ils pourront tirer immédiatement parti, à leur grand profit et à celui du département tout entier.

Les livres non reliés se dégradent rapidement; mais le prix d'une reliure serait souvent, pour les ouvrages dont nous nous occupons, supérieur à celui du livre même; il ne faut donc pas songer à acheter des livres reliés, à moins que la librairie ne trouve le moyen de donner au volume une forte couverture, sans beaucoup en augmenter le prix. En attendant, tenez la main à ce que l'atelier de reliure que je vous ai invité à établir dans les écoles normales y fonctionne régulièrement, pour que tous nos instituteurs sachent faire ce travail, qui s'apprend si vite et qui demande si peu d'outils, de temps et de dépense. J'ai vu avec regret, dans certaines écoles normales où j'ai récemment passé, qu'on n'avait pas encore tenu compte de ces prescriptions, qui datent cependant du 14 octobre 1865.

Recevez, Monsieur le Recteur, l'assurance de ma considération très-distinguée.

Le Ministre de l'instruction publique,

V. DURUY.

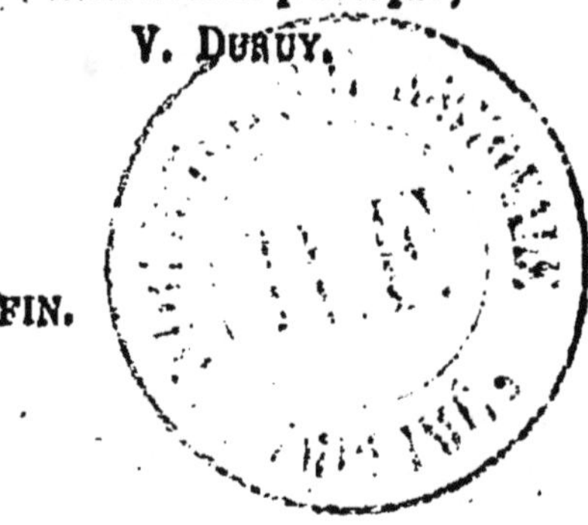

FIN.

TABLE DES MATIÈRES.

LOIS.

DÉCRETS, ARRÊTÉS ET INSTRUCTIONS.

Administration générale.

Inspection primaire.

Écoles normales primaires.

Brevet de capacité.

Écoles primaires.

Pensionnats primaires.

Salles d'asile.

APPENDICE.

Pensions civiles.

Sociétés de secours mutuels.

Enseignement agricole.

Bibliothèques scolaires.

FIN DE LA TABLE DES MATIÈRES.

11618. — IMPRIMERIE GÉNÉRALE. — LAHURE
Rue de Fleurus, 9, à Paris

AUTEURS GRECS

— *Vie de Marius*, par le même.................................... 3 »
— *Vie de Pompée*, par M. Druon................................ 5 »
— *Vie de Solon*, par M. Sommer.............................. 3 »
— *Vie de Sylla*, par le même................................. 3 »
— *Vie de Thémistocle*, par le même.......................... 2 »
Sophocle. *Ajax*, par MM. Benloew et Bellaguet............. 2 50
— *Antigone*, par les mêmes................................... 2 25
— *Électre*, par les mêmes.................................... 3 »
— *OEdipe à Colone*, par les mêmes............................ 2 »
— *OEdipe roi*, par MM. Sommer et Bellaguet................... 1 50
— *Philoctète*, par MM. Benloew et Bellaguet.................. 2 50
— *Trachiniennes* (les), par les mêmes........................ 2 50
Théocrite. *OEuvres complètes*, par L. Renier............. 7 50
— *La première Idylle*, par M. Leprévost..................... » 45
Thucydide. *Guerre du Péloponèse*, liv. I, par M. Legouëz.... 6 »
— *Guerre du Péloponèse*, liv. II, par E. Sommer............. 5 »
Xénophon. *Anabase.* 2 volumes, par M. de Parnajon........ 12 »
— *Apologie de Socrate*, par M. Leprévost................... » 60
— *Cyropédie*, liv. I, par M. Lehrs.......................... 1 25
— *Cyropédie*, liv. II, par M. Sommer........................ 1 25
— *Entretiens mémorables de Socrate* (les quatre livres), par
M. Sommer.. 7 50
    Chaque livre séparément.................................. 2 »

AUTEURS ANGLAIS

Shakespeare. *Coriolan*, par M. Fleming................... 6

AUTEURS ALLEMANDS

Goethe. *Hermann et Dorothée*, par M. Lévy................ 3 50
Lessing. *Fables* (prose et vers), par M. Boutteville..... 1 50
Schiller. *Guillaume Tell*, par M. Fix.................... 6 »
— *Marie Stuart*, par le même................................

AUTEURS ESPAGNOLS

Cervantès. *Le Captif*, extrait de Don Quichotte, par M. J. Merson »

AUTEURS ARABES

Histoire de Chems-Eddine et de Nour-Eddine, *extraite des
Mille et une Nuits*, par M. Cherbonneau...................... 5 »
Lokman. *Fables*, par le même............................ 3 »

Imprimerie générale de Lahure, rue de Fleurus, 9, à Paris.

LIBRAIRIE DE L. HACHETTE ET Cie
Boulevard Saint-Germain, 79, à Paris.

MÉTHODE UNIFORME

POUR

L'ENSEIGNEMENT DES LANGUES

PAR E. SOMMER.

La *Méthode uniforme pour l'enseignement des langues* offre, pour chacune des branches de l'enseignement grammatical, toutes les ressources désirables.

Il n'est pas nécessaire d'entrer dans de longs détails pour faire ressortir les avantages de cette *Méthode*. Qu'on veuille bien jeter un coup d'œil sur l'état actuel des études grammaticales. Nous supposons qu'entre toutes les grammaires existantes on ait choisi les plus parfaites; il n'en est pas moins vrai qu'autant on aura choisi de grammaires, autant on aura de systèmes différents. Et c'est au début des études, c'est quand l'esprit de l'enfant n'est pas encore formé, qu'on l'oblige à se plier à cette diversité de méthodes. Ajoutons qu'en général les grammaires de langues vivantes sont faites par des étrangers, ce qui est fort naturel d'ailleurs; mais alors, outre la divergence de vues qui existera entre l'auteur de la grammaire

XIII

anglaise et celui de la grammaire allemande, par exemple, on rencontrera encore chez tous les deux une opposition inévitable et presque instinctive aux procédés à l'aide desquels on enseigne dans nos écoles la langue maternelle. Il faudra en quelque sorte que l'enfant, pour apprendre l'allemand d'une manière profitable, ait pris tout d'abord un point de vue allemand, qu'il ait déjà le génie allemand; ce qui est, on en conviendra, demander l'impossible : commencer par où l'on serait trop heureux de finir !

Les auteurs de la *Méthode uniforme* suivent une marche tout autre, et, ce semble, beaucoup plus rationnelle. Leur point de départ, c'est le français. Quelque divers que soient les génies des langues, quelque opposés même qu'ils puissent être parfois entre eux, il y a néanmoins un fonds commun, qui fait une partie considérable de toute grammaire. Les éléments du langage sont les mêmes partout; les définitions, la classification, la nomenclature, qui sont bonnes pour le français, ne le sont pas moins pour l'espagnol, pour l'anglais, etc. Quel profit y a-t-il pour l'enfant à avoir deux ou trois définitions du verbe, deux ou trois dénominations pour certains temps, deux ou trois dispositions différentes des temps et des modes dans la conjugaison? N'est-ce pas là une cause de confusion pour cette intelligence encore faible, souvent paresseuse? N'est-ce pas un obstacle au progrès? Si donc l'on admet, pour la partie élémentaire, ce fonds commun, c'est un procédé bien simple et bien naturel que de le conserver même ordre, les mêmes dénominations, les mêmes définitions pour des choses qui sont absolument les mêmes; de ne pas présenter à l'enfant les mêmes éléments de plusieurs manières; de ne pas lui faire apprendre le matin une définition, un terme, qu'il lui faudra changer le soir; de ne pas lui faire appliquer sur la foi d'un livre telle règle qu'un autre livre démentira.

Ainsi donc, le français pour base, la comparaison constante des autres langues avec le français, tel est le principe, le lien commun de toutes les grammaires publiées.

La *Méthode uniforme pour l'enseignement des langues* se compose jusqu'à présent des volumes suivants :

Premières notions de grammaire générale ou Exposé des principes de la méthode, par M. E. Sommer. 1 vol. in-12, broché........ 75 c.

1° LANGUE FRANÇAISE.

Abrégé de grammaire française, par M. E. Sommer. In-12, cartonné.......................... 75 c.

Questionnaire sur l'Abrégé de grammaire française. In-12, cartonné .... 40 c.

Exercices sur l'Abrégé de grammaire française, par M. A. Castillon, professeur au collège Sainte-Barbe. In-12, cart......... 75 c.

Exercices sur l'analyse grammaticale et sur l'analyse logique, par M. F. de Parnajon, professeur au lycée Napoléon, agrégé des classes de grammaire. In-12, cartonné..................... 1 fr.

Cours complet de grammaire française, par M Sommer. In-8. 1 50

Exercices sur le Cours complet de grammaire française, par M. F. de Parnajon. In-8, cartonné................... 1 fr. 50

2° LANGUES ANCIENNES.

Abrégé de grammaire latine, par M. E. Sommer. In-12, cart. 1 fr. 25

Questionnaire sur l'Abrégé de grammaire latine. In-12, cartonné....................... 50 c.

Exercices sur l'Abrégé de grammaire latine, par M. F. de Parnajon. In-12, cart...... 1 fr. 25

Cours de versions latines, 1re partie à l'usage des classes de huitième et de septième. In-12, cartonné..................... 1 fr.

Cours de versions latines, 2e partie à l'usage des classes de sixième et de cinquième. In-12, cart. 1 fr. 25

Cours de thèmes latins, par M. F. de Parnajon. In-12, cart.... 1 fr.

Cours complet de grammaire latine, par M. E. Sommer. cart.................

Exercices sur le Cours complet de grammaire latine, par M. F. de Parnajon. In-8, cart.... 2 fr. 50

Abrégé de grammaire grecque, par M. E. Sommer. In-12, cartonné.................. 1 fr. 50

Questionnaire sur l'Abrégé de grammaire grecque. In-12, cartonné.................. 60 c.

Exercices sur l'Abrégé de grammaire grecque, par M. F. de Parnajon. In-12, cart...... 1 fr. 50

Cours de versions grecques, 1re partie à l'usage des classes de grammaire. In-12, cart........ 1 fr.

Cours de versions grecques, 2e partie. In-12, cart.......... 1 fr.

Cours de thèmes grecs, par M. F. de Parnajon. In-12, cart... 1 fr. 50

Cours complet de grammaire grecque, par E. Sommer, In-8. 3 fr.

Exercices sur le Cours complet de grammaire grecque, par M. F. de Parnajon. In-8, cart.... 3 fr.

3° LANGUES VIVANTES.

Abrégé de grammaire anglaise, par M. C. Fleming. In-12, cartonné.................. 1 fr. 25

Exercices sur l'Abrégé de grammaire anglaise, par M. C. Fleming. In-12, cart....... 1 fr. 25

Exercices oraux de langue anglaise, par M. A. Beljame. In-12, cart.................. 1 fr. 50

Cours complet de grammaire anglaise, par M. C. Fleming. In-8, cartonné.................. 3 fr.

Exercices sur le Cours complet de grammaire anglaise, par M. Auguste Beljame. In-8, cart. 3 fr.

Abrégé de grammaire allemande, par M. A. Desfeuilles. In-12, cartonné.................. 1 fr. 50

Exercices sur l'Abrégé de grammaire allemande, 1re partie, éléments du langage, par le même, In-12.................. 1 fr. 50

Abrégé de grammaire italienne, par M. P. Paoli. In-12, cartonné.................. 1 fr. 25

Exercices sur l'Abrégé de grammaire italienne, par M. Rapelli. In-12, cart............ 1 fr. 25

Abrégé de grammaire espagnole, par M. Hernandez. In-12, cartonné.................. 1 fr. 25

Cours complet de grammaire espagnole, par le même. In-8, cartonné.................. 3 fr. 50

Des corrigés ont été publiés pour chacun des volumes d'Exercices.

www.ingramcontent.com/pod-product-compliance
Ingram Content Group UK Ltd.
Pitfield, Milton Keynes, MK11 3LW, UK
UKHW020120130726
13696UKWH00001B/131